Deutsche strafrechtliche Landesreferate
zum
VIII. Internationalen Kongreß für Rechtsvergleichung
Pescara 1970

Beiheft zur
Zeitschrift für die gesamte
Strafrechtswissenschaft

Herausgegeben von Hans-Heinrich Jescheck

1971
Walter de Gruyter · Berlin · New York

Gedruckt mit Unterstützung der Gesellschaft für Rechtsvergleichung

ISBN 3 11 003755 6

Printed in Germany
Satz und Druck: Druckerei Chmielorz GmbH, 1 Berlin 44

Inhaltsverzeichnis

Der VIII. Internationale Kongreß für Rechtsvergleichung

(Pescara, 29. August — 5. September 1970)

Die im Jahre 1924 in Genf gegründete Internationale Akademie für Rechtsvergleichung hat mit ihren seit 1950 in vierjährigem Turnus stattfindenden Kongressen ein Forum geschaffen, auf dem sich die am ausländischen Recht und der Rechtsvergleichung interessierten Wissenschaftler aller Fachgebiete begegnen können. Was 1932 mit dem I. Kongreß in Den Haag, nicht zuletzt dank der Tatkraft des ungarischen Professors Dr. Elemer *Balogh* (damals Berlin) als Generalsekretär, erfolgreich begann und 1937 mit dem II. Kongreß (ebenfalls in Den Haag) weitergeführt wurde, fand in den letzten 20 Jahren eine regelmäßige Fortsetzung mit dem III. Kongreß in London (1950), dem IV. in Paris (1954), dem V. in Brüssel (1958), dem VI. in Hamburg (1962), dem VII. in Uppsala (1966) und nun dem VIII. in Pescara.

Die Vorbereitung des VIII. Kongresses stand zunächt unter wenig günstigen Vorzeichen. In Uppsala war 1966 als nächster Tagungsort Athen in Aussicht genommen worden. Dieser Plan mußte fallengelassen werden, da es nach dem Umsturz in Griechenland insbesondere vielen europäischen Wissenschaftlern unangemessen erschien, hellenische Gastfreundschaft zu genießen, während Tausende von Hellenen, darunter auch nicht wenige Juristen, aus politischen Gründen auf unwirtliche Inseln und in Kerker verbannt waren.

Nachdem Pescara — für die Veranstaltung einer Tagung außerhalb der Saison übrigens vorzüglich geeignet — als Ersatz gefunden war, machte eine kurzfristige Änderung der bereits angekündigten Kongreßdaten erneut Umdispositionen erforderlich. Die Akademie überwand indes alle diese Hindernisse, was um so bemerkenswerter ist, als ihre organisatorischen Mittel beschränkt sind. Den Anteil des italienischen Organisationskomitees am guten Gelingen des Unternehmens wird man kaum überschätzen können.

Aber nicht nur die Akademie hatte besondere Probleme bei der Organisation dieses Kongresses. Auch die Vorbereitung des deutschen Beitrags gestaltete sich diesmal schwieriger. Vom I. bis zum VI. Kongreß oblag diese Aufgabe jeweils einem Deutschen Nationalkomitee[1]. Für den VII. Kongreß in Uppsala (1966) hatte die Gesellschaft für Rechtsvergleichung die Aufgaben eines deutschen Nationalkomitees übernommen und damit eine für ihr Sekretariat schwere zusätzliche Arbeitslast. Dies für den VIII. Kongreß wieder zu tun, war ihr nicht möglich. In die Bresche sprang dankenswerterweise Herr Professor Helmut *Coing*, Direktor des Max-Planck-Instituts für europäische Rechtsgeschichte in Frankfurt a. M., dem es gelang, eine ganze Reihe insbesondere auch junger Wissenschaftler für die Ausarbeitung von Landesberichten zu gewinnen.

Zu den Kongressen I bis VII sind die deutschen Beiträge jeweils in einem Sammelband erschienen, meist als Sonderveröffentlichungen von (Rabels) Zeitschrift für ausländisches und internationales Privatrecht (so 1932, 1937, 1950, 1962 und 1967), zum IV. Kongreß im Michael Triltsch Verlag Düsseldorf (1955), zum V. als Veröffentlichung des Instituts für Rechtsvergleichung der Universität München (1958). Zum VIII. Kongreß ist nun kein deutscher Sammelband zustandegekommen. Die Redaktion der ZStW hat daher die deutschen strafrechtlichen Landesberichte zusammengefaßt, um sie allen Interessierten zugänglich zu machen. Es steht zu hoffen, daß andere Fachzeitschriften diesem Beispiel auf ihren Gebieten folgen. Geschähe das, so wäre das Nichterscheinen eines Sammelbandes kein Mangel. Beim Deutschen Juristentag hat sich seit langem gezeigt, daß die Veröffentlichung der Gutachten nach Fachgebieten getrennt Anklang findet. Sammelbände sind zwar in hohem Maße repräsentativ, was nicht abschätzig gemeint ist, da die Sammelbände zu internationalen Kongressen in der Tat die einzelnen Länder und den Stand ihrer Wissenschaft repräsentieren. Die Veröffentlichung getrennt nach Fachgebieten ist jedoch im allgemeinen praktischer. Es ist daher zu überlegen, ob man zum nächsten Kongreß nicht von vornherein eine solche Publikationsweise wählen sollte, wie sie dieses Mal mehr durch den Zwang der Umstände bedingt ist.

Der VIII. Kongreß hatte wie der vorhergehende in Uppsala rund 40 Themen in fünf Sektionen zu beraten. Außerdem waren

[1] Vor dem Krieg stand ihm Ernst *Heymann* vor. Bei der Neubildung des Komitees nach dem Krieg übernahmen zunächst Ernst *Wolff* und Adolf *Schönke* den Vorsitz. Die Zusammensetzung des Komitees, nachzulesen in den deutschen Kongreßmaterialien, zeigt, welch großes Interesse die Arbeit der Akademie in Deutschland stets fand.

zwei Sondersektionen gebildet worden, von denen eine in den Händen der „Association Internationale des Etudiants et Anciens Etudiants en Droit Comparé“ der Straßburger Internationalen Fakultät für das Studium der Rechtsvergleichung lag. Wie in Uppsala, so waren auch diesmal etwa zur Hälfte der Themen deutsche Berichte eingereicht worden. Generalberichte hatten zwei deutsche Gelehrte übernommen (Helmut *Coing* und Dieter *Simon*, beide Frankfurt).

In der Sektion V (Strafrecht) ergab sich im Vergleich zu 1966 in doppelter Hinsicht ein anderes Bild. Wenig glücklich war es, daß die Akademie die Zahl der strafrechtlichen Themen wesentlich erhöht hatte: Während man sich in Uppsala auf drei solche Themen konzentrieren konnte, standen in Pescara fünf auf der Tagesordnung. Dahinter stand anscheinend der Gedanke, die Kongresse der Akademie müßten möglichst viele Themen bieten, um allen Interessen gerecht zu werden. Die Akademie muß in der Tat bestrebt sein, Themen aus möglichst vielen Bereichen zur Diskussion zu stellen, um mit ihren Kongressen, im Unterschied zu anderen internationalen Tagungen, einen interdisziplinären Treffpunkt zu bieten. Innerhalb eines Fachbereichs wie des strafrechtlichen führt indessen die Vermehrung der Themen zur Zersplitterung: Ein materiell-rechtliches und ein prozessuales Thema könnten durchaus genügen. Mit fünf schwierigen und z. T. außerordentlich weit gefaßten Themen war das kleine Häuflein der Strafrechtler in Pescara jedenfalls überfordert: Es fehlte einfach an Zeit, so daß es den Diskussionsteilnehmern manchmal kaum gelang, einander auch nur die unterschiedliche Problemstellung klarzumachen (für jedes Thema standen etwa drei Stunden zur Verfügung, von denen notwendigerweise ein Teil durch den zusammenfassenden Vortrag des Generalberichterstatters in Anspruch genommen wurde, weil dessen Bericht vor Beginn des Kongresses — im Unterschied etwa zu den vorbereitenden Gutachten des Deutschen Juristentags — den Teilnehmern nicht zugänglich ist).

Sehr erfreulich ist dagegen ein anderer Unterschied: Während für den Kongreß in Uppsala nur ein einziger deutscher Landesbericht zu einem strafrechtlichen Thema erstattet worden war und kaum ein deutscher Vertreter der Strafrechtswissenschaft teilgenommen hatte, lagen in Pescara die im folgenden abgedruckten vier Landesberichte vor, und ein rundes halb Dutzend deutscher Strafrechtler hatte den Weg nicht gescheut. Leider waren nur die

Berichte von Dietrich *Oehler* (in französischer Übersetzung) und Till *Kalsbach* (im deutschen Originaltext mit französischer Kurzfassung) in hektographierter Form den Teilnehmern zugänglich, wie es im allgemeinen für Landesberichte, die noch nicht gedruckt waren, üblich war[2]. Die strafrechtlichen Generalberichte, soweit sie erstattet worden waren, lagen für alle Teilnehmer hektographiert vor.

Bei den materiell-rechtlichen Themen der Sektion V führten Igor *Andrejew* (Warschau) und Robert *Schmelck* (Paris) den Vorsitz. In Abweichung vom gedruckten Programm wurde die erste Sitzung am Dienstagmorgen für das Thema V A 2 (Territorialitätsprinzip) verwandt. Diese unvorhergesehene Änderung hinderte mehrere gerade an diesem Fragenkreis Interessierte an der Teilnahme, darunter den deutschen Landesberichterstatter, der eine strapaziöse Flugreise vom UNO-Kongreß in Japan auf sich genommen hatte, um rechtzeitig zum vorgesehenen Sitzungstermin anwesend zu sein. Nachteilig wirkte sich auch aus, daß die italienischen Gastgeber, die am Vorabend eine dem Vernehmen nach überwältigende Einladung zu einem Konzert und einem Empfang in der Abtei San Giovanni in Venere gegeben hatten, das Schlafbedürfnis ihrer Gäste unterschätzten. Nachdem die Kongreßteilnehmer erst um 2 Uhr nachts in ihre Hotels zurückgebracht worden waren, fand sich morgens nur langsam ein Grüppchen zusammen, so daß die Sitzung mit erheblicher Verspätung begann. Georges *Levasseur* (Paris) gab eine prägnante Zusammenfassung seines schriftlichen Generalberichtes, wobei er den deutschen Landesbericht, den er zur Abfassung des schriftlichen Berichts nicht hatte heranziehen können, eingehend verwertete. Eine Diskussion schloß sich an.

Nachmittags stand das Thema V A 1 (Der Einfluß der Fortschritte von Biologie und Medizin auf das Strafrecht) zur Debatte. Der Generalberichterstatter Alec *Samuels* (Southampton) sah seine Aufgabe angesichts des enorm weit gefaßten Themas darin,

[2] Gedruckte Sammelbände standen den Kongreßteilnehmern aus folgenden Ländern zur Verfügung: Belgien (32 Beiträge, 849 Seiten), Polen (25 Beiträge, 338 Seiten), Schweiz (25 Beiträge, 448 Seiten) USA (35 Beiträge, 689 Seiten). Pech hatten die Niederländer, deren rechtzeitig fertiggestellter Sammelband anscheinend auf dem Versandweg verlorenging; Sonderdrucke der strafrechtlichen Berichte lagen aber vor. Auch die französischen Landesberichte waren als Sonderdrucke aus einem Sammelband greifbar.

Fragen für die Diskussion zu liefern. Für diese blieb dann auch ausgiebig Zeit.

Der Mittwoch war einem ganztägigen Ausflug zu den Tremiti-Inseln vorbehalten. Am Donnerstag wurden die Beratungen mit dem Thema V A 3 (Notstand) fortgesetzt. Da der Generalberichterstatter Alvar *Nelson* nicht gekommen war, übernahm es der Sektionspräsident und Landesberichterstatter für Polen, Igor *Andrejew* (Warschau), sozusagen aus dem Stegreif das einführende rechtsvergleichende Referat zu halten, eine Aufgabe, deren er sich glänzend entledigte. Als Ausgangspunkt nahm *Andrejew*, der die deutsche Dogmatik vorzüglich kennt, die deutsche Lehre des 19. Jahrhundert, und auch im weiteren Verlauf seiner Darlegungen berücksichtigte er das deutsche Recht, so daß trotz des bedauerlichen Fehlens eines deutschen Landesberichts zu diesem Thema wenigstens für die Diskussion auch in dieser Hinsicht eine Grundlage gelegt war. Die anschließende Aussprache war lebhaft, wobei es u. a. um Parallelen und Unterschiede zum zivilrechtlichen Notstand in der historischen Entwicklung ging. — Die materiellrechtlichen Themen waren damit abgeschlossen.

Bei der Beratung der prozeßrechtlichen Themen führte Jean *Graven* (Genf) in seiner bekannten zugleich verbindlichen und festen Art den Vorsitz, zeitweilig von Jacques *Hamelin* (Paris) vertreten. Am Donnerstagnachmittag wurde das Thema V B 1 (Untersuchungshaft) behandelt. Eduardo *Correia* (Coimbra) lieferte zu diesem heute in so vielen Ländern kontroversen Fragenkreis einen gründlichen Generalbericht[3], nach dem sich eine eingehende Diskussion entspann. Robert *Schmelck* (Paris) nahm die Gelegenheit wahr, seinen inzwischen durch das Gesetz vom 17. Juli 1970 „tendant à renforcer la garantie des droits individuels des citoyens“[4] überholten Landesbericht zu ergänzen und die Teilnehmer mit dem Inhalt der französischen Reform vertraut zu machen.

[3] Wie groß das Interesse an diesem Thema ist, läßt sich auch daraus ablesen, daß dazu unter allen strafrechtlichen Themen die meisten Landesberichte angekündigt waren und in sämtlichen obenerwähnten fünf Sammelbänden Beiträge zum Thema Untersuchungshaft enthalten sind. Hektographiert lagen leider nur der englische Landesbericht von Clive *Davies* (Liverpool) und der portugiesische von Eliana *Gersão* (Coimbra) vor.

[4] J. C. P. 1970. III. 36850.

Zu ihrer letzten Sitzung trat die Sektion am Freitagvormittag zusammen, um das Thema V B 2 (Das Recht auf Beistand eines Anwalts während des Verfahrens) zu behandeln. Leider hatten die beiden Generalberichterstatter, Vladimir *Solnař* (Prag), der an den Kongressen der Akademie schon seit Jahrzehnten mitwirkt[5], und Vilém *Steiner* (ebenfalls Prag) nicht nach Pescara kommen können. Nach einführenden Worten des Sektionspräsidenten Jean *Graven* entspann sich unter seiner umsichtigen Leitung eine Diskussion, die zeitweise fast heftig wurde. Bei der Frage, ob die Einräumung eines Honoraranspruchs für den Pflichtverteidiger ein wesentlicher Umstand für die Effektivität des Rechts auf anwaltlichen Beistand sei, schieden sich die Geister in etwa nach Generationen: Die jüngeren Teilnehmer, oft auch in der anwaltlichen Praxis stehend, vertraten z. T. mit Verve die Ansicht, die Beiordnung eines Anwalts, der gratis tätig werden müsse, bedeute einen minder guten oder gar keinen Beistand; dem wurde von etwas älteren, meist hohen Justizbeamten entgegengehalten, die Qualität könne hier nicht vom Geld abhängen. Eine Einigung wurde nicht erzielt; sie war auch nicht zu erreichen, weil hier Tradition und Soziologie des Anwaltstandes, der in den einzelnen Ländern verschieden historisch geprägt ist, eine große Rolle spielen.

Resolutionen hat die Sektion V des Kongresses nicht gefaßt. Keiner der Teilnehmer, die sich aktiv beteiligt haben, dürfte aber ohne Bereicherung nach Hause gegangen sein. Gerade weil die strafrechtliche Sektion so klein war, konnte sie ihre Beratungen in einer sehr angenehmen Atmosphäre führen, man war sozusagen „en famille“, was das Gespräch wesentlich erleichterte. Das Fehlen einer Übersetzungsanlage war allerdings für viele unangenehm: Englisch und Französisch sind zwar offizielle Kongreßsprachen, die meisten Teilnehmer verstanden jedoch nur eine der beiden Sprachen. Für die deutschen Teilnehmer war die Verständigung dadurch erleichtert, daß sämtliche Präsidenten der Sektion die deutsche Sprache vorzüglich beherrschten und die Mehrheit der Teilnehmer sie verstand; das erlaubte, in den Sitzungspausen ohne Sprachschwierigkeiten weiterzudiskutieren.

Das Gelingen des Kongresses ist, wie schon gesagt, nicht zuletzt der aufopfernden Arbeit des italienischen Organisationsko-

[5] So z. B. schon am II. Kongreß (1937) als Generalberichterstatter (s. den Bericht von *Schönke* in Deutsches Strafrecht 1937, 297).

mitees zu verdanken, in dem Dekane und Professoren der Universität „Gabriele d'Annunzio" (Chieti/Pescara/Teramo) wirkten. Auf das reichhaltige Rahmenprogramm einzugehen, fehlt der Platz. Es darf aber vermerkt werden, daß es den Gastgebern in vollendeter Weise gelang, einen starken Eindruck von dieser kulturgeschichtlich so reichen und sich jetzt wieder kräftig entwikkelnden Region der Abbruzzen, von ihren endlosen Sandstränden bis zum hoch aufragenden Gran Sasso, zu geben.

Bei der feierlichen Schlußsitzung wurde bekanntgegeben, daß die Akademie ihren IX. Kongreß 1974 in Chile zu veranstalten hofft. Es ist jetzt noch zu früh, um beurteilen zu können, ob dieser Plan in die Tat umgesetzt werden kann. Eine Veranstaltung des Kongresses außerhalb Europas wäre für die Akademie neu, aber durchaus im Rahmen ihrer Zielsetzung. Für die europäischen Rechtswissenschaftler, die in Pescara etwa drei Viertel der (laut zweiter Teilnehmerliste) rund 400 Kongreßteilnehmer ausmachten[6], brächte es freilich erhebliche finanzielle Probleme. Die Leitung der Akademie sieht das durchaus und will sich bemühen, Lösungen zu finden, die es insbesondere auch jüngeren Wissenschaftlern ermöglichen sollen, selbst dann weiterhin mitzuarbeiten, wenn der Kongreß fern von Europa tagt. Auf diese Lösungen darf man gespannt sein. Erwünscht wäre auf jeden Fall, daß die Akademie eine Möglichkeit findet, Landesberichterstattern zumindest Reisebeihilfen zu gewähren. Es ist bedauerlich, daß eine Reihe von Landesberichterstattern, deren Arbeiten in Pescara vorlagen und von hohem Fleiß und Können zeugten, keine Gelegenheit hatten, am Kongreß teilzunehmen. Der Qualität der Beratungen wäre das selbstverständlich zugutegekommen.

[6] Vertreten waren über 20 europäische Länder, verständlicherweise am stärksten Italien mit über 70 Teilnehmern. Sehr zahlreich waren die Niederländer erschienen (über 30 Teilnehmer). Die Zahl der belgischen, britischen, deutschen, französischen und österreichischen Teilnehmer betrug je etwa 20. Ein Dutzend bis ein Teilnehmer waren aus Spanien, der Schweiz, Schweden, Griechenland, Dänemark, Portugal, der Türkei und Finnland gekommen. Bemerkenswert stark waren die sozialistischen Staaten mit etwa 40 Teilnehmern vertreten, wobei an erster Stelle Jugoslawien stand, dann Ungarn, Rumänien, Polen und Bulgarien, schließlich die UdSSR; die CSSR und die DDR hatten keine Teilnehmer entsandt. — Afrika und Asien waren durch rund ein Dutzend Teilnehmer vertreten, wobei etwa die Hälfte auf Israel entfiel. Aus sieben lateinamerikanischen Staaten waren zwei Dutzend Vertreter gekommen, aus den USA und Kanada rund 50.

Für uns — und damit sind alle deutschen Strafrechtler angesprochen — stellt sich im Hinblick auf 1974 die Aufgabe, die Vorbereitungen möglichst bald in Angriff zu nehmen. Sicher wäre es empfehlenswert, zu der früheren Übung zurückzukehren und ein Nationalkomitee zu bilden. Auch sollte es uns gelingen, zum nächsten Kongreß unsere Beiträge gedruckt vorzulegen, wie es in Pescara beispielsweise Belgien, Frankreich, die Niederlande, Polen, Schweden, die Schweiz und die USA in Sammelbänden und Sonderdrucken taten. Wenn wir auf die lange Reihe deutscher Beiträge seit dem I. Kongreß in Den Haag zurückblicken, die selbst in der schwierigen Zeit kurz nach dem Zweiten Weltkrieg (III. Kongreß London 1950) tatkräftig fortgeführt wurde, so sollte uns das nicht schwerfallen. Die Veranstaltung des Kongresses in einem lateinamerikanischen Land mag uns dabei ein besonderer Ansporn sein, da die Beziehungen zwischen der ibero-amerikanischen Strafrechtswissenschaft und der deutschen seit langem besonders eng sind und stetig wachsen.

Dr. Kurt *Madlener*, MCL, z. Zt. Madrid,
Referent am Max-Planck-Institut
für ausländisches und internationales
Strafrecht in Freiburg i. Br.

Hinweis:
Eine vollständige Liste der deutschen Berichte findet sich in Mitteilungen der Gesellschaft für Rechtvergleichung, Nr. 12/September 1970, Seite 11 und 12.

Einfluß der Fortschritte der Biologie und der Medizin auf das Strafrecht

Von Professor Dr. Günther *Kaiser*,
wissenschaftliches Mitglied des Max-Planck-Instituts für ausländisches und internationales Strafrecht in Freiburg i. Br.

Inhaltsübersicht

I. Zur Problematik des Informationsflusses zwischen Biologie und Medizin und dem strafrechtlichen Denken

1. Beziehungen zwischen den Erfahrungswissenschaften und dem Strafrecht

Folgt man der Auffassung *Bockelmanns*, so läßt sich „die gegenwärtige Epoche der Entwicklung des Strafrechts kennzeichnen als die seiner Emanzipierung von der Moral, aber zugleich als die seiner Unterwerfung unter die Psychologie"[1]. Danach erscheinen Einflüsse des Fortschritts in Biologie und Medizin auf das Strafrecht weniger bedeutsam, jedenfalls aber sehr begrenzt. Eine solche Folgerung — die *Bockelmann* auch nicht beabsichtigt — wäre jedoch verfehlt. Denn jene Bewegung, die sich als „Psychologisierung" im Recht darstellen mag, ist Teil eines weitergreifenden Empirismus. Seit langer Zeit sind denn auch die Beziehungen der Erfahrungswissenschaften zum Recht ambivalent und konfliktbelastet. Die Bemühungen des Strafrechts nach Selbständigkeit einerseits, und die Einsicht in eine „gewisse" Abhängigkeit vom Erfahrungswissen andererseits, bestimmen dieses Verhältnis. In den legalmedizinischen Beziehungsanalysen des 18. Jahrhunderts und vielleicht auch in den Untersuchungen *Feuerbachs* lassen sich die Spannungen noch kaum erkennen[2]. Doch in den sozialhygienischen Bestrebungen *Virchows*[3] und in dem positivistischen Ansatz *v. Liszts* werden sie deutlich. *v. Liszts* Abhandlung „Über den Einfluß der soziologischen und anthropologischen Forschungen auf die Grundbegriffe des Strafrechts" (1893)[4] zeigt den Situationswandel an. Wissenschaftliches Zeitalter und Fortschrittsgedanke rücken das traditionelle Strafrecht alsbald in eine Verteidigungsstellung. Denn der Jurist ist „nicht zentral mit dem Fortschritt befaßt"[5]. Probleme des Determinismus, des Täterstraf-

[1] *P. Bockelmann:* Bemerkungen über das Verhältnis des Strafrechts zur Psychologie. In: Gedächtnisschrift für G. Radbruch, hrsg. von Arthur *Kaufmann*. Göttingen 1968, S. 252.

[2] *P. A. Feuerbach:* Über Philosophie und Empirie in ihrem Verhältnis zur positiven Rechtwissenschaft (1804). Nachdruck. Darmstadt 1968.

[3] Vgl. *E. Ackerknecht:* Rudolf Virchow. Arzt — Politiker — Anthropologe. Stuttgart 1957, S. 35 ff.; *W. Jacob:* Medizinische Anthropologie im 19. Jahrhundert. Mensch — Natur — Gesellschaft. Beitrag zu einer theoretischen Pathologie. Zur Geistesgeschichte der sozialen Medizin und allgemeinen Krankheitslehre Virchows. Stuttgart 1967, S. 179 ff., und *W. Ruegg:* Der Kranke in der Sicht der bürgerlichen Gesellschaft an der Schwelle des 19. Jahrhunderts. In: Der Arzt und der Kranke in der Gesellschaft des 19. Jahrhunderts. Stuttgart 1967, S. 35 ff. (45).

[4] Abgedruckt in: Strafrechtliche Aufsätze und Vorträge. Band 2. Berlin 1905, S. 75—93. Die veränderte Lage wird besonders deutlich, wenn man bedenkt, daß die um ein Jahrhundert älteren Analysen so gut wie folgenlos geblieben sind, wie z. B. *J. Münch:* Über den Einfluß der Criminalpsychologie auf ein System des Criminalrechts, auf menschliche Gesetze und Cultur der Verbrecher. 1799.

[5] *H. W. Jones:* Legal Inquiry and the Methods of Science. In: Law and the Social Role of Science, ed. by *H. W. Jones*, New York 1960, S. 120 ff. (130).

rechts, der Sanktionsmittel, der Strafzumessung und der Rolle des Strafrichters kennzeichnen den Streitgegenstand. Sie beherrschen noch heute die Diskussion.

Allerdings, und insofern ist die Lage grundlegend verändert, haben sich die von der kriminalanthropologischen Forschung einstmals so reich entworfenen kriminalbiologischen Tätertypologien als unergiebig erwiesen. Deren strafrechtliche Relevanz ist daher gegenwärtig als sehr gering einzuschätzen. Dieses Ergebnis hängt freilich auch mit der beschränkten Ergiebigkeit der typologischen Aussageform überhaupt zusammen[6]. Andererseits hat der empirische Erkenntniszuwachs neue Probleme geschaffen. Deren Analyse ist nicht minder schwierig. Denn Fortschrittsgläubigkeit von einst, folgenreiche Verirrungen des Sozialdarwinismus und enttäuschte Erwartungen erschweren den Informationsfluß von den empirischen Wissenschaften zum Strafrecht[7].

2. Probleme unterschiedlicher Verantwortung

Nicht zufällig kreist die gegenwärtige Erörterung weithin um Probleme der sozialen Verantwortung für den Einsatz des modernen technologischen Wissens. Daran läßt sich ablesen, wie sehr das neukantianische Modell der vollständigen Trennung von Sein und Sollen, von Wertfreiheit und Bewertung, nur eine vorläufige Problemlösung liefert, gleichsam Ausdruck eines „Waffenstillstandes" zwischen den Erfahrungswissenschaften und dem Strafrecht ist. Die Vorwürfe des „Rechtsnihilismus", neuerdings auch des „Rechtsingenieurs", werden nur notdürftig ausgeräumt. Unter-

[6] *H. Ellenberger:* Aspects biologiques et psychiatriques de la crimimalité. In: Criminology in Action, ed. by *D. Szabo.* Montréal 1968, S. 45 ff. (74); *G. Kaiser:* Verkehrsdelinquenz und Generalprävention. Untersuchungen zur Kriminologie der Verkehrsdelikte und zum Verkehrsstrafrecht. Tübingen 1970, S. 326 ff., und *R. Hood, R. Sparks:* Kriminalität — Verbrechen, Rechtsprechung und Strafvollzug. München 1970, S. 117 ff.

[7] Vgl. *B. Wootton:* Social Science and Social Pathology. London 1959, S. 16, 308 ff.; *R. Lange:* Der kriminologische Standpunkt. In: Handbuch der Neurosenlehre und Psychotherapie. 5. Band: Grenzgebiete und Grenzfragen. München—Berlin 1961, S. 404 ff.; *F. Allen:* The Borderland of Criminal Justice. Essays in Law and Criminology. Chicago/Ill. 1964, S. 123, 138 f.; *W. Jöhr:* Fortschrittsglaube und die Idee der Rückkehr in den Sozialwissenschaften. Tübingen 1964; *A. Wellek:* Gibt es einen Fortschritt der Wissenschaft außerhalb der Naturwissenschaften? Zur Frage der wissenschaftlichen Moden. In: Entwicklung und Fortschritt. Soziologie und ethnologische Aspekte des sozialkulturellen Wandels, hrsg. von *H. Reimann* und *E. Müller.* Tübingen 1969, S. 85—94.

schiedliche Aufgaben des Erfahrungswissenschaftlers und des Strafjuristen führen zu Verschiedenheiten in der Verantwortung. Der biologische und medizinische Forscher ist in erster Linie der Wahrheit verpflichtet. Hingegen sieht sich der Strafrechtler in den Dienst gerechter Sozialkontrolle gestellt.

Das Unbehagen erschöpft sich aber nicht in der Sorge gegenüber blinder Technologie und Machbarkeit. Vielmehr stehen handfeste Rollen- und Kompetenzfragen im Hintergrund. Sie sind schon in der *Liszt*schen Vision enthalten, wonach der künftige Strafrichter seine Robe mit dem Kittel des Arztes vertauschen werde[8]. Diese Prophezeiung hat sich freilich nicht erfüllt. Aber die Lage ist auch nicht unverändert geblieben. Zahlreiche Versuche, Wesensverschiedenheiten zwischen den empirischen Wissenschaften und dem Strafrecht nachzuweisen sowie die vielbemühten Hinweise auf die nur partielle Gültigkeit des Kausalmodells selbst im Bereich der Naturwissenschaften[9] veranschaulichen dies, auch wenn sie nichts weiter als Verteidigungsmechanismen wären, also auf die Wahrung des wissenschaftlichen Besitzstandes abzielten.

3. Rechtspolitisches Erfordernis umfassender Reduktion von Wirklichkeit

Derartige Wesensbestimmungen und Einwände sind aber heute nicht mehr geeignet, überzeugende rechtspolitische Problemlösungen vorzubereiten. Den Bedenken gegen den „naturalistischen Fehlschluß"[10], also technologisches Wissen unvermittelt in das Strafrecht zu übertragen, haben sich weitere Einwände hinzugesellt. Das Strafrecht und seine Anwendung erfordern nämlich einen umfassenderen Reduktionsprozeß von Wirklichkeit, als die empirischen Fachwissenschaften — hier Biologie und Medizin —

[8] Siehe *R. Lange:* Wandlungen in den kriminologischen Grundlagen der Strafrechtsreform. In: Festschrift zum hundertjährigen Bestehen des deutschen Juristentages. Band I. Karlsruhe 1960, S. 345 ff. (346), wohl in Anlehnung an *v. Liszts* Vortrag über „Die strafrechtliche Zurechnungsfähigkeit" (1896), abgedruckt in: Strafrechtliche Aufsätze und Vorträge, a. a. O. S. 214 ff. (223 ff.). Zur modernen Problematik *G. Kaiser:* Kriminologie. Einführung in ihre Grundlagen. Karlsruhe 1971.

[9] Zusammenfassend *D. von Stephanitz:* Exakte Wissenschaft und Recht. Der Einfluß von Naturwissenschaft und Mathematik auf Rechtsdenken und Rechtswissenschaft in zweieinhalb Jahrtausenden. Berlin 1970.

[10] *G. Radbruch:* Über die Methode der Rechtsvergleichung. MschrKrim 2, 422 ff. (424), 1906; *U. Klug:* Rechtsphilosophische und rechtspolitische Probleme des Sexualstrafrechts. In: Sexualität und Verbrechen, hrsg. von *F. Bauer* u. a. Frankfurt/Main 1963, S. 27 ff. (29 f.).

jeweils zu leisten fähig sind. Der Strafjurist — sei er Gesetzgeber, Richter oder Wissenschaftler — muß „alle Gesichtspunkte“ heranziehen und unter Beachtung rechtspolitischer Prinzipien (u. a. Freiheit, Erforderlichkeit, Verhältnismäßigkeit, Zweckmäßigkeit) abwägen[11]. Zu dem rechtspolitischen Entscheidungsprozeß können einzelne Erfahrungswissenschaften wie die Biologie und Medizin wichtige Beiträge liefern; sie können ihn aber keinesfalls determinieren.

Je nach empirischem Informationsdruck und „Zeitgeist“ gestalten sich die Beziehungen zwischen den empirischen Wissenschaften und dem Strafrecht sehr verschieden, bald mehr „freundlich“ und bald mehr „feindlich“. Das Ungenügen der jeweiligen Problemlösungen lassen die *immer neuen Versuche* erkennen, *Rechtsidee und Wirklichkeit zusammenzubringen* und sie miteinander zu versöhnen. Das wechselvolle Bild wird an der ambivalenten Einstellung der allgemeinen wie der wissenschaftlichen Öffentlichkeit deutlich. Sie ist abzulesen an solch bedrängenden Beispielen wie der strafrechtlichen Zulässigkeit künstlicher Samenübertragung oder genetischer Manipulation des Menschen.

4. Empirische Einflußbereiche und „Einbruchstellen“ in das Strafrecht

Fragt man danach, in welchen Bereichen des Strafrechts sich die Erkenntnisfortschritte von Biologie und Medizin vor allem äußern, so finden wir die *Einflußbereiche* sowohl in den Problemen des Allgemeinen Teils des Strafrechts (Schuldfähigkeit, Strafe, Maßnahme, Strafzumessung) als auch bei einigen des Besonderen Teils (Schutz von Leibesfrucht, Gesundheit, Leben und Sittlichkeit).

Die gegenwärtigen *„Einbruchstellen“* neuer biologischer und medizinischer Erkenntnisse in das Strafrecht können anhand von vier Problemkreisen umschrieben werden:

1. Lebensbeginn und Manipulation,
2. Krankheit und Zurechnungsfähigkeit,
3. Behandlung (Eugenik, Kastration, Kriminaltherapie, Organtransplantation) sowie
4. Tod, Wiederbelebung und Euthanasie.

Darüber hinaus schlagen sich die Fortschritte der Biologie und Medizin auf den Gebieten des Rechts in der Zulässigkeit neuer

[11] *H.-H. Jescheck:* Lehrbuch des Strafrechts. AT. Berlin 1969, S. 12 ff.

Arzneimittel und des *Humanexperiments*[12] sowie in den Methodenfragen des Strafrechts nieder. Zu denken ist etwa an den Einfluß des *biologischen Systems* auf ähnliche Denkformen des Strafrechts[13], an die Bedeutung des Regelkreises sowie an jene von Persönlichkeitsmodellen für die juristische Begründung von Vorwerfbarkeit und Schuld. Außerdem können aus *verhaltensbiologischer Sicht* Angst und Aggression, Rangordnungskämpfe, Territorialanspruch, Sexualverhalten, Partnerwahl und Besitzstreben „der Lehre vom Verbrechen neue Perspektiven schaffen"[14], und damit auch auf Strafrecht und Strafvollzug einwirken. Abgesehen von ihrem Beitrag zum besseren Verständnis menschlichen Verhaltens und Fehlverhaltens lassen sich jedoch die Befunde der vergleichenden Aggressions- und Verhaltensforschung gegenwärtig noch nicht in strafrechtliche Postulate umsetzen[15].

[12] *H. Nachtsheim:* Mißbildungen. In: Erfolge und Grenzen der modernen Medizin, hrsg. von *M. Blohmke* und *H. Schaefer.* Frankfurt/Main 1966, S. 82 ff.; *D. Wenzel* und *K. Wenzel:* Der Contergan-Prozeß. Verursachte Thalidomid Nervenschäden und Mißbildungen? Bericht und Protokollauszüge. Bensheim-Auerbach 1968; *F. Böth:* Das naturwissenschaftlich-medizinische Humanexperiment. Köln 1966; *J. Fletscher:* Human Experimentation: Ethics in the Consent Situation. Law and Contemporary Problems 32, 620—649, 1967.

[13] Siehe dazu *D. Oaks, W. Lehman:* A Criminal Justice System and the Indigent. A Study of Chicago and Cook-Country. Chicago—London 1968, S. 185 ff.

[14] So *D. Ploog:* Zur Geschichte der Ethologie. In: Kriminologische Aktualität IV, hrsg. von *A. Mergen.* Hamburg 1969, S. 21; ferner *K. Lorenz:* Das sogenannte Böse. Zur Naturgeschichte der Aggression. Wien 1963; *I. Eibl-Eibesfeldt:* Grundriß der vergleichenden Verhaltensforschung. Ethologie. München 1967.

[15] Zur internationalen, durchweg enger gefaßten Problematisierung siehe *W. Likoff:* A Perspective for Considering the Moral, Legal and Ethical Problems Arising from Advances in Medical Science. In: Symposium on the Medical, Moral and Legal Implications of Recent Medical Advances. Villanova Law Review 13, 1968, und zur Beschränkung des Fragenkreises auf Transplantation und Reanimation *T. Horvath, L. Viski:* Criminal and New Developments in Medical Science. Hungarian Law-Comparative Law 1970, 313—338. Teilweise werden darüber hinausgehend allerdings auch Fragen des Alkoholismus, Drogengebrauchs, öffentlichen Gesundheitsdienstes, der „Computer-Diagnose" und Einwilligung des Patienten miterörtert, z. B. von *E. Stason:* The Role of Law in Medical Progress. Law and Contemporary Problems 32, 563—596 (565 ff.), 1967. Hier handelt es sich zwar um medizinisch-juristische Grenzgebiete, jedoch selten um biologisch-medizinische Erkenntnisfortschritte und deren Einfluß auf das Strafrecht.

II. Die empirischen Einflußbereiche, deren rechtliche Bedeutung und die Versuche rechtspolitischer Problemlösung im einzelnen

1. Lebensbeginn und Manipulation

Die Manipulierbarkeit von Zeugung und Geburt durch biologisch-medizinische Eingriffe[16] hat u. a. zu den rechtspolitischen Bestrebungen geführt, die heterologe künstliche Samenübertragung zu kriminalisieren, den Begriff der Leibesfrucht im Rahmen der Abtreibung einzuschränken und den Anwendungsbereich strafrechtlich zulässiger Indikationen zu erweitern. Im Zusammenhang mit der Zulässigkeit künstlicher Samenübertragung und Transplantation ist ferner die Möglichkeit der Eiverpflanzung aktuell geworden.

a. Künstliche Insemination

Bekanntlich ermöglicht die künstliche Samenübertragung alleinstehenden Frauen oder Ehefrauen, deren Ehe bisher kinderlos geblieben ist, Schwangerschaft mit anschließender Geburt. Das Kind ist dann mit einem oder gar beiden Elternteilen blutsverwandt. Soweit es um die sogenannte homologe Insemination, also unter Ehegatten geht, wirft sie rechtlich keine besonderen Fragen auf. Von juristischer Erheblichkeit ist allein die heterologe künstliche Insemination. Obwohl in den letzten Jahren auch im Bundesgebiet in einer Reihe von Fällen heterologe künstliche Samenübertragungen durchgeführt worden sind[17], ist bisher kein Fall strafrechtlich bedeutsam geworden. Um so mehr werden die Vorgänge und die Folgen künstlicher Insemination zivilrechtlich, familienrechtlich und arztrechtlich diskutiert, ganz abgesehen von moraltheologischen und sozialethischen Erörterungen. Schwierig und heikel sind besonders die Fragen, welche die Auswahl des sogenannten Spenders betreffen.

Die biologisch-medizinische Durchführbarkeit künstlicher Samenübertragung beim Menschen ist ein kennzeichnendes Beispiel dafür, wie sehr die vorherrschende Meinung in der Öffentlichkeit sich innerhalb von zwei Jahrzehnten erheblich wandeln kann. Wollte noch der amtliche Strafgesetzentwurf 1962 in seinem § 203 unter Einfluß des wissenschaftlichen Schrift-

[16] Dazu schon *O. Adler:* Homunculus. Medizinisch-juristische Betrachtungen über die künstliche Befruchtung. Berlin—Leipzig—Wien 1908.

[17] *G. Ockel:* Therapeutische heterologe Insemination. Praktische Erfahrungen mit der therapeutischen heterologen Insemination bei nachgewiesener Sterilität des Ehemannes. Deutsches Ärzteblatt 64, 1533—1535, 1570 bis 1573, 1607—1609, 1967; *G. Schaad,* zitiert nach Medical Tribune Nr. 30 vom 26. 7. 1968; *Wille,* zitiert nach Deutsches Ärzteblatt 66, 3636 f., 1969.

tums der 50er Jahre die heterologe Insemination kriminalisieren, so hat der gegenwärtige Gesetzgeber diese Absicht fallengelassen, ja ist entschieden von ihr abgerückt[18]. Sah sich der 62. Deutsche Ärztetag 1959 noch veranlaßt, die künstliche heterologe Insemination aus sittlichen Gründen ausdrücklich zu mißbilligen, so hat der 73. Deutsche Ärztetag 1970 jenen Beschluß entschieden geändert. Ein großer Teil der deutschen Ärzteschaft steht der heterologen Insemination keinesfalls mehr ablehnend gegenüber, wie Befragungen ergeben haben[19]. Offenbar sind die Gefahren heterologer künstlicher Samenübertragung in der ersten Phase der medizinischen und rechtspolitischen Erörterung in Deutschland weit überschätzt worden. Darüber hinaus haben sich die allgemeine kriminalpolitische Diskussion und mit ihr die soziale Toleranz erheblich verändert.

Inzwischen liegen im Fachschrifttum die ersten medizinischen Erfahrungsberichte über die Anwendung künstlicher Samenübertragungen vor. Diese mögen gewisse Verzerrungen in der Einschätzung der Ergebnisse aufweisen. Denn die Berichte sind überwiegend von den praktizierenden Ärzten selbst abgefaßt worden. Jedoch finden sich bisher keine empirischen Anhaltspunkte für gravierende Schäden oder konkrete Gefahren. Entgegen den früher vielfach angeführten theoretischen Bedenken scheinen die konkreten Erfahrungen „so gut“ zu sein, „daß sich kein Arzt veranlaßt sah, nunmehr künftig jede Insemination etwa grundsätzlich abzulehnen“[20]. Für Ausmaß und Bedeutung der heterologen künstlichen Insemination ist zu beachten, daß nur ein ganz kleiner Prozentsatz von biologisch geeigneten und zu einem solchen Schritt entschlossenen Frauen in Betracht kommt. Dieser Anteil wird auf weniger als ein Prozent aller fruchtbaren Frauen geschätzt. Soweit sich die mit der künstlichen Samenübertragung verbundenen Risiken empirisch erfassen lassen, halten sie sich im ganzen gesehen noch innerhalb der Toleranzgrenze des sozial Erträglichen. Dabei erweisen sich die Regelungen des bürgerlichen Familien-

[18] Nach Erklärung des Bundesjustizministers ist die Bundesregierung der Auffassung, daß der Wunsch nach dem Kind in die Intimsphäre der Eltern gehöre und die künstliche Befruchtung zur Erzeugung von Kindern nicht strafbar sein solle; vgl. Stuttgarter Zeitung Nr. 65 v. 19. 3. 1970.

[19] *H. Kirchhoff:* Der Arzt im Konflikt zwischen Wissenschaft und Ethik. Deutsches Ärzteblatt 65, 2951 ff., 1968; *Wille*, zitiert nach Deutsches Ärzteblatt 66, 3636 f., 1969. Andererseits sollen die Bedenken nicht verkannt werden. Erst kürzlich hat der Frankfurter Gerichtsmediziner *J. Gerchow* „vor der Gefahr, daß das Recht einer Frau auf ein Kind zum Unrecht an einem Kind werden könnte, . . . im Blick auf die künstliche Befruchtung mit fremden Spendersamen gewarnt“; vgl. FAZ Nr. 227 vom 1. 10. 1970.

[20] *Wille:* a. a. O., S. 3636.

rechts und des ärztlichen Standesrechts als ausreichende Hilfsmittel der Gefahrenabwehr. Auch für die künstliche Insemination gelten also die allgemeinen Grundsätze des Ehe- und Familienrechts, namentlich über Eheverfehlung, Unterhalt, Kindesanfechtung usw. Grenzfälle der künstlichen Insemination aber werden ohnehin mit den traditionellen Strafrechtsnormen (z. B. durch Beleidigung und Nötigung) erfaßt und im Unrechtsgehalt genügend ausgeschöpft. Kriminalisierung und Pönalisierung des Regelfalles heterologer künstlicher Insemination hingegen ließen erwarten, daß der dadurch bewirkte Schaden weit größer als der Nutzen wäre. Von einer Kriminalisierung der künstlichen Insemination sollte daher mangels Strafbedürfnisses abgesehen werden. Diese Auffassung hat sich inzwischen auch allgemein durchgesetzt[21]. Zu erwägen bleibt allenfalls eine sozialverwaltungsrechtliche Regelung, wie sie in manchen Städten der USA bereits besteht sowie in den skandinavischen Ländern erörtert wird. Aber auch eine solche Lösung ist keinesfalls problemlos. Es muß dafür gesorgt werden, daß dem Staat keine Handhabe gegeben wird, um einen unangemessenen Einfluß auf einen Vorgang zu gewinnen, der ihm irgendwann „als Hintertreppe für eugenische Ziele“[22] dienen könnte.

b. Begriff der Leibesfrucht bei der Abtreibung

Neue empirische Forschungen stützen die Auffassung, die befruchtete Eizelle bis zur Einnistung (Nidation) sei zwar Leben im biologischen Sinne, aber noch nicht als Individuum, d. h. als etwas Unteilbares, zu betrachten. Legt man als Kriterium die Möglichkeit der Entstehung von Zwillingen zugrunde, so kann selbst die zur Nidation kommende Blastozyste noch nicht als ein Individuum angesehen werden. Der Augenblick, wo eine Teilung in zwei Individuen nicht mehr möglich ist, läßt sich offenbar mit unseren heutigen Mitteln biologisch nicht genau feststellen. Nimmt man gar an, daß das Individuum als komplexer Organismus alle lebenswichtigen Anteile besitzt, und das Zentralnervensystem soweit ausgebildet ist, daß die für das betreffende Individuum typischen Reaktionen möglich werden, so ist dies erst mit Abschluß der Embryonal-Entwicklung im 3. Schwangerschaftsmonat der Fall[23]. Dann ergibt sich die Folge, daß der Anfang des

[21] Vgl. *G. Kaiser:* Künstliche Insemination und Transplantation. In: Arzt und Recht, hrsg. von *H. Göppinger*. München 1966, S. 58 ff.; *J. Pasquay:* Die künstliche Insemination. Zugleich ein Beitrag zur Bestimmung der Grenzen staatlicher Strafbefugnis. Jur. Diss. Freiburg 1968; *U. Helling:* Zu den Problemen der künstlichen Insemination unter besonderer Berücksichtigung des § 203 E 1962. Berlin 1970, mit jeweils ausführlichen Nachweisen.

[22] *U. Helling:* a. a. O., S. 147.

[23] *F. Zimmer:* Beginn des Lebens. Deutsches Ärzteblatt 65, 449 ff., 1968.

individuellen Lebens nicht auf die Befruchtung, sondern erst auf einen späteren Zeitpunkt der Entwicklung zu datieren ist.

Aufgrund dieses Befundes und des sich nach der Empfängnis allmählich intensivierenden mütterlich-fötalen Stoffwechsels hat man geltend gemacht, daß die Weiche in Richtung Schwangerschaft erst zum Zeitpunkt der Nidation gestellt werde. Dann nämlich würden hormonale Stimuli von der sich einnistenden Blastozyste auf den weiblichen Organismus wirksam. Es erscheine deshalb vom biologischen Standpunkt aus unlogisch, schon vor der Nidation von einer Schwangerschaft zu sprechen[24]. Im übrigen müsse angenommen werden, daß etwa 50 % der befruchteten Eizellen nicht immer richtig zur Einnistung kämen[25].

Dieser Sachverhalt ist in den letzten 3 Jahren von juristischer Seite aufgegriffen worden. Man hat ihn zur Begründung dafür herangezogen, daß *„Leibesfrucht"* und damit Schwangerschaft auch im Sinne des geltenden § 218 StGB erst mit der Einnistung des befruchteten Eies, und d. h. etwa 7 Tage nach der Zeugung, vorliege. Folglich seien auch alle Eingriffe, die lediglich dazu bestimmt seien, die Nidation zu unterdrücken oder zu verhindern, strafrechtlich kein Schwangerschaftsabbruch, sondern Maßnahmen der Empfängnisverhütung[26].

Diese Auffassung, so faszinierend und einleuchtend sie auch sein mag, erweckt jedoch Bedenken. Denn der zugrunde gelegte biologische Sachverhalt ist nicht so eindeutig, daß sich die verän-

[24] *F. Zimmer:* a. a. O.

[25] *G. Döring:* Empfängnisverhütung. Stuttgart 1966, S. 28 f., mit Nachweisen; *H. Harmsen:* Medizinische und rechtliche Probleme bei neueren Mitteln der Geburtenverhütung. Hamburger Ärzteblatt 1967, 297 f.

[26] So herrschende Meinung, insbesondere: *P. Bockelmann:* Strafrecht des Arztes. Stuttgart 1968, S. 32; *E. Dreher:* Strafgesetzbuch. 31. Aufl. München 1970, § 218 Anm. 1 B; *A. Eser:* JuS 1970, 459 ff. (461); *C. Forster:* Geburtenregelung und Abtreibung. Jur. Diss. München 1968, S. 14 ff.; *G. Geilen:* Neue juristisch-medizinische Grenzprobleme. JZ 1968, 145 ff. (146); *H. Lay:* Zum Begriff der Leibesfrucht in § 218 StGB. JZ 1970, 465 ff. (470); *H. Lüttger:* Der Beginn des Lebens und das Strafrecht. JR 1969, 445 ff.; *R. Maurach:* Deutsches Strafrecht. Besonderer Teil. Karlsruhe 1969, S. 55; *R. Schmitt:* Geburtenregelung und Strafrecht. FamRZ 17, 530 ff. (533), 1970; *G. Schwalm:* Über den Beginn des menschlichen Lebens aus der Sicht des Juristen. MdR 1968, 277 ff.; *H. Siegrist:* Organtransplantation und Recht. Münchener Medizinische Wochenschrift 111, 742 ff., 1969; *H. Welzel:* Das deutsche Strafrecht. 11. Aufl. Berlin 1969, S. 300;
anderer Ansicht: *E. Mezger, H. Blei:* Strafrecht. Besonderer Teil. 9. Aufl. München—Berlin 1966, S. 30 f.; *W. Becker:* FamRZ 1968, 409; *E. Strutz:* Intrauterinpessare, orale Ovulationshemmer und Hormontabletten — Abtreibung oder Empfängnisverhütung? MschrKrim 52, 83 ff., 1969.

derte Auslegung des § 218 StGB schlüssig und ohne rechtspolitische Umwertung ergäbe. Es besteht nämlich eine reziproke Stoffwechselbeziehung zwischen Mutter und Embryo schon vor der Nidation. Allerdings sind bis zur Beendigung der Einnistung die Beziehungen zwischen Ei und mütterlichem Organismus noch stark von Zufälligkeiten abhängig und daher hochgradig labil, also störbar. Unstrittig stellt aber bereits die befruchtete Eizelle menschliches Leben dar. Daher kann man nicht erst vom Augenblick der Einnistung, also frühestens vom 7. Tage an, von einer Schwangerschaft sprechen[27]. Die vielfach vertretene Meinung, daß vor der Nidation eine Wechselwirkung zwischen Mutter und Kind und somit eine Schwangerschaft noch nicht existiere, erscheint danach willkürlich und im Hinblick auf ihre sozial- und kriminalpolitische Zweckmäßigkeit entstanden zu sein. Zwar bemüht man sich, mit Hilfe einer naturwissenschaftlich-biologischen Argumentation aufzuzeigen, daß es sich in der ersten oder gar zweiten Woche der Schwangerschaft noch um keinen, in der dritten Woche und in der weiteren Zeit aber schon um einen werdenden Menschen handele. Doch geht es nach *Koester*[28] bei einer so akuten Frage, wann der menschliche Embryo als Person anzusehen ist, um ein Problem der Philosophie, bei der Frage nach Erlaubtheit einer Manipulation um ein Problem der Ethik und, wie man hinzufügen muß, des Strafrechts. Beide Fragen sind mit einer naturwissenschaftlich-biologischen Beweisführung allein nicht zu klären, geschweige zu entscheiden. Die Schwangerschaft mit der *Nidation* beginnen zu lassen, bedeutet daher „ebenfalls eine willkürlich gesetzte Zäsur“[29].

Aufgrund des skizzierten Sach- und Streitstandes ist es noch immer fraglich, ob man schon nach dem geltenden Recht „Leibesfrucht“ erst zu dem Zeitpunkt der Nidation annehmen darf, auch wenn sich die Mehrheit der Autoren dafür ausgesprochen hat. Sofern diese Meinung überhaupt begründet und nicht bloß lapidar vertreten wird, spielt wahrscheinlich die Einsicht in die *weltweite*

[27] *H. Koester:* Zum Beginn der Schwangerschaft und des embryonalen Lebens. In: Empfängnisverhütung aus Verantwortung, hrsg. von *R. Kepp* und *H. Koester*, Stuttgart 1968, S. 14 ff. (insbes. 18 ff.).

[28] *H. Koester:* a. a. O., S. 25.

[29] *H. Kirchhoff:* Der Arzt im Konflikt, a. a.O., S. 2956; *E. Hanack:* Zur strafrechtlichen Problematik von Beginn und Ende menschlichen Lebens. Der Nervenarzt 40, 505—509 (506), 1969, unter Hinweis auf „andere denkbare Grenzen“.

Notwendigkeit der Geburtenregelung[30] die bedeutendste Rolle. Dieses Ziel auch strafrechtlich zu tolerieren, ist in der Tat ein wichtiger Gesichtspunkt für eine eingeschränkte Auslegung der Abtreibungsvorschriften. Denn sind „verhältnismäßig einfache und harmlose Methoden der Geburtenregelung möglich und — jedenfalls in globalem Maßstab — aus bevölkerungspolitischen Gründen auch unbedingt nötig", dann darf man nicht zu unelastisch verfahren und durch die Auslegung des § 218 StGB die Möglichkeit zu einer praktikablen Geburtenregelung verbauen[31]. Von diesem erwünschten Ergebnis her wird letztlich die eingeschränkte Auslegung des Begriffs der Leibesfrucht und der Schwangerschaft begründet. Die erwähnte Beweisführung scheint der Strafgesetzgebung auch aus moraltheologischer Sicht einen gelockerten Schwangerschaftsbegriff zu ermöglichen[32]. Es kann danach nicht verwundern, daß in den vergangenen zwei Jahren das Schrifttum — obwohl dem Umfang nach erheblich angewachsen — keinerlei neue, geschweige durchschlagende Argumente vorgelegt hat. Man wird aber in der Zunahme der Diskussion, insbesondere in der Zahl der Stimmen, die sich für die Nidation als rechtlich relevante Zäsur ausgesprochen haben, ein Indiz für die Meinungsänderung erblicken können.

Allerdings geht es in dem vorliegenden Begründungszusammenhang neben dem bevölkerungspolitischen Aspekt auch immer um das Ziel *privater Geburtenregelung*. Derartige Gesichtspunkte mögen für eine Einschränkung des § 218 StGB sprechen. Doch läßt sich die umstrittene Problematik nicht dadurch lösen, daß man die Schwangerschaft rechtlich durch Verlegung des Zeitpunktes von der Befruchtung auf die Eieinnistung einfach im Wege einer abweichenden Auslegung des § 218 StGB verkürzt (streitig).

Daraus folgt, daß auch nach geltendem Strafrecht entgegen der herrschenden Meinung z. B. die *morning-after-pill* als Frühabortivum zu beurteilen ist. Beginnt rechtlich gesehen die Leibes-

[30] *G. Schwalm:* a. a. O., S. 278; *G. Kaiser:* Geburtenregelung als Problem des Rechts. In: Familie und Geburtenregelung, hrsg. von *R. Blobel* u. a. München 1969, S. 118 ff.; *H. Way:* Birth Control: A New Consensus. In: Current Perspectives on Social Problems, ed. by *J. Landis*. 2. Aufl. Belmont/Cal. 1969, S. 207 ff.

[31] So *G. Geilen:* Neue juristisch-medizinische Grenzprobleme, a. a.O., S. 147.

[32] *F. Böckle:* Sittengesetz und Strafgesetz in katholischer Sicht. In: Zur Strafrechtsreform. Beiträge zur Sexualforschung, Heft 43. Stuttgart 1968, S. 5 ff. (22 ff.).

frucht mit der Vereinigung von Samen und Eizelle[33], so tötet die bereits nach der Zeugung und nicht erst ab der Implantation der befruchteten Eizelle wirkende „Pille danach" das werdende Leben.

Diese Erwägungen gelten sinngemäß auch für die rechtliche Beurteilung der Anwendung von *Intrauterin-Pessaren.* Freilich ist gegenwärtig noch nicht zureichend geklärt, ob das in den Uterus eingeführte Intrauterin-Pessar das Zusammentreffen von männlicher und weiblicher Keimzelle verhindert, oder ob es die Einbettung der bereits befruchteten Eizelle in der Uterus-Schleimhaut unterbindet. Sollte das Intrauterin-Pessar die Einbettung der bereits befruchteten Eizelle ausschließen, dann würde ebenfalls ein künstlicher Schwangerschaftsabbruch bewirkt. Strafrechtlich gesehen läge also im Normalfall ein krimineller Abort vor (streitig).

Wegen der geringen oder gar seltenen Anwendung in Deutschland hat sich bisher die Rechtsprechung mit dieser Frage noch nicht befassen müssen. Auch im Schrifttum liegen erst wenige juristische Erörterungen über die kriminalrechtliche Problematik des Intrauterin-Pessars vor. Die Beurteilungen sind kontrovers. Die herrschende Meinung fordert, wie oben dargelegt, für das Tatbestandsmerkmal „Leibesfrucht" die Implantation des befruchteten Eies. Sie eröffnet damit strafrechtlich auch dem Intrauterin-Pessar schon jetzt die Anwendbarkeit. Damit verficht sie zugunsten der Empfängnisverhütung einen eingeschränkten Anwendungsbereich des § 218 StGB. Demgegenüber meinen *Mezger/Blei*[34] unter ausdrücklicher Bezugnahme auf das Problem der Intrauterin-Pessare und bei „maximaler" Auslegung des § 218, daß die Leibesfrucht im Sinne des Gesetzes schon von der allerersten denkbaren Grenzlinie an, dem Moment der eingetretenen Befruchtung, vorliege. Ebenso wie bei der Anwendung der „Pille danach" ist dies jedoch eine Frage der rechtspolitischen Entscheidung. Feste Konventionen haben sich dazu noch nicht gebildet.

Ob allerdings künftig die Anwendung von Intrauterin-Pessaren strafrechtlich auch im Bundesgebiet ermöglicht werden soll, ist eine andere Frage. Sie bejahend zu entscheiden, mag aus bevölkerungspolitischen, aber auch aus Gründen privater Geburtenregelung naheliegen. Es kann jedoch nicht Aufgabe der klinischen Forschung sein, durch Verniedlichung des Wirkungsmechanismus oder der Nebenwirkung einer Methode den politischen Instanzen die Entscheidung zu erleichtern[35]. Durch eine *abweichende Lösung*

[33] RGST 59, 98.

[34] *E. Mezger, H. Blei:* a. a. O., S. 31.

[35] *R. Kepp:* Ärztliche Überlegungen zu einer Empfängnisverhütung durch Intrauterinpessare. In: Familienplanung. Erster ärztlicher Fortbildungskurs der medizinischen Fakultät der Justus Liebig-Universität Gießen über Fragen der Antikonzeption. Stuttgart 1968, S. 66 ff. (77).

nach künftigem Strafrecht, also *durch Gesetzesänderung,* ließe sich das erwünschte Ergebnis zumindest ebenso erreichen, wie es bereits jetzt die herrschende Meinung im Wege der Auslegung des § 218 StGB anstrebt. Bedeutung, Klarheit und Einheitlichkeit der Entscheidung sprechen überdies für eine gesetzgeberische Lösung[36]. Selbst Autoren, die sich für eine Veränderung im Wege der Auslegung entschieden haben, räumen ein, daß das Problem viel zu aktuell und akut sei, als daß es auf die Dauer in dem Zustand einer kontrovers bleibenden Auslegungsfrage belassen werden könnte[37]. Gleichviel, welcher Auffassung man folgt, ob Änderung im Wege der Auslegung oder des Gesetzes, in jedem Falle handelt es sich um eine neue rechtspolitische Entscheidung.

Im übrigen bleibt *fraglich, ob sich das Strafrecht schon jetzt* oder in naher Zukunft, da die biologische Antikonzeptionsforschung noch im Fluß ist und sich weitere Zäsuren andeuten mögen, *auf die Einnistung* des befruchteten Eies *als Grenze* zwischen straffreier und strafbarer Geburtenregelung *festlegen soll.* Demgegenüber scheint die Regelung der Abtreibung nach dem „Entwurf eines amerikanischen Musterstrafgesetzbuches vom 4. Mai 1962" offener und anpassungsfähiger zu sein. Denn sie gestattet im Abs. 7 der Sektion 230. 3 (Abtreibung) ausdrücklich die „Schwangerschaftsverhütung".

Der „durch moderne Medikamente flüssig gewordenen Grenze zwischen Empfängnisverhütung und Abtreibung" versucht auch der im Jahre 1970 vorgelegte *„Alternativ-Entwurf eines Strafgesetzbuches — Besonderer Teil"* im Gegensatz zum amtlichen Strafgesetzentwurf 1962 Rechnung zu tragen. Mit Rücksicht auf diesen Umstand will er den Schwangerschaftsabbruch „kurz nach der Empfängnis für eine nicht ganz geringe Zeitspanne gänzlich von jedem strafrechtlichen Verbot" ausnehmen (Vorbemerkung vor § 105 AE). Dahin tendieren auch die rechtspolitischen Bestrebungen in den skandinavischen Staaten[38] sowie in anderen Län-

[36] *G. Kaiser:* Geburtenregelung als Problem des Rechts, a. a. O., S. 139 f.; *M. Kohlhaas:* Neue Aspekte zur versuchten Abtreibung im Frühstadium. NJW 1970, 501 ff. (503).

[37] *G. Geilen:* Das Leben des Menschen in den Grenzen des Rechts. Zu den Wandlungen des Todesbegriffs und zu neuen Schutzproblemen des werdenden Lebens. FamRZ 1968, S. 121 ff. (129).

[38] *A. Nelson:* Die sexualstrafrechtliche Situation in Skandinavien. In: Sexualität ist nicht pervers. Vorträge und Diskussionen. Wien—Frankfurt—Zürich 1969, S. 123—143.

dern der Welt. Denn die Entstehung des Lebens sei nach heutiger Auffassung nicht ein in einem bestimmten Moment — etwa der Befruchtung oder der Einnistung — eintretendes Ereignis, sondern „ein sich in mehreren Stadien allmählich vollziehender Vorgang". Um die Anwendung derjenigen Mittel zu gestatten, die an der Grenze zwischen Empfängnisverhütung und Schwangerschaftsabbruch liegen, nach der sozialen Anschauung aber der ersteren zugerechnet werden, sieht der Alternativ-Entwurf vor, den innerhalb des ersten Monats nach der Empfängnis vorgenommenen Eingriff in den Entwicklungsvorgang ganz aus dem Bereich des Strafbaren auszusondern. Innerhalb dieses Zeitraumes ließen sich Schwangerschaftsabbrüche schon mit Rücksicht auf den subjektiven Tatbestand forensisch regelmäßig nicht nachweisen und begründeten deshalb lediglich eine Zufallshaftung (Begründung zu § 105 AE).

c. Zulässigkeit und Umfang von sogenannten Indikationen bei der Abtreibung

Die anerkannten oder potentiellen Gründe rechtlich gebilligter Eingriffe in Gesundheit und werdendes Leben reichen bekanntlich von der medizinischen über die soziale, ethische, kriminalpolitische, eugenische bis hin zur bevölkerungspolitischen Indikation. Soweit es um den Einfluß der Fortschritte von Biologie und Medizin auf die strafrechtliche Regelung geht, ist nur *die „eugenische" Indikation* betroffen. Im Unterschied zur Lage vor 50 Jahren wird jedoch der eugenische Grund durch den empirischen Erkenntniszuwachs nicht mehr nahegelegt und gestützt, sondern im Gegenteil geschwächt[39]. Deshalb und durch die Diskreditierung des eugenischen Gedankens in der Vergangenheit[40] führen eugenische Motive in der gegenwärtigen Diskussion eine Art Schattendasein. Speziell bei der Abtreibung erörtert das heutige strafrechtliche Schrifttum eugenische Motive nur in wenigen Zeilen.

[39] *K. v. Lilienthal:* Eugenik und Strafrecht. ZStW 39, 255—276, 1918; *G. Kaiser:* Eugenik und Kriminalwissenschaft heute. Die Frage nach der strafrechtlichen Zulässigkeit der Unfruchtbarmachung und des Schwangerschaftsabbruchs aus eugenischer Indikation. NJW 1969, 538 ff. (539 f.).

[40] Vgl. *H. Mannheim:* Criminal Justice and Social Reconstruction. London 1946, S. 18 ff.; *G. Williams:* The Sanctity of Life and the Criminal Law. London 1958, S. 201 ff.; *E. Hanack:* Die strafrechtliche Zulässigkeit künstlicher Unfruchtbarmachung. Marburg 1959.

Auch der Alternativ-Entwurf eines Strafgesetzbuches[41] lehnt, soweit er überhaupt Indikationen zulassen will, die Eugenik als billigenswertes Motiv ab. Zwar will er neben der medizinischen Indikation eine zweite Indikation anerkannt wissen. Diese soll jedoch in der Rücksichtnahme auf die Schwangere liegen, der das Leid der Austragung und Geburt eines schwergeschädigten Kindes gegen ihren Willen nicht zugemutet werden kann. Zu denken ist etwa an mongoloide Kinder (sogenanntes Downsches Syndrom). Ob die Indikation noch mit Rücksicht auf das geschädigte Kind selbst anzuerkennen ist, läßt der Alternativ-Entwurf ausdrücklich offen. Schwebt der Begründung nach dem Alternativ-Entwurf mehr die Zulässigkeit des therapeutischen Schwangerschaftsabbruches vor, so handelt es sich doch nach der Formulierung des § 106 AE ähnlich den englischen und skandinavischen Problemlösungen um die herkömmlich eugenische Indikation.

Freilich hat sich das Blickfeld von kollektiven auf individuelle Belange verlagert. Mit der damit angezeigten Vorrangigkeit sozial-medizinischer oder therapeutischer Gründe kann das eugenische Motiv qualitativ und quantitativ nur noch eine untergeordnete Rolle spielen. Eugenische Zwecke werden also heutzutage nicht mehr per se relevant, sondern bestenfalls als regulative Gesichtspunkte innerhalb eines übergeordneten Konzeptes privater Familienplanung und zur Entlastung einzelner. Ebenso wie eine erfahrungswissenschaftliche Grenzziehung zwischen „lebenswertem" und „lebensunwertem Leben" unmöglich ist, so ist auch die Frage der Eugenik empirisch nur sehr bedingt entscheidbar.

2. Krankheit und Zurechnungsfähigkeit

Die verbreitete „Tendenz zur Exkulpierung"[42] hat auch den strafjuristischen Krankheitsbegriff beeinflußt. Dabei ist unklar, ob es sich hier um die Auswirkung eines Erkenntnisfortschrittes der Medizin handelt, ob sich jüngere Richtungen der Medizin wie Psychoanalyse und Psychosomatik nunmehr stärker durchsetzen[43], ob

[41] Alternativ-Entwurf eines Strafgesetzbuches. Besonderer Teil. Straftaten gegen die Person. Erster Halbband, hrsg. von *J. Baumann, A.-E. Brauneck* u. a., Tübingen 1970, Begründung zu § 106 AE.

[42] *H. Ehrhardt:* Die Tendenz zur Exkulpierung. In: Sexualität und Verbrechen, hrsg. von *F. Bauer* u. a. Frankfurt/Main 1963, S. 245—261.

[43] Vgl. *W. Bitter* (Hrsg.): Heilen statt strafen. Stuttgart 1957; *A. Mitscherlich:* Die Krankheiten der Gesellschaft und die psychosomatische Medizin. In: Krankheit als Konflikt. Studien zur psychosomatischen Medi-

die Erweiterung des Krankheitsbegriffes auf der gewachsenen Verfügbarkeit therapeutischer Behandlungsmöglichkeiten oder aber auf der Zunahme der sozialen Toleranz und Mitverantwortung beruht. Wahrscheinlich treffen mehrere Entwicklungslinien und verschiedene Motive zusammen.

Die rechtspolitischen Tendenzen in Rechtsprechung und Gesetzgebung gehen dahin[44], in Extremfällen bei Psychopathie, Triebstörungen und Neurosen Schuldunfähigkeit anzunehmen, jedoch im übrigen der wissenschaftlichen Entwicklung nicht vorzugreifen[45]. Dementsprechend läßt die zögernde Ausdehnung des pathogen definierten Exkulpationsbereiches offen, ob sie sich von biologischen und medizinischen Erkenntnisfortschritten herleitet oder nicht. Man wird annehmen dürfen, daß — insoweit die herkömmlichen Strafsanktionen durch funktionale Alternativen der Behandlung abgelöst und ersetzt werden können — die alte Frage nach der strafrechtlichen Zurechnungsfähigkeit zunehmend gegenstandslos wird. „Die starre Herrschaft" dieses Begriffs mag also weichen, jedoch — anders als v. Liszt einst vermutete — nicht notwendig auch „die begriffliche Scheidewand zwischen Verbrechen und Wahnsinn".

Allgemeiner und beispielhaft zugleich stellt sich die Frage nach dem Einfluß und der Bedeutung empirischer Fortschritte auf das Strafrecht bei der veränderten rechtspolitischen Bewertung der einfachen Homosexualität.

a. Entkriminalisierung einfacher Homosexualität

Die Begründungen für die Straffreierklärung homosexueller Handlungen stellen nicht allein auf den pathologischen Befund bei homophilen Personen ab. Sie machen vielmehr geltend, daß die einfache Homosexualität kein Rechtsgut verletze, welches mit Mitteln des Strafrechts garantiert werden müsse. Auch bestehe kein Grund, das Leid hinzunehmen, das die

zin I. Frankfurt/M. 1966, S. 11 ff.; *H. Strotzka:* Psychotherapie und soziale Sicherheit. Bern—Stuttgart—Wien 1969, S. 47.

44 BGHSt 14, 30; 19, 201; BGH in NJW 1970, 523 ff.; § 24 StGBE 1962, § 20 i. d. F. 2. StrRG 1969.

45 Vgl. *R. Lange:* Der juristische Krankheitsbegriff. In: Die Zurechnungsfähigkeit bei Sittlichkeitsstraftätern. Beiträge zur Sexualforschung Heft 28. Stuttgart 1963, S. 1—20; Begründung zu § 21 AE; kritisch gegenüber dem Abschluß „solcher Konventionen" zwischen Juristen und Medizinern *W. Sarstedt:* Wandlungen des Strafrechts. In: Ehrengabe für B. Heusinger. München 1968, S. 341 ff. (349).

Strafbestimmung mit sich bringe. Ferner widerspreche die staatliche Verfluchung des Homosexuellen dem Prinzip der Toleranz[46].

Die Entkriminalisierung der einfachen Homosexualität wird schon seit langer Zeit diskutiert. Sie stimmt mit den vorherrschenden Meinungen in Wissenschaft, den Tendenzen des Auslandes und den Stellungnahmen fast aller medizinischen Gesellschaften, der Kirchen, des Deutschen Juristentages und des Strafrechtsausschusses der Bundesrechtsanwaltskammer sowie dem Alternativ-Entwurf überein. Sie ist mit dem 1. Strafrechtsreformgesetz 1969 verwirklicht worden. Deshalb wird man in diesem rechtspolitischen Wandel *lediglich* eine *Meinungsänderung*, aber keinen Einfluß biologischer oder medizinischer Erkenntnisfortschritte annehmen müssen. Dies zeigt sich auch daran, daß noch unmittelbar vor dem Zeitpunkt der Entkriminalisierung einfache homosexuelle Handlungen bestraft wurden. Die Wandlungen in der Bewertung der Homosexualität äußerten sich damals — von Extremfällen abgesehen — lediglich im Strafmaß, doch generell nicht in der Frage der Exkulpierung.

b. XYY-Chromosomen-Mißbildungen und Zurechnungsfähigkeit

Seit Mitte der 60er Jahre ist die Frage aktuell geworden, inwieweit die sogenannte XYY-Chromosomen-Mißbildung die Frage der strafrechtlichen Verantwortlichkeit beeinflußt[47]. Entgegen manch vorschnellen Äußerungen in Presse und Schrifttum herrscht unter den Humangenetikern noch keine Klarheit darüber, welche Beziehungen zwischen der XYY-Anomalie und kriminellem oder auch nur aggressivem Verhalten bestehen.

Zwar sollen nach einigen Forschungen 3—10 % der Gefängnisinsassen das XYY-Syndrom aufweisen. Jedoch wurden auch XYY-Träger gefunden, die keineswegs aggressiv, kriminell oder asozial sind. Die vorliegenden Untersuchungen scheinen zu zeigen, daß das XYY-Syndrom um so häufiger vorkommt, je mehr der Personenkreis auf eine ganz spezielle Aggressivität eingeengt wird. Aber die verwendeten, häufig nicht näher definierten Begriffe von Kriminalität, Asozialität, Aggression und Gewalt erweisen sich rechtspolitisch als wenig verläßlich und forensisch nicht brauchbar. Deshalb ist der Zusammenhang zwischen dem XYY-Syndrom und der aggressiven

[46] *E. Hanack:* Empfiehlt es sich, die Grenzen des Sexualstrafrechts neu zu bestimmen? Gutachten A zum 47. Deutschen Juristentag. München 1968, Rz 331.

[47] Vgl. *P. A. Jacobs* u.a.: Aggressive Behavior, Mental Sub-Normality, and the XYY-Male. Nature 208, 1351, 1965; *H. Forssman, G. Hambert:* Chromosomes and Antisocial Behavior. Excerpta Criminologica 1967, 113—117; *A. Mergen:* Der geborene Verbrecher (Ein Bericht über Chromosomenforschung und Kriminologie). Hamburg 1968; *J. Nielsen:* The XYY-Syndrome in a Mental Hospital. Genetically Determined Criminality. British Journal of Criminology 1968, 187—203; *B. Baker:* XYY-Chromosome Syndrome and the Law. Criminologica 7, 6—7, 1970.

Delinquenz noch ungesichert[48]. Allerdings können neue Befunde das gegenwärtige Bild grundlegend verändern.

Da es sich offenbar um allgemeine, im einzelnen noch ungeklärte Störungen handelt, könnte den XYY-Trägern je nach Sachlage — besonders bei Taten, die mit ihren speziellen Lebensschwierigkeiten zusammenhängen — verminderte Zurechnungsfähigkeit zugebilligt werden. Ausländische Strafgerichte scheinen teilweise so zu verfahren. Jedoch ist zu beachten, daß Persönlichkeitsstörungen auch fehlen oder sehr gering sein können, so daß das Vorliegen des XYY-Syndroms ohne psychiatrische Begutachtung die Annahme einer anlagemäßig veränderten Persönlichkeitsstruktur nicht erlaubt[49]. Deshalb sind die Schwierigkeiten des Sozialverhaltens bei XYY-Trägern trotz Unabänderlichkeit der Chromosomen-Mißbildung vor allem therapeutisch anzugehen, sei es, daß man ihnen zur Überwindung der Kontaktschwierigkeiten hilft, oder sei es, daß man ihren Trieb dämpft[50]. Diese Tendenz zur Therapie und Fürsorge wurzelt jedoch in einem breiter angelegten Trend zur Behandlung, der die Definition pathologischer Strukturen und damit die Ausdehnung des Krankheitsbegriffes nicht mehr notwendig voraussetzt.

3. Behandlung

a. Eugenische Maßnahmen

Wie schon im Zusammenhang mit der Zulässigkeit von Indikationen beim Schwangerschaftsabbruch erörtert wurde (oben 1 c), ist die eugenische Begründung zunehmend zurückgetreten. Infolgedessen spielen auch eugenische Maßnahmen in der Rechtspolitik gegenwärtig keine erhebliche Rolle. Mehr und mehr haben wir nämlich den geringen populationsgenetischen Effekt der *negativ eugenischen Maßnahmen* bei einer größeren Zahl von genetisch bedingten Erkrankungen erkannt[51]. Im übrigen verhehlt die ge-

[48] Zusammenfassend *J. Pinatel:* Biologie et Responsabilité. Revue de science criminelle et de droit pénal comparé. 23, 672—678, 1968, und *A.-E. Brauneck:* Zum Begriff der kriminellen Anlagen. In: Festschrift für K. Engisch, hrsg. von *P. Bockelmann* u. a. Frankfurt/M. 1969, S. 636—643; *H. Schade:* Bemerkungen zur forensischen Bedeutung der Chromosomen-Kombination XYY. MschrKrim 53, 313 ff., 1970; sowie *U. S. National Institute of Mental Health* in: Criminology 8, 212, 1970, jeweils mit Nachweisen.

[49] *H. Siebner, S. Pufke:* Das 47, XYY-Syndrom mit Berücksichtigung seiner Mosaikformen. Deutsche Medizinische Wochenschrift 45, 2155 ff., 1968.

[50] *A.-E. Brauneck:* a. a. O., S. 643.

[51] *H. Baitsch:* Über die genetische Zukunft des Menschen. In: Naturwissenschaft vor ethischen Problemen, hrsg. von *F. Henrich*. München 1969, S. 117—136 (128 f.).

netische Eheberatung nicht, daß die modernen Methoden der Empfängnisverhütung hier gut zu handhaben sind[52].

Gleichwohl wird man auch nach geltendem Recht annehmen dürfen, daß der Arzt rechtmäßig handelt, wenn er auf Wunsch der Betroffenen genetisch oder genetisch-sozial indizierte *Sterilisationen* durchführt[53]. Bei Minderjährigen oder Entmündigten sollte neben dem maßgebenden Willen des Personensorgeberechtigten und dem Votum einer unabhängigen Gutachterstelle die Zustimmung des Vormundschaftsgerichtes erforderlich sein.

Hingegen stellt eine rechtzeitige *genetische Untersuchung der Neugeborenen*, die Beobachtung und Behandlung aller aus genetischen oder anderen Gründen körperlich oder geistig behinderten Kinder sowie ferner der *Strahlenschutz der Bevölkerung* im ärztlichen wie im industriellen Bereich das Strafrecht noch vor keine besonderen Schwierigkeiten.

Ob künftig sogenannte *positiv eugenische Maßnahmen* größere Bedeutung gewinnen werden, erscheint zweifelhaft. Hier stellt sich schon die Frage, wer überhaupt planen soll. Gleichgültig, ob wir davon ausgehen, daß der Wissenschaftler oder der Politiker oder beide zusammen als eine übergeordnete Instanz eine solche Aufgabe bewältigen sollen, so spricht doch alles dafür, daß die Gesellschaft derartige Entscheidungsgremien nicht zu bilden fähig ist[54]. Es bleibt daher kein anderer Weg, als jeden einzelnen Menschen in seinem ureigensten Bereich an dieser Planung zu beteiligen, so, wie es bislang immer in der menschlichen Entwicklung geschehen ist. Danach läßt sich nicht verkennen, daß es sich letztlich um keine eugenische Maßnahme mehr handelt, sondern um Handlungen aus erbmedizinischen, sozialhygienischen, therapeutischen Gründen oder aus solchen privater Familienplanung. Klärung und Entscheidung sind deshalb nicht mehr abhängig davon, daß der eugenische Grund nur im Zusammenhang mit der Frage erörtert werden kann, ob sich die Gesellschaft überhaupt wieder dazu ent-

[52] W. *Fuhrmann:* Genetische Überlegungen bei der Familienplanung. In: Empfängnisregelung und Gesellschaft, hrsg. von *P. Kepp* und *H. Koester.* Stuttgart 1969, S. 120 ff. (125 f.).

[53] Herrschende Meinung, vgl. *G. Schwalm:* Recht, Genetik und Humanität. Genetik und Gesellschaft, hrsg. von *G. Wendt.* Stuttgart 1970, S. 78 ff. (80 f.); *P. Bockelmann:* Die derzeitige Situation bei der Sterilisation. In: Empfängnisregelung und Gesellschaft, hrsg. von *R. Kepp* und *H. Koester.* Stuttgart 1969, S. 15—24; siehe ferner *G. Felkenes:* Sterilisation and the Law. In: New Dimensions in Criminal Justice, ed. by *H. K. Becker* u. a. Matuchen/N.J. 1968, S. 111 ff.; *H. Heiß:* Die Sterilisation der Frau. Stuttgart 1969, und *St. Wocher:* Die freiwillige operative Unfruchtbarmachung als Methode der Empfängnisverhütung in strafrechtlicher Sicht. Jur. Diss. Saarbrücken 1969.

[54] *H. Baitsch:* a. a. O., S. 132.

schließen soll, Eugenik zu betreiben. Denn die Gründe dafür sind zumindest nicht mehr nur bevölkerungspolitischer Natur. Somit muß auch der Ruf nach rein „eugenischer Gesetzgebung“[55] in unserer Zeit echolos verhallen.

Selbst die modernen Entwicklungen der Evolutionslehre und Humangenetik vermögen an diesem Ergebnis bislang nichts zu ändern. Im Gegenteil, sie haben hierzulande eher Befürchtungen gegenüber der Gefahr genetischer Manipulation aufkommen lassen, als der rechtspolitischen Diskussion neue, dem „Fortschritt“ folgende Anregungen vermittelt. Deshalb treten auch gegenwärtig über den bereits erörterten Umfang hinaus rechtliche Probleme öffentlich propagierter und praktisch betätigter genetischer Manipulation kaum auf. Sollten aber diese humangenetischen Eingriffe akut werden, müßte sich das Strafrecht dem entschieden widersetzen. Allein, zur Zeit wäre es falsch verstandener Perfektionismus, einen Kodex von Rechtsvorschriften zum Schutze der genetisch manipulierten und künstlich erzeugten Lebewesen aufstellen zu wollen[56]. Damit ist von dem sozialdarwinistischen Höhenflug der ersten Hälfte dieses Jahrhunderts fast nichts mehr und von dem der modernen Evolutionstheorie noch nicht viel zu spüren. Dennoch gibt es auch jetzt keine Entlassung aus dem Dilemma von Notwendigkeit und Fragwürdigkeit der Eugenik.

Diese Problematik zeigt sich auch im kriminalrechtlichen Sanktions- und Behandlungssystem, vor allem im Bedeutungswandel der Entmannung.

b. Kastration

Soweit Behandlungsmaßnahmen wie die Entmannung erneut aufgegriffen werden[57], erfüllen diese Mittel eine wesentlich andere

[55] *H. Nachtsheim:* Die qualitative Bevölkerungsbewegung: Erbgesundheitspflege — Notwendigkeit und Möglichkeiten einer Planung. In: Universitätstage 1965 — Wissenschaft und Planung. Berlin 1965, S. 58 ff. (70); hingegen skeptisch *H. Baitsch:* Das eugenische Konzept — einst und jetzt. In: Genetik und Gesellschaft, hrsg. von *G. Wendt.* Stuttgart 1970, S. 59 ff. (66).

[56] *G. Strickrodt:* Die rechtlichen Probleme öffentlich propagierter und praktisch betätigter genetischer Manipulation. In: Menschenzüchtung. Das Problem der genetischen Manipulierung des Menschen. Acht Beiträge von *F. Wagner* u.a. München 1969, S. 187—225 (270).

[57] Vgl. Gesetz über die freiwillige Kastration und andere Behandlungsmethoden vom 15. 8. 1969, BGBl. I, 1143; dazu *A. Langelüddeke:* Das neue Kastrationsgesetz aus der Sicht des kriminologisch erfahrenen Psychiaters. MschrKrim 53, 289—297, 1970.

Aufgabe, als man ihnen vor 40 Jahren im Rahmen der eugenisch motivierten Gesetzgebung zugedacht hat. Die Zulässigkeit der Entmannung als kriminalpräventive Maßnahme ist erheblich eingeschränkt, teilweise in eine Form der Heilbehandlung „umfunktioniert" worden (so schon § 160 StGBE 1962). Dennoch ist fraglich, ob es sich bei dieser Problemlösung um die Auswirkung eines Erkenntnisfortschrittes der Biologie und Medizin handelt, oder ob nicht bestimmte Mißbrauchserfahrungen in der Vergangenheit einerseits, sowie andererseits die Einsicht in die Notwendigkeit der Kastration als kriminalpräventives Mittel die gegenwärtige Regelung veranlaßt haben[58]. Mag die Kastration nach ihren Voraussetzungen auch humanisiert worden sein, rechtsstaatlich bedenkenfrei ist sie noch immer nicht.

c. Pharmako- und Sozialtherapie

Im übrigen wird man feststellen dürfen, daß der biologische und medizinische Erkenntniszuwachs einen Trend stützt, der von der rein negativen Sanktion bei extrem Sozialgefährlichen und ständigen Rückfällern hinführt zur Pharmako- und Sozialtherapie[59]). Dies zeigt sich bei den Bemühungen um die Mittel „chemischer Kastration". Diese sollen an die Stelle der operativen Entmannung treten. Man erwartet von ihnen, daß sie neben der Triebschwächung auch einen Motivverlust bewirken. Allerdings scheint nach den vorliegenden Erfahrungen keine nachhaltige Heilung erreicht zu werden. Denn sobald man die Tabletten absetzt, bricht das Verhalten der Exhibitionisten und Triebverbrecher wieder durch. Inwieweit man mit Hilfe chemotherapeutischer Verfahren dem straffälligen Sittlichkeitsverbrecher, vielleicht auch dem

[58] Dazu *E. Brammer:* Die Entmannung nach geltendem und kommendem Strafrecht. Jur. Diss. München 1968, S. 75; *H. Ellenberger:* Aspects biologiques et psychiatriques de la criminalité, a. a. O., S. 77; und *G. Schwalm:* Recht, Genetik und Humanität, a. a. O., S. 79.

[59] *L. S. Goodman, A. Gilman:* The Pharmacological Basis of Therapeutics. 3. Ed. New York 1960; *H. Göppinger:* Möglichkeiten und Grenzen einer Resozialisierung mit Mitteln der Psychiatrie, Psychologie und Psychotherapie. Bewährungshilfe 11, 244—260, 1964; *S. Kety:* Neue Perspektiven in der Psychopharmakologie. In: Das neue Menschenbild. Die Revolutionierung der Wissenschaften vom Leben. Ein internationales Symposium, hrsg. von *A. Koestler* und *J. Smythies.* Wien—München—Zürich 1970, S. 323—341.

Einbrecher, Betrüger und Gewalttätigen, besondere medizinische Hilfe geben kann, erscheint daher noch zweifelhaft[60].

Gleichwohl ist nicht zu verkennen, daß bei gewissen Gruppen von Delinquenten in bestimmten Situationen, insbesondere bei stationärer Behandlung, der Einsatz von Psychopharmaka ähnlich wie die Gruppentherapie zu einer gewissen Lockerung und Lösung von Spannungen führt. Jedoch sind all die Versuche, Experimente und Ansätze, so wichtig und notwendig sie auch immer sein mögen, empirisch keinesfalls gesichert. Daher ist es gegenwärtig mit der Begründung erfahrungswissenschaftlicher Befunde noch nicht möglich, kriminalrechtliche Sanktionen und Systeme erheblich oder gar völlig umzugestalten.

Diese Unsicherheit äußert sich besonders in der Frage der Zulässigkeit und Anwendbarkeit von kriminal- und sozialtherapeutischen Maßnahmen. Zwar sieht § 65 StGB in der Fassung des 2. Strafrechtsreformgesetzes 1969 die Einführung der Sozialtherapeutischen Anstalt vor. Diese gesetzliche Neuerung ist in Anlehnung an ausländische Vorbilder Skandinaviens, der Niederlande und Englands geschaffen worden. Jedoch liegen im Bundesgebiet Erfahrungen über Gruppentherapie oder sozialpsychologische Lernprozesse in Strafanstalten erst ansatzweise vor.

Über die Indikation der Kriminaltherapie läßt sich generell erst wenig Verläßliches sagen[61]. Am ehesten, wenn auch nicht ausschließlich, wird sie bei einigen Sexualdelikten angezeigt sein. Hat der amtliche Strafgesetzentwurf 1962 noch eine Psychopathenverwahrung vorgesehen, so will der Alternativ-Entwurf eines Strafgesetzbuches (1966) eine Sozialtherapeutische Anstalt eingeführt wissen. In dieser sollen grundsätzlich alle erheblich rückfälligen oder sozial und psychisch schwierigen Täter therapeutisch behandelt werden. Dem letztgenannten Vorschlag ist der Gesetzgeber mit dem 2. Strafrechtsreformgesetz teilweise gefolgt. Doch kann nicht zweifelhaft sein, daß es sich trotz des humanitären Impulses im Rahmen der Effektivitätsanalyse noch um ein Experiment handelt. Denn die vorliegenden Angaben über die Behandlungserfolge in ausländischen Anstalten erscheinen bislang wenig aussagekräftig. Dies liegt einmal an der Verschiedenheit des gewählten Erfolgskriteriums. Zum anderen ist bei einigen der Anstal-

[60] Vgl. Zusammenfassung des IV. Weltkongresses für Psychiatrie. International Congress Series, No. 117, 1966.

[61] *H. Eysenck:* Handbook of Abnormal Psychology. London 1960, S. 697 ff.; *M. Schmideberg:* Prinzipien der Kriminalpsychotherapie. MschrKrim 49, 145 ff. (149 f.), 1966; *O. Rosenhan, P. London* (Ed.): Theory and Research in Abnormal Psychology. New York — Chicago 1969, S. 365 f.; *H. Strotzka:* Psychotherapie und soziale Sicherheit. Bern—Stuttgart—Wien 1969, S. 108 ff.

ten die Kürze der überschaubaren Zeit seit ihrem Bestehen und der bisher geringen Zahl der entlassenen Insassen zu beachten. Darüber hinaus handelt es sich etwa bei den Ersttätern oder bei den Tätern mit günstiger Prognose um Extremgruppen, so daß von Erfolgen bei diesen nicht auch auf eine gute Wirkung für das breite Mittelfeld geschlossen werden kann. Ferner ist zu bedenken, daß für günstige Veränderungen des Sozialverhaltens auch von der eigentlichen Behandlung unabhängige Faktoren verantwortlich sein können, etwa eine Verbesserung der häuslich-familiären Umwelt oder eine wirksame Nachfürsorge. Hieran zeigt sich, daß erwartungsgemäß die Sozial- und Psychotherapie mit Kriminellen noch wissenschaftliches Neuland ist[62].

d. Organtransplantation

Eine andere Seite der Behandlung, die durch den medizinischen Fortschritt in den letzten Jahren strafrechtlich relevant geworden ist, betrifft weniger die Hilfe gegenüber dem aktuellen Täter als vielmehr den Schutz des potentiellen Opfers. Gemeint ist hier die Frage der Organtransplantation. Obwohl Verpflanzungen menschlichen Gewebes in aller Welt seit langer Zeit vorgenommen werden — man denke nur an die verhältnismäßig einfachen Fälle der Bluttransfusion und Knochenüberpflanzung — ist die strafrechtliche Zulässigkeit der Transplantation erst in dem letzten Jahrzehnt fragwürdig geworden. Wie so oft scheint auch hier die biologisch-medizinische Entwicklung den herkömmlichen Normen und Vorstellungen davongeeilt zu sein. So verwundert es nicht, daß eigentlich erst in den letzten fünf Jahren Strafrecht wie gerichtliche Medizin von diesem umwälzenden Sachverhalt haben Kenntnis nehmen müssen.

Während des letzten Jahrzehnts sind etwa fünftausend Organe verpflanzt worden. Von viertausend überlebten 90 % um mehr als ein Jahr den Eingriff, wenn die Niere von einem Verwandten gespendet worden war. Die Niere eines Fremden arbeitete in 70 % der Fälle noch nach Jahresfrist. Bei 164 Herzverpflanzungen überlebten bisher 20 Patienten, davon sieben

[62] G. *Stürup:* Treating the "Untreatable": Chronic Criminals at Herstedvester. Baltimore 1968; *ders.:* 25 Jahre Erfahrungen in der Behandlung von Rückfallverbrechern. In: Verbrechen — Schuld oder Schicksal, hrsg. von *W. Bitter.* Stuttgart 1969, S. 228 ff.; *H. Ehrhardt:* Zur Reform von Maßregelrecht und Maßregelvollzug. Fortschritte der Neurologie 37, 660—677, 1969; *J. Yong:* Effects of Group Therapy on Severely Sociopathic Offenders. Correct. Psychiatr. J. Soc. Therapy 15, 48—54, 1969; *U. Eisenberg:* Die sozialtherapeutische Anstalt im zukünftigen deutschen Strafrecht — Vorbilder in Europa — Empfehlungen. Ein Beitrag zur Problematik stationärer Kriminaltherapie. In: Kriminologische Gegenwartsfragen, Heft 9. Stuttgart 1970; *W. Rasch:* Die sozialtherapeutische Aufgabe: Stellung und Einstellung der Psychiatrie. Kriminologisches Journal 2, 34—43, 1970.

länger als 21 Monate. Von 24 Empfängern einer neuen Lunge war zehn Monate nach der Operation keiner mehr am Leben. Bei 109 Leberoperationen überstanden nur acht Patienten den Eingriff, einer von ihnen lebt jedoch bereits 26 Monate mit einer fremden Leber[62a].

In die freudige Anteilnahme am Fortschritt der Medizin und an die neuerschlossenen Möglichkeiten, dem kranken Menschen zu helfen, sein Leben zu verlängern, ja ihm, ein wenig utopisch zwar, die Aussicht auf Unsterblichkeit zu eröffnen, mischen sich Gefühle des Unbehagens. Kulturkritische Schlagworte wie „menschliche Ersatzteillager" oder „Experimente mit dem Ich" und beschwörende Formeln wie „Medizin auf Abwegen" mögen dies veranschaulichen. Die Sorge, daß chirurgischer Virtuosen-Ehrgeiz die benötigten Organe noch lebenden Spendern „entreißen" oder die Angehörigen mit dem „lieben Toten" Handel treiben könnten, verdichtet sich zu der Befürchtung, daß das Recht vor dem medizinischen Fortschritt möglicherweise kapitulieren werde, falls man nicht rechtzeitig Schranken errichte. Die fraglos sozial- und standesethisch wichtigsten Ziele der Lebensverlängerung und der Fortschritt der medizinischen Wissenschaft rechtfertigen offenbar keine beliebige Manipulation am menschlichen Körper, und zwar auch dann nicht, wenn er „tot" ist.

Gleichwohl kann nicht unbeachtet bleiben, daß das, was als menschenwürdig oder negativ als Verletzung der menschlichen Würde angesehen wird, weithin dem sozial-kulturellen Wandel unterliegt. Nach der gegenwärtig herrschenden Auffassung, soweit sich bei Medizinern und Juristen überhaupt schon ein Konsens gebildet hat, läßt sich feststellen, daß man, wenn im ganzen gesehen die Umstände der Transplantation menschenwürdig sind, nach dem Grundsatz „Der Lebende hat recht" die Integrität des menschlichen Leichnams dem Forschungs- und Heilungsbedürfnis zum Wohle der Lebenden opfern darf.

Unbestritten ist denn auch, daß die normale Gewebe- und Organverpflanzung, also die von Blut, Hornhaut, Knochen, Knorpel, Leber, Nerven, Nieren usw. die Menschenwürde noch nicht berührt, geschweige verletzt, auch wenn die Transplantate dem Leichnam entnommen werden. Fraglich ist hierbei nur, ob rechtlich gesehen der *Wille des Verstorbenen oder seiner Angehörigen* beachtet werden muß[63] oder nicht.

Nach herkömmlicher Ansicht machten medizinisch-wissenschaftliche Interessen den etwaigen Widerspruch keinesfalls unbeachtlich. Doch ist diese Auffassung unter dem Aspekt des höherwertigen Interesses fraglich geworden. Gleichwohl wird die Rechtmäßigkeit der Organverpflanzung durch *übergesetzlichen Notstand* dann verneint, wenn keine Einwilligung

[62a] Nach FAZ Nr. 208 v. 9. 9. 1970; zur Geschichte und Entwicklung bis zur Gegenwart siehe *F. Moore:* Transplantation. Berlin—Heidelberg 1970.

[63] So *G. Kaiser:* Juristische und rechtspolitische Probleme der Transplantation und Reanimation. Medizinische Klinik 62, 643 ff. (647), 1967; *H. Trockel:* Rechtliche Probleme der Organtransplantation. Medizinische Klinik 64, 666 ff. (667), 1969.

der Verstorbenen oder der Hinterbliebenen vorliegt[64]. Hier stehe das Erfordernis der Zumutbarkeit nach Herkommen und allgemeiner Anschauung entgegen, selbst wenn die Transplantation im Einzelfall zur Rettung des Patienten notwendig sei.

Demgegenüber wird geltend gemacht, daß die Abwägung der sich bei der Organtransplantation unter Verwendung eines toten Spenders gegenüberstehenden Rechtsgüter ergebe, daß das Interesse der Allgemeinheit und der Angehörigen an der Erhaltung der Totenruhe gegenüber dem mit der Organverpflanzung verbundenen Nutzen grundsätzlich zurücktreten müsse[65]. Deshalb sei auch die Einführung einer Strafnorm nicht zu empfehlen, die eine Organentnahme unter Strafe stelle, welche ohne Einwilligung der Verstorbenen oder der Angehörigen bei einem Toten zu Transplantationszwecken durchgeführt worden sei[66]. Andere Autoren halten zwar die erwähnte Güterabwägung noch nicht für geltendes Recht, wollen jedoch durch eine gesetzliche Regelung dasselbe Ergebnis erreichen.

Rechtlich problematisch ist also bei der Organentnahme erst die *Zustimmung* des Spenders bzw. seiner Angehörigen, ferner die Frage des *Zeitpunktes,* jene der *Kontrolle* sowie die Beurteilung außergewöhnlicher Transplantationen wie z. B. Gehirn- oder Keimdrüsenverpflanzungen. Weniger fragwürdig mag hingegen die Eiverpflanzung sein. Der mit Hilfe der Transplantation beabsichtigte „Heilerfolg" kann jedenfalls dann nicht mehr hingenommen werden, wenn er die Veränderung von Intelligenz, Gedächtnis, Fortpflanzungsfähigkeit und vielleicht auch die des Temperaments betrifft, also zum totalen *Wesens- und Identitätsverlust* der Person führt. Ähnlich verhält es sich wohl mit Transplantation von Geschlechtsteilen und Drüsen von Tieren auf Menschen[67]. Hier also dürfte eine Grenze liegen.

Dennoch haben neben den Erfahrungen mit der Kastration ärztliche Gutachten zum Fragenkreis hirnchirurgischer Eingriffe im Rahmen der Strafrechtsreform deutlich gemacht, wie schon konventionelle Lebens-, Er-

[64] *H. Trockel:* a. a. O., S. 667.

[65] *P. Bockelmann:* Strafrechtliche Aspekte der Organtransplantation. In: Strafrecht des Arztes. Stuttgart 1968, S. 97 ff. (106 f.); *E. Heinitz:* Rechtliche Fragen der Organtransplantation. Berlin 1970, S. 13 ff. (25 f.); in diesem Sinne wohl auch die Auffassung der 7. Zivilkammer des LG Bonn in der Klage auf Schadensersatz gegen den Bonner Chirurgen Gütgemann wegen der vom Beklagten vorgenommenen (ersten) Lebertransplantation ohne Zustimmung der Angehörigen; siehe dazu Stuttgarter Zeitung vom 15. 1. und 26. 2. 1970.

[66] *G. Korthals:* Strafrechtliche Probleme der Organtransplantation. Jur. Diss. Hamburg 1969, S. 147.

[67] *G. Dürig:* Kommentierung zu Art. 1 IGG, Rdnr. 40. In: Maunz-Dürig-Herzog, Grundgesetz. Kommentar. München 1969; *H. Trockel:* a. a. O., S. 667.

krankungs- und Heilvorgänge zu bleibenden Persönlichkeitsveränderungen führen können, ohne daß wir schon von Verletzung der menschlichen Würde sprechen müssen. Ebenso wenig verstoßen die herkömmliche Behandlung mit dem tierischen Hormon Insulin und die Frischzellentherapie sowie die aus therapeutischen Gründen erfolgende Verpflanzung tierischer Hypophysen gegen die *Menschenwürde*. Dies wird man bei der Grenzziehung zu berücksichtigen haben. Zwar ist eine Herztransplantation wie überhaupt die Überpflanzung von menschlichem Gewebe auf einen anderen Organismus, welche von dem toten Spender erfolgt, als zulässig anzusehen, wenn ihr die zu Lebzeiten erteilte Einwilligung des Verstorbenen oder die Einwilligung der Hinterbliebenen zugrunde liegt. Hingegen wäre die Gehirntransplantation von vornherein als unzulässig zu beurteilen. Sie setzte überdies funktionstüchtige Zellen voraus, müßte also erfolgen, bevor bei dem Organspender der Tod eingetreten ist. Weder Gesichtspunkte der Euthanasie noch der übergesetzliche Notstand lieferten hier einen Rechtfertigungsgrund[68].

Eine weitere Grenze wird man dort erblicken müssen, wo es nicht um die totale Veränderung von Intelligenz, Gedächtnis und Fortpflanzung geht, sondern um Manipulationen mit hirnorganisch toten Menschen oder lebenden Embryos. Das Experimentieren mit lebenden menschlichen Fötussen, die anscheinend technisch mögliche Großzüchtung von Organen totgeborener Kinder oder die Benutzung des Leichnams als Energiequelle zur Lebenserhaltung von isolierten Organen[69] mag die Dringlichkeit anzeigen, auch hier eine Zulässigkeitsgrenze zu sehen oder, falls erforderlich, zu setzen. Allerdings kennt das Strafrecht zum Schutze vor sozial unerträglichen und mißbilligenswerten Handlungen gegenüber dem menschlichen Leichnam nur vereinzelte Strafdrohungen. Bei der Entnahme von Organen von Verstorbenen tritt wie bei der Leichensektion eine strafrechtliche Haftung selbst dann nicht ein, wenn die Wegnahme gegen den Willen des Verstorbenen oder dessen Angehörigen erfolgt[70].

68 *H. Trockel:* a. a. O., S. 666.

69 *W. P. Demichow:* Die experimentelle Transplantation lebenswichtiger Organe. (Ost-)Berlin 1963, S. XVI f.; *ders.:* Die Verpflanzung von Organen. Bild der Wissenschaft. Januar 1966, S. 26 ff. (33). Nach Pressemitteilungen soll ein Londoner Arzt geplant haben, Fötusse an Herz-Lungen-Maschinen anzuschließen, und sie zu Forschungszwecken bis zu 40 Wochen am Leben zu erhalten. Eine Klinik habe diesem Facharzt bereits Embryos geliefert, eine andere die Lieferung zugesagt. Daraufhin hat das britische Gesundheitsministerium die „Lieferung menschlicher Fötusse" für Forschungszwecke ausdrücklich verboten; vgl. FAZ Nr. 113 v. 19. 5. 1970 und Süddeutsche Zeitung Nr. 120 v. 20. 5. 1970.

70 So z. B. die Einstellungsverfügung der Bonner Staatsanwaltschaft gegen einen Arzt der Universitätsklinik, der ohne Einwilligung der Ange-

Eine Strafbarkeit wegen Störung der Totenruhe gemäß § 168 StGB kommt nicht in Betracht, weil die Tatbestandsvoraussetzung, daß die Leiche oder Leichenteile aus dem Gewahrsam des Obhutsberechtigten entfernt werden, auch bei Organtransplantation nicht erfüllt wird. Andere strafrechtliche Bestimmungen sind durch die Wegnahme von Gewebe nicht verwirklicht. Schließlich stellt die Überpflanzung von Organen Verstorbener keine sittenwidrige Körperverletzung dar. Denn es handelt sich hierbei hinsichtlich des einwilligenden Betroffenen um einen medizinisch indizierten Heileingriff, verstößt also nicht gegen die guten Sitten. Nur bei der gegenwärtig noch nicht aktuellen Fallgruppe außergewöhnlicher Organtransplantationen könnte sich eine abweichende Beurteilung ergeben.

Erfüllt also die Entnahme und Verpflanzung von Organen Verstorbener unter keinen Umständen irgendeinen gesetzlichen Straftatbestand, so sind damit keineswegs zivil-, sozial- oder disziplinarrechtliche Folgen ausgeschlossen. Dabei ist grundsätzlich davon auszugehen, daß die sich bei der unbefugten Leichensektion ergebenden Rechtsfolgen auch bei der unbefugten Organtransplantation eintreten können.

4. Tod, Wiederbelebung und Euthanasie

Der biologisch-medizinische Fortschritt hat neben dem Lebensbeginn auch das Lebensende strafjuristisch fragwürdig, und damit zu „medizinisch-juristischen Grenzproblemen unserer Zeit" *(Göppinger)* werden lassen. Soweit es um den Todesbegriff geht, ist er zwar nicht ausschließlich, aber doch vor allem durch die in den letzten Jahren sprunghaft gewachsenen Möglichkeiten der Transplantations-Chirurgie problematisch geworden. Ähnlich wie die Fragen der Eugenik sind die juristischen Aspekte des Todes kaum zu erörtern, ohne sich zugleich dem Einwand der zumindest „passiven Euthanasie" konfrontiert zu sehen[71]. Dabei will es frei-

hörigen das abnorm große Herz einer an Herzversagen gestorbenen Person zu Untersuchungszwecken entfernt hatte; FAZ Nr. 21 v. 26. 1. 1970.

[71] *P. Bockelmann:* a. a. O., S. 112; *W. Burkhard:* Rechtliche Fragen im Zusammenhang mit der Anerkennung des „Hirntodes". Schweizerische Zeitschrift für Strafrecht 84, 362 ff. (367), 1968; *G. Geilen:* Das Leben des Menschen in den Grenzen des Rechts, a. a. O., S. 125; *E. Hanack:* Zur strafrechtlichen Problematik von Beginn und Ende menschlichen Lebens. Der Nervenarzt 40, 505—509 (508 f.), 1969; *E. Heinitz:* a. a. O., S. 16 f.; *G. Kaiser:* Juristische Probleme des Todesbegriffs. Der medizinische Sachverständige 65, 92 ff., 1969; *J. Sawicki:* Resuszitation und die Verantwortlichkeit des Arztes in rechtlicher Sicht. In: Aktuelle Fragen der gerichtlichen Medizin (II), bearbeitet von *M. Vamosi.* Halle/Saale 1967, S. 9 ff. (18 f.); *G. Simson:* Fragen der Abtreibung und Sterbehilfe in Schweden. JZ 1965, 636 ff. (638 f.); *H. Sjövall:* Die Kriterien des Todes in Beziehung zur Wiederbelebung und zur Entnahme der Organe für

lich scheinen, als könne man sich über Beurteilung und Vorgehen bei konkreten Fällen leichter verständigen als über prinzipielle Positionen.

Obwohl in den letzten 3 Jahren zahlreiche biologische, medizinische und juristische Äußerungen zu diesem Fragenkreis vorliegen, sich mehrere Kongresse mit dem Gegenstand befaßt haben, herrscht noch immer, und zwar quer durch die Reihen der Mediziner und Juristen, große Unsicherheit. Immerhin scheint eine gewisse Beruhigung und auch distanziertere Betrachtung eingetreten zu sein, nachdem Erörterungen, Stellungnahmen und Beschlüsse auf dem Höhepunkt der Welle von Herztransplantationen fast hektische Formen angenommen hatten. Gerade die Fragen nach der Zulässigkeit der Wiederbelebung und dem Todesbegriff verlangen dem Juristen schon zu einem Zeitpunkt eine autoritative Stellungnahme ab, da das alte Recht teilweise nicht mehr zureicht, neue Normen aber erst noch im Werden sind, und wir überdies den Eindruck gewinnen, als würde selbst diese Entwicklung schon wieder vom technischen Fortschritt überrollt. Dennoch muß dem Bedürfnis nach Rechtssicherheit entsprochen werden. Nur ist dabei zu bedenken, daß in einem solchen Stadium, vielleicht mehr als sonst, Recht nicht nur Ergebnis eines reinen Erkenntnisvorganges ist, sondern auch und vor allem das Produkt eines Entscheidungsprozesses. Ähnlich wie beim Lebensbeginn stehen wir auch hier vor einer biologischen Entwicklung, die in einer „Zeitspanne" erfolgt. Deshalb ist es für den Juristen schwierig, wie er sich auf der Suche nach einem geeigneten „Zeitpunkt" entscheiden soll. Es liegt nahe, daß unter dem euphorisch stimmenden Eindruck epochaler Herzverpflanzungen auch die Jurisprudenz nicht zurückstehen will und teils auf Drängen medizinischer Sachkenner, teils spontan den Hirntod als den maßgeblichen Todeszeitpunkt des Menschen definiert. Ob deshalb Juristen und noch mehr Theologen auch von „Restorganismen", „Vitalkonserven", „Ebenbild Gottes a. D." und „Organkonservierung" sprechen müssen, erscheint zweifelhaft, stimmt jedenfalls nachdenklich.

Angesichts der Schwierigkeit, bei Organtransplantationen möglichst schnell eine Todesfeststellung zu treffen, hat man sich allgemein dazu entschlossen, den Hirntod als Kriterium für den Tod anzusehen[72]. Diese These ist allerdings nicht zwingender Aus-

die Transplantation. In: Aktuelle Fragen der gerichtlichen Medizin (II), bearbeitet von *M. Vamosi*. Halle/Saale 1967, S. 24 ff. (34); *G. Stratenwerth:* Zum juristischen Begriff des Todes. In: Festschrift für K. Engisch, hrsg. von *P. Bockelmann*. Frankfurt/M. 1969, S. 528 ff. (538 f.); *H. Thielicke:* Wer darf leben? Der Arzt als Richter. Mit Berücksichtigung der Organtransplantation und Lebensverlängerung. Tübingen 1968, S. 38; *H. Trockel:* a. a. O., S. 666.

72 Vgl. *J. Graven:* Les données nouvelles de la „vie" et de la „mort" et leurs incidences juridiques. (A propos de la grave du coeur). Revue internationale de criminologie et de la police technique 1968, 11 ff., 93 ff.; *G. Stratenwerth:* a. a. O., S. 543; *H. Heinitz:* a. a. O., S. 18 f., jeweils mit Nachweisen.

druck naturwissenschaftlicher Erkenntnis und dementsprechend nicht unbestritten[73]. Der Würzburger Hirnchirurg *Gerlach* hält z. B. die Feststellung des Gehirntodes für nicht ausreichend, um einen Menschen für „gestorben" zu erklären. Die These „Gehirntod = Menschentod" habe „über die naturwissenschaftlich dagegen zu äußernden Bedenken hinaus auch unmenschliche Konsequenzen"[74]. Offenbar ist nicht nur die rechtlich-soziale Unsicherheit groß, sondern auch die biologisch-medizinische Bestimmung des genauen Todeszeitpunktes. Denn sprechen die derzeitigen Erkenntnisse dafür, daß in aller Regel der Übergang vom Leben zum Tode viele Stunden währt, so kann strenggenommen „von einem Todeszeitpunkt nicht mehr die Rede sein".

Herkömmlich und für den Großteil aller Fälle — das wird im engagierten Schrifttum gern übersehen — dauert auch heute noch der rechtliche Schutz des menschlichen Lebens „bis zum letzten Atemzug". Da Lebensfähigkeit nicht vorausgesetzt wird, ist taugliches Tötungsobjekt auch ein Schwerverletzter, der nicht mehr lange leben wird, der unheilbare Todgeweihte und der Sterbende nach Einsetzen der Agonie (herrschende Meinung). Deshalb ist die Beschleunigung des Todeseintritts beim unheilbar Kranken, der kurz vor dem Tode steht, rechtswidrig. Es besteht weder ein Recht auf Vernichtung „lebensunwerten Lebens", noch auf Sterbehilfe. Was aber genau unter „Tod" und „Merkmale des Todes" sowie „Eintritt des Todes" zu verstehen ist, darüber geben Gesetz und Recht unmittelbar keine Auskunft. Die normativen Regelungen bleiben offen und bedürfen in Zweifelsfällen der klärenden Auslegung mit Hilfe der gutachterlichen Äußerung des Arztes.

Jedoch erscheinen damit weder alle rechtlichen Belange gewahrt noch die Zweifelsfragen ausgeräumt. Ist es technisch möglich geworden, nach Eintritt des klinischen Todes die Funktionen menschlicher Organe künstlich in Gang zu halten, so scheint die zunehmend relativierte Definition des Todes nicht mehr zu genügen. Insbesondere ist die Rechtsunsicherheit der mit der Organtransplantation und Reanimation befaßten Mediziner nicht beseitigt. Hierbei geht es nicht nur um die Legalisierung der Erfah-

[73] *W. Burkhard:* a. a. O., S. 374; *R. Kautzky*, zitiert nach Stuttgarter Zeitung Nr. 118 v. 24. 5. 1969.

[74] *J. Gerlach:* Gehirntod und totaler Tod. Münchener Medizinische Wochenschrift 111, 732—736 (735), 1969; ferner *ders.:* Die Definition des Todes in der Medizin. Münchener Medizinische Wochenschrift 112, 65 ff., 1970.

rungstatsache, daß in praxi aber täglich in vielen Fällen aufgrund medizinischer Feststellungen und ärztlicher Entscheidungen die Reanimation abgebrochen wird, obwohl nach der klassischen Definition der Tod noch nicht eingetreten ist[75]. Vielmehr handelt es sich um die Grenze der ärztlichen Lebenserhaltungspflicht und — was Juristen nicht weniger Schwierigkeiten bereitet — um deren rechtliche Begründung.

Wohl kennt das Recht keine ärztliche Lebenserhaltungspflicht im Sinne rein quantitativer Lebensverlängerung um jeden Preis. Denn schon nach den herkömmlichen Grundsätzen ist der Arzt keinesfalls verpflichtet, etwa ein verlöschendes qualvolles Leben künstlich zu verlängern. Auch dürfte dann keine Tötung vorliegen, wenn der Arzt den Todeskampf in ein sanftes Hinüberschlummern verwandelt[76]. Aber es ist auch nicht Sache eines Arztes, Richter oder Schicksal zu spielen.

Danach erscheint nichts dringlicher und einfacher zugleich, als dem Arzt rechtliche Klarheit und Sicherheit über das Ende des Lebens zu verschaffen. Es liegt nahe, unbeschadet anderweitiger öffentlich- und privatrechtlicher Regelungen strafrechtlich den menschlichen Tod im Sinne des Gehirntodes zu definieren. Dies scheint auch die vorherrschende Auffassung der neueren Medizin zu sein, soweit sie sich überhaupt mit dem Todesbegriff zu beschäftigen hat. Deshalb besteht zunächst weder Anlaß noch Möglichkeit, den rechtlichen Begriff des Todes anders zu bestimmen[77].

[75] *W. Spann, E. Liebhardt:* Rechtliche Probleme bei der Organtransplantation. Münchener Medizinische Wochenschrift 109, 672 ff. (675), 1967.

[76] *A. Schönke, H. Schröder:* Strafgesetzbuch. Kommentar. 15. Aufl. München—Berlin 1970, Vorbemerkung § 211 Rdnr. 14.

[77] Herrschende Meinung, insbesondere *P. Bockelmann:* Strafrechtliche Aspekte der Organtransplantation, a. a. O., S. 109; *E. v. Bubnoff:* Rechtsfragen zur homologen Organtransplantation aus der Sicht des Strafrechts. Goldtammers Archiv für Strafrecht 1968, 65—81; *G. Geilen:* Das Leben des Menschen in den Grenzen des Rechts, a. a. O., S. 123; *A. Gütgemann, Ch. Käufer:* Zeichen und Zeitpunkt des Todes im Hinblick auf Organtransplantationen. Deutsches Ärzteblatt 66, 2659 ff., 1969; *E. Hanack:* Zur strafrechtlichen Problematik von Beginn und Ende menschlichen Lebens, a. a. O., S. 507; *G. Hansen:* Ärztliche Probleme an der Grenze von Leben und Tod. In: Aktuelle Fragen der gerichtlichen Medizin (III), hrsg. von *W. Dürrwald.* Halle/Saale 1968, S. 11 ff.; *E. Heinitz:* a. a. O., S. 18 f.; *H. Hinderling:* Die Transplantation von Organen als Rechtsproblem. Schweizer Juristenzeitung 1968, 65 ff. (67); *M. Kohlhaas:* Rechtsfragen zur Transplantation von Körperorganen. NJW 1967, 1489 bis 1493; *W. Maßhoff:* Zum Problem des Todes. Münchener Med. Wochenschrift 110, 2473—2482, 1968; *O. Pribilla:* Juristische, ärztliche und ethische Fragen zur Todesfeststellung. Deutsches Ärzteblatt 65, 2256 ff., 2318 ff., 2996 ff., 1968; *A. Schönke, H. Schröder:* a. a. O., Vorbemerkung

Gilt auch für die strafjuristische Betrachtung, daß der Tod des Menschen der Tod seines Gehirns ist, so impliziert dies, daß das menschliche Leben bis zum Partialtod des Gehirns andauert.

Aus dieser Definition folgt, daß alle medizinischen Eingriffe nach Eintritt des Gehirntodes die strafgesetzlichen Tatbestände der Körperverletzung oder Tötung nicht mehr erfüllen können, selbst wenn Atmung und Kreislauf fortdauern. Für die Herbeiführung des „totalen" oder „biologischen Todes" kann der Arzt weder zivil- noch strafrechtlich zur Verantwortung gezogen werden. Dem entspricht es wiederum, daß eine vor Eintritt des Hirntodes vorgenommene medizinische Manipulation unter den genannten Gesichtspunkten strafrechtlich erheblich werden kann.

Aber auch diese Folgerungen geben nur neue Zweifelsfragen auf. Ist es beim Hirntod das Problem der ratio cognoscendi, also jene Frage, wie man genau und sicher den Eintritt des Hirntodes feststellen kann und ferner, wer dazu befugt sein soll, so liegen die Schwierigkeiten in der Beurteilung medizinischer Handlungen vor Eintritt des Hirntodes in der Frage nach den Konsequenzen der ärztlichen Lebenserhaltungspflicht, etwa durch die Nichtanwendung oder das Abschalten des Reanimationsgerätes. Standesethik und Recht gehen übereinstimmend von dem Grundsatz aus, daß der Arzt alles ihm Mögliche einzusetzen hat, um das Leben des Patienten zu erhalten. „Lebenswert" und „Überlebenschance" spielen prinzipiell keine Rolle. Ob jedoch die Pflicht zum helfenden Eingriff erst dort erlischt, wo die ärztlichen Möglichkeiten enden[78], ist umstritten. Die Pflicht des Arztes soll zumindest da erlöschen, wo mehrere derartige gleichgewichtige Pflichten miteinander kollidieren, wenn zum Beispiel nur ein Reanimationsgerät für mehrere bedürftige Patienten zur Verfügung steht. Eine Ausnahme wird im juristischen Schrifttum ferner angenommen, wenn es sich nicht mehr um Jahre, sondern nur um Tage, Stunden oder Minuten handelt, und außerdem der Patient trostlos in dumpfer Bewußtlosigkeit dahindämmert. In solchen Fällen soll nach herrschender Meinung der Arzt von der Pflicht zur weiteren Lebenssicherung entbunden werden[79]. Da aber „Lebenswert" und „Überlebenschance" für die juristische Beurteilung der Lebenserhaltungspflicht in Deutschland im Gegensatz zu Schweden grundsätzlich unerheblich sind, ist das für die Ausnahmeregelung zugrunde gelegte zeitliche Kriterium ebenso wie das vage Dahindämmern von zweifelhaftem Wert, zumal die Diagnose in solchen Fällen nicht selten Schwierigkeiten aufwirft.

§ 211, Rdnr. 106; *H. Siegrist:* Organtransplantation und Recht. Münchener Medizinische Wochenschrift 111, 742—746, 1969; einschränkend *G. Stratenwerth:* Zum juristischen Begriff des Todes, a. a. O., S. 544 ff., unter Hervorhebung der Bedenken und Unsicherheiten.

78 *P. Bockelmann:* Strafrechtliche Aspekte der Organtransplantation, a. a. O., S. 115; a. A. *E. Hanack:* a. a. O., S. 508, und *E. Heinitz:* a. a. O., S. 17. Nach *Heinitz* hat „die ärztliche Pflicht, das Leben zu verlängern, dort ihre Grenzen, wo dies nach unseren sozialethischen Auffassungen nicht nur sinnlos, sondern auch eine unzumutbare Grausamkeit wäre".

79 *P. Bockelmann:* a. a. O., S. 114 mit Nachweisen.

Hinter den hohen Anforderungen an die ärztliche Lebenserhaltungspflicht, die gemessen an den tatsächlichen Verhältnissen zuweilen theoretisch und überspannt anmutet, steht offensichtlich die Befürchtung, der todkranke Patient könnte zu früh aufgegeben werden, und damit die Sorge vor dem Einbruch von Manipulationen der passiven Euthanasie[80]. Da man sich aber bei uns zur rechtlichen Anerkennung einer, wenn auch nur sehr begrenzten „passiven Euthanasie“ wie in Schweden[81] nicht entschließen kann, wird man vermuten dürfen, daß die Praxis unter Berufung auf das ärztliche Gewissen hier und da eigene Wege geht. Prinzipiell läuft also die Fragestellung auf die Alternative hinaus:

1. Hirntod und damit Erweiterung der Transplantationsmöglichkeiten, aber auch passive Euthanasie, oder
2. Festhalten am herkömmlichen Todesbegriff, bei dem freilich die Möglichkeit passiver Euthanasie auch nicht ausgeschaltet ist.

Die Konsequenz, daß die Erhaltung geistig „Minderwertiger“ als Opfer für die großen Erfolge der Wiederbelebung betrachtet wird, ist nicht tragbar. Aber auch „metaphysisches Schuldgefühl“ und „ärztliches Leidensbewußtsein“, wie von moraltheologischer Seite gelegentlich empfohlen, erweisen sich dabei als wenig hilfreich. Denn der Preis der juristisch gebilligten medizinisch-technischen Lebensverlängerung wird auf die Dauer in der mindestens partiellen Zulässigkeit der passiven Euthanasie bestehen oder, anders formuliert, in einer Abschwächung der ärztlichen Lebenserhaltungspflicht. Deshalb hält es z. B. *Hanack* für „erforderlich, den Gedanken von der passiven Euthanasie auf die Situation der Medizin in unserer Zeit zuzuschneiden“.

Die mit diesen Fragen verknüpften Schwierigkeiten und Zirkel mögen es sein, die — wie ein Streifzug durch die internationale Gesetzgebung zeigt[82] — ausländische Gesetzgeber bisher hat zögern lassen, die Kriterien des Todes gesetzlich festzulegen. Da-

[80] *G. Geilen:* a. a. O., S. 125.

[81] *G. Simson:* Fragen der Abtreibung und Sterbehilfe in Schweden, a. a. O., S. 638.

[82] *D. W. Louisell:* Transplantation: Existing Legal Constraints. In: Ethics in Medical Progress: with special reference to transplantation, ed. by *G. Wolstenholme* and *M. O'Connor*. London 1966, S. 78 ff.; *P. Bockelmann:* a. a. O., S. 116 ff.; *G. Stratenwerth:* a. a. O., S. 528 ff.; *E. Heinitz:* a. a. O., S. 20 f.

bei scheint es sich nicht nur um die Gefahr zu handeln, daß jede gesetzliche Definition des Todes von der Entwicklung der Medizin alsbald überholt wird[83]. Denn die gesetzgeberische Zurückhaltung ist auch sonst wohl begründet.

Zu fragen ist nicht nur, welche Kriterien des Todes gelten sollen, sondern auch, wie man diese Merkmale zuverlässig feststellen kann. Zwar haben inzwischen Gesellschaften, Akademien und Kongresse Richtlinien zur Festlegung des Todeszeitpunktes ausgearbeitet. Derartige Regelungen sind fraglos geeignet, Mißbräuche tunlichst zu verhindern. Zu denken gibt freilich, daß, wie berichtet, das menschliche Gehirn noch 4 Tage nach der im EEG erkennbaren Hirnstille elektrische Aktionsströmungen aufweisen kann. Diese Erfahrungen jedoch sprechen gegen eine voreilige gesetzgeberische Festlegung der Kriterien des Todes. Aufgrund dieser immer wieder offenbar werdenden Unsicherheit wird verständlich, daß auf Mediziner-Kongressen einerseits beklagt wird, daß Recht und Rechtsprechung die Ärzte völlig im Stich ließen, und man andererseits behauptet, nur die Ärzte könnten die Voraussetzungen schaffen, auf denen später die Rechtsprechung fußen solle. Immerhin wirkt beruhigend, daß mit den einstweilen nur begrenzten Erfolgen der Herztransplantationen auch die Diskussion ihre in den Jahren 1968/69 so kennzeichnende Hektik wieder verloren hat.

Im Hinblick auf die divergierenden Konventionen selbst in Kreisen der Mediziner, den unaufhaltsamen medizinischen Fortschritt und die praktischen Feststellungsschwierigkeiten erscheint die generelle Festlegung des juristischen Todesbegriffes auf den Hirntod als verfrüht, aber auch als entbehrlich. Denn strenggenommen gibt es einen festen, einheitlichen juristischen Todesbegriff genauso wenig wie einen entsprechenden Begriff des Lebensbeginns (vgl. §§ 1 BGB; 211, 217, 218 StGB). Auch die Festlegung des Todeszeitpunktes muß innerhalb gewisser Grenzen „willkürlich sein ... Das Ende der individuellen Existenz des Menschen ist von der Biologie her nicht exakt zu fassen“[84]. Deshalb wird man unter Ausfüllung der bisherigen Normierung von Fall zu Fall entscheiden müssen, zumal diese Frage trotz aller Brisanz für den praktischen Arzt weithin nur von theoretischem Interesse sein dürfte. Dementsprechend enthält auch die Erklärung des Weltärzteverbandes in Sidney (1968) keine Definition des Todes. Ge-

[83] *P. Bockelmann:* a. a. O., S. 118; gegen ihn *G. Stratenwerth:* a. a. O., S. 547; darüber hinausgehend: *W. Spann:* Vorstellungen zur Gesetzgebung über den tatsächlichen Todeszeitpunkt. Münchener Med. Wochenschrift 111, 2253—2255 (2254), 1969.

[84] *E. Liebhardt, H. Wuermeling:* Juristische und medizinisch-naturwissenschaftliche Begriffsbildung und die Feststellung des Todeszeitpunktes. Münchener Medizinische Wochenschrift 110, 1661 ff., 1968.

genwärtig sind die Kriterien des Todes arztrechtlich nur insoweit belangvoll, als es um Grenzen, Voraussetzungen und Konsequenzen der Pflicht zur Lebenserhaltung geht. Ein davon gelöstes Problem des Todesbegriffes gibt es strafrechtlich jedenfalls noch nicht.

III. Zusammenfassung

1. Der biologische und medizinische Informationsdruck auf das Strafrecht ist vor allem in dem letzten Jahrzehnt erheblich angewachsen. Daran vermögen auch sozialdarwinistische Verirrungen und enttäuschte Erwartungen in der Vergangenheit wenig zu ändern. Immerhin ist das Bewußtsein für die Probleme sozialer Verantwortung geschärft worden.

2. Erkenntnisfortschritte der Biologie und Medizin äußern sich sowohl im Allgemeinen Teil des Strafrechts (Schuldfähigkeit, Strafe, Maßnahme, Strafzumessung) als auch im Besonderen Teil (Schutz für Leibesfrucht, Gesundheit, Leben und Sittlichkeit). Die „Einbruchstellen" neuer biologischer und medizinischer Informationen in das Strafrecht können anhand von 4 Problemkreisen umschrieben werden:

1. Lebensbeginn und Manipulation,
2. Krankheit und Zurechnungsfähigkeit,
3. Behandlung sowie
4. Tod, Wiederbelebung und Euthanasie.

Außer in diesen Einflußbereichen schlagen sich die Fortschritte der Biologie und Medizin in der Reinhaltung der Nahrungsmittel, im Bedürfnis nach Strahlenschutz sowie in der Zulässigkeit neuer Arzneimittel und des Humanexperiments nieder. Ferner ist an den Einfluß des biologischen Systems auf Methodenfragen des Strafrechts zu denken, insbesondere auf die Persönlichkeitsmodelle für die juristische Begründung von Vorwerfbarkeit und Schuld. Hingegen lassen sich die Befunde der vergleichenden Aggressionsforschung und Verhaltensbiologie gegenwärtig noch nicht in strafrechtliche Postulate umsetzen.

3. Soweit das Strafrecht in Wissenschaft und Praxis von den biologischen und medizinischen Fortschritten Kenntnis genommen hat, ist sein Standpunkt allgemein noch abwartend und unsicher. Dies trifft auch dort zu, wo — wie bei Lebensbeginn und Todesbegriff — sich schon herrschende Meinungen gebildet haben. Die erwähnten Probleme haben besonders zu begrifflichen Analysen

und Grenzbestimmungen Anlaß gegeben. Dabei handelt es sich neben den strafjuristischen Definitionen der Leibesfrucht und der Krankheit um den Begriff des Todes. Bei der Leibesfrucht geht es um den Beginn und das Ausmaß des strafrechtlichen Schutzes. Der Krankheitsbegriff, insbesondere seine Tendenz zur Ausdehnung, ist vor allem durch die Erkenntnis von Chromosomen-Mißbildungen (XYY) bei aggressiven Sexualtätern und durch die Kriminaltherapie aktuell geworden. Beim Todesbegriff handelt es sich strafrechtlich um die Frage nach der Grenze ärztlicher Lebenserhaltungspflicht. Ihre Bedeutung für die Organtransplantation und Reanimation hat sie in den Vordergrund gerückt. Hier wird in Grenzsituationen die Auseinandersetzung mit dem Problem der „passiven Euthanasie" unausweichlich.

4. Die Vielschichtigkeit dieser Fragen macht es verständlich, wenn das ohnehin „nachhinkende Recht" mit der Neuregelung zögert. Erstens zielt die moderne Auffassung schon generell auf die Vergrößerung des staatlich nicht bevormundeten, also rechtsfreien Raumes in ehelich-familiären Angelegenheiten und dem Intimbereich. Damit beeinträchtigt sie aber zugleich die Chancen zu positiv-rechtlicher Normierung. Zweitens ist die Rechtsentwicklung von den dem Recht vorgelagerten sozialen Normensystemen, insbesondere Sitte, Sozialethik und ärztlicher Standesethik, abhängig. Diese sind aber selbst in Unsicherheit begriffen und lassen noch keine festen Überzeugungen erkennen. Drittens beruht das Zögern des Strafrechts auf der Annahme, daß jede juristische Festlegung alsbald durch den Fortschritt von Biologie und Medizin überholt und gegenstandslos wird.

5. Die Zurückhaltung des Strafrechts ist schließlich auch deshalb zweckmäßig, weil die Einsicht in die Mechanismen sozialer Kontrolle die beschränkte „sittengestaltende Kraft des Strafrechts" zunehmend verdeutlicht hat. Nach der Trendanalyse scheint der empirische Erkenntniszuwachs überdies eine gewisse Einengung des Anwendungsbereiches herkömmlicher Strafsanktionen nahezulegen. Derartige Tendenzen zeigen sich darin, partiell den reinen Strafcharakter des Sanktionierungsprozesses zugunsten sozialpädagogischer, sozialtherapeutischer und pharmakotherapeutischer Konfliktlösungen zurückzudrängen. Dadurch werden die herkömmlichen Fragen der Willensfreiheit und Schuldfähigkeit zunehmend unterlaufen. Sie verlieren wahrscheinlich für die sozial Desintegrierten an Bedeutung. Die Auffassung, daß das Delikt vor allem die (Sanktions- und) Behandlungsbedürftig-

keit des Rechtsbrechers anzeige, macht die Frage nach der Erweiterung und Differenzierung des therapeutischen Angebotes auf seiten des Kriminalrechts (oder des Sozialverwaltungsrechts) vordringlich. Mit ihr und dem Krankheitsbegriff entstehen neue Sachverständigenprobleme (vgl. z. B. den Vorwurf der „repressiven Kriminalpsychiatrie"). Diese Tendenzen reichen bis in die (Um-)Gestaltung von Strafverfahren und Gerichtsverfassung. Sie zielen, wenn nicht auf die „Entmündigung" des Strafrichters[85], so doch auf einen größeren Einfluß des Sachverständigen, trotz dessen bekannter Unsicherheit in Diagnose und Prognose. Dies — ohnehin ein Dilemma[86] — und die Beachtung der fundamentalen rechtspolitischen Prinzipien zwingen das Strafrecht zur vorsichtig-überlegten Anpassung an die Fortschritte der Biologie und Medizin, verpflichten es aber nicht minder zum entschiedenen Widerstand gegenüber empirischer Hybris.

Summary

1. The biological and medical pressure of information on the penal law has been considerably growing during the last decennia. Even social-Darwinistic aberration and disappointed expectations in the past have hardly been able to alter this fact. Still, the consciousness of problems of social responsibility has been intensified.

2. Progress of knowledge in biology and medicine is expressed in the „general" part of penal law (criminal responsibility, punishment, measures, amount of punishment) as well as in the „special" part (protection of the embryo, health, life and morality). The „break-in" of new biological and medical information into the penal law can be outlined under four problem spheres:

1. The beginning of life and manipulations
2. Illness and criminal responsibility (soundness of mind)
3. Treatment, as well as:
4. Death, Reanimation and Euthanasia.

[85] *M. Weber:* Rechtssoziologie (1913). Neuwied-Berlin 1960, S. 288.

[86] *V. Aubert:* Legal Justice and Mental Health (1958). In: The Hidden Society. Totowa/N.J. 1965, S. 55 ff. (60); *Th. Szasz:* Psychiatric Justice. New York 1965; *M. Gutschick:* Zur Frage der Diagnosebewegungen in der Psychiatrie. Untersuchung am Krankengut der Universitäts-Nervenklinik Bonn der Jahre 1949—1965. Med. Diss. Bonn 1969; *G. Kaiser:* Kriminologie. Einführung in die Grundlagen. Karlsruhe 1971.

Besides these spheres, progress in biology and medicine shows its influence in food purity, in the protection against radiation as well as in the allowance of new medicaments (drugs) and experiments in the human. Furthermore, one can think of the influence of the biological system on methodological problems in penal law, especially on models for juridical motivation for reproach and guilt. But the results of comparative research of aggressions and biological patterns of behaviour cannot, as yet, be transformed into penal postulates.

3. Even far as the penal law in science and practice has become aware of biological and medical progress, its standpoint generally is still unsure and reserved. This is even the case where general opinions, regarding the definition of the beginning of life and the definition of death, have already developed. These problems have caused especially comprehensive analyses and borderline definitions, such as juridical definitions of the foetus, illness and the definition of death. In the case of the foetus, the main point is the start and extension of the juridical protection. The definition of illness, especially its tendency to expand, has become very topical through the knowledge about chromosome-deformations (XYY) with aggressive sexual offenders. With the definition of death, penal law is asking for the border of medical obligation to preserve life. The importance of this question in the case of transplantation and reanimation has moved it into focus. In border situations the confrontation with the problem of „passive euthanasia“ will be inevitable.

4. The complexity of this question makes it understandable that the law, which is anyway conservative, delays in issuing new regulations. Firstly, the modern comprehension is going anyway towards the extension of the family-and-intimate sphere, which should not be touched by law, although it affects at the same time the chances for a positivistic standardization. Secondly, the development of law is dependent upon the social norm-spheres that stand before the law, such as customs and social and medical ethics. But these are, themselves, very indefinite ideas that have not yet shown any firm convictions. Thirdly, the hesitation of law is motivated by the assumption that any judicial definition will soon become obsolete due to new progress in biology and medicine.

5. Finally the reticence of penal law appears to be appropriate because the knowledge of the mechanism of social control has elucidated more and more how small the power of penal law is to

model the custom. According to the trend analysis it appears appropriate to restrict the range of application of customary penal law and sanctions anyway, because of the increase in empirical knowledge. These tendencies can be seen in the fact that one tries to restrict the mere penal character of the sanction and tries to find more social-pedagogic, social-therapeutic, and pharmaceutical solutions to the conflicts. The customary questions of free will and criminal responsibility become more and more unnecessary, and they probably lose their significance for the social disintegrated people. The interpretation that the delict is showing above all that the delinquent needs treatment, demands extension and differentiation of therapy on behalf of criminal law. With this fact and the definition of illness arise new problems for experts. (See for instance the reproach of „repressive criminal-psychiatry".) These tendencies show even in court proceedings and in judicial organization. They aim — even if not at the „interdiction" of the judge — still at a bigger influence of the specialists in spite of their well-known uncertainty in diagnosis and prognosis. This, being a dilemma anyway, plus the consideration of fundamental law-political principles are, on the one side, forcing criminal law to a careful adjustment to the progress of biology and medicine; however, on the other side, they obligate resistance to empirical „hybris".

Das Territorialitätsprinzip

Von Professor Dr. Dietrich *Oehler*, Köln

1. Entwicklung des Territorialitätsprinzips

Es erscheint heutzutage selbstverständlich, daß der Staat alle auf seinem Territorium begangenen Straftaten nach eigenem Recht bestraft. Jedoch ist dieser Zustand erst eine Frucht neuerer Entwicklung auf staatsrechtlichem Gebiet und keinesfalls aus sich selbst zu verstehen. Die Struktur des Römischen Reiches Deutscher Nation verhinderte es, daß der Gerichtsstand der begangenen Tat sich zu größerer oder gar ausschließlicher Bedeutung entwickelte. Nur die Aburteilung der handhaften Tat am Ort der Begehung war immer wieder in den Quellen festgelegt worden[1]. Die Zersplitterung Deutschlands in hunderte von selbständigen und halbselbständigen Herrschaften brachte es dahin, daß der Gerichtsstand des Tatorts nur neben anderen Gerichtsständen bedeutungsvoll wurde, wenn auch das forum delicti commissi gegenüber Fremden sich allmählich durchsetzte[2]. Ein Recht, den Heimatort als den allein zuständigen Gerichtsstand bei einer Auslandstat anzurufen, wurde oft in Anspruch genommen und auch vom Kaiser verliehen[3]. Gegen Ende des Mittelalters wurde aber immer mehr von den einzelnen Herrschaften gegen dieses sogenannte privi-

[1] Stader Stadtrecht vom Jahre 1279, Nr. XI: 4 in: Norddeutsche Stadtrechte I von Gustav *Korlén*, Lund, Kopenhagen, 1950; Zwickauer Rechtsbuch, *Planitz-Ullrich*, 1941, III Buch 2, Nr. 19, in: Germanenrechte, Neue Folge; Freiberger Stadtrecht, hrsg. von *H. Ermisch*, 1899, Kap. 6, 19 ff.

[2] Das geht aus dem Reichsabschied von 1641, Neue Sammlung der Reichsabschiede, Teil III, S. 548 ff., § 94 hervor. Die Entwicklung dazu setzt — neben dem Gerichtsstand der handhaften Tat — früh ein, vgl. Freiberger Stadtrecht a. a. O., Kap. 39, § 8; Stader Stadtrecht von 1279 a. a. O., Nr. XI: 3; X: 8; Zwickauer Rechtsbuch a. a. O., III Buch 1, Nr. 9 Abs. 1.

[3] Z. B. Goldene Bulle von 1346, Kap. VIII, befreite alle böhmischen Untertanen von fremder Gerichtsbarkeit. Entsprechend sogen. Brabantische Goldene Bulle vom 25. Aug. 1349 in: Joh. Christian *Lünig*, Des Teutschen Reichsarchivs Parties, spec. Cont. I, Leipzig 1711, 2. Bd., S. 111 (2. Zählung in diesem Band), No. XV (2. Zählung), 3. Abs., Von den Niederlanden.

legium de non evocando gekämpft[4]. Jedenfalls war der Gerichtsstand des Tatorts, wobei das Gericht Tatortrecht anwendete, zu Beginn der Neuzeit — neben anderen Gerichtsständen — in Deutschland gesichert, so daß das von Brabant für seine Bürger in Anspruch genommene Aburteilungsrecht als ausgesprochener Mißbrauch, wie der Reichsabschied von 1641 und der Osnabrücker Friede von 1648 zeigen, erschien[5].

Der große Einbruch der rationalistisch-naturrechtlichen Lehre im 17. Jahrhundert hatte auch für das internationale Strafrecht, und speziell für das Territorialitätsprinzip eine überragende Wirkung. Hatte Hugo *Grotius* bereits das Territorialitätsprinzip mit dem Gedanken betont, daß die Staaten bei ihrer Schaffung übereingekommen seien, jedem Staat seien die Verbrechen der einzelnen, welche nur ihn angehen, allein zur Bestrafung überlassen[6], so stützte der deutsche Naturrechtler Samuel *Pufendorf* das Territorialitätsprinzip mit dem von ihm als einzige Rechtsquelle anerkannten Staatswillen, dem sich der Fremde, der das Land betritt, freiwillig unterwirft[7]. Die französische Aufklärung, vor allem *Montesquieu* und *Rousseau*, ging noch einen Schritt weiter und begründete sogar die Ausschließlichkeit des Territorialitätsprinzips, was sich in der französischen Revolutionsgesetzgebung und im code d'instruction von 1808 niederschlug[8].

In Deutschland trat vor allem *Abegg*[9] für die ausschließliche Anwendung des Territorialitätsprinzips ein. Das Preußische Strafgesetzbuch 1851, der Vorläufer des Reichsstrafgesetzbuches von 1871, stellte das Territorialitätsprinzip in §§ 3 und 4 ganz und gar

[4] Vgl. Urkundenbuch der Stadt Mühlhausen, hrsg. von K. *Herquét*, 1874, 3. Bd., S. 359, wo sich das vom Kaiser 1290 an die Stadt gegebene privilegium de non evocando findet, dort 1. 5, t. 3, a. 4, 27 und 1. 1, t. 2, a. 4, 30; David *Mevius*, Commentarii in jus Lubecense, Frft., 1664, lib. 5, titl III, Art. VI, no. 26, 14.

[5] Der Reichsabschied von 1641, Neue Sammlung der Reichsabschiede, Th. III, S. 548 ff., § 94 und das Instrumentum Pacis Osnabrugensis vom 14./24. Okt. 1648, ebda. S. 514 ff. Art. 9 § 1 verwerfen scharf den Mißbrauch, der mit dem erwähnten Recht Brabants getrieben wurde.

[6] Hugo *Grotius*, De jure belli ac pacis, lib. 2, c. 21, No. 3 (1).

[7] Samuelis *Pufendorf*, De jure naturae et gentium, Amsteldami 1698, lib. 3, c. 6; § 2, p. 271 (signis peregrinus etc.); auch lib. 8, c. 3, § 3.

[8] Dazu *Oehler*, Die Ausbildung von Frankreichs Internationalem Strafrecht, in: Festschr. f. Karl Engisch, 1969, S. 294 f.

[9] *Abegg*, Über die Bestrafung der im Auslande begangenen Verbrechen. Ein Versuch, 1811.

in den Vordergrund und bestimmte nur aus praktischen Gründen einige Ausnahmen dazu. Diese Vorschriften, mit unwesentlichen Änderungen im Reichsstrafgesetzbuch übernommen, galten bis 1940, als der Gesetzgeber durch eine grundlegende Änderung des Gesetzes (§ 4 I StGB), die im großen und ganzen bis heute gilt, das Territorialitätsprinzip nur noch für Ausländer in Deutschland festlegte, während er in § 3 I StGB alle Deutschen, ob sie im Inland oder im Ausland handeln, dem aktiven Personalitätsprinzip unterstellte[10]. Das Ordnungswidrigkeitengesetz von 1968 geht in § 4 Abs. 1 ausschließlich von dem Territorialitätsprinzip aus und ahndet grundsätzlich nur Taten, die in der Bundesrepublik und auf deutschen Schiffen und Luftfahrzeugen begangen sind, es sei denn, daß Verträge etwas anderes zum Inhalt haben. Der ab 1. Okt. 1973 geltende Allgemeine Teil des Strafgesetzbuchs[11] (abgekürzt 2. StrRG) setzt in § 3 für alle Taten im Inland sowohl für Inländer wie Ausländer das Territorialitätsprinzip wieder fest[12], wobei das Gesetz noch weitere Prinzipien des internationalen Strafrechts festlegt, die uns hier nicht interessieren.

2. *Systematischer Standort des Territorialitätsprinzips*

Das moderne Territorialitätsprinzip ist eine Folge des neuzeitlichen Begriffs der Souveränität des Staates über sein Gebiet und über das sich auf diesem ereignende Geschehen.

Das Prinzip bedeutet:

1. Der Staat darf auf alle Handlungen, die auf seinem Territorium begangen werden, seine Strafgesetze anwenden, es sei denn, daß völkerrechtliche Exemtionen bezüglich der handelnden Personen vorliegen. Es gibt kein Vokationsrecht für das Heimatland des Täters mit der Wirkung, daß dadurch der Täter der Gerichtsbarkeit des Staates entzogen werden könne.

2. Der Staat bestraft die außerhalb seines Hoheitsgebiets begangenen Taten nur ausnahmsweise in bezug auf einzelne Personengruppen oder einzelne Handlungen.

Das Territorialitätsprinzip ist als einziges der Prinzipien des internationalen Strafrechts grundsätzlich allen Staaten eigen und

[10] Der Rückfall (§ 17 StGB i. d. F. des 1. StrRG, in Kraft ab 1. April 1970) wird nur durch Verurteilung in der Bundesrepublik begründet und spielt für uns im weiteren keine Rolle.

[11] BGBl. 1969 I 717.

[12] *Jescheck*, Zur deutschen Rückkehr zum Territorialitätsprinzip für Inländer, in Int. R. u. Diplomatie, 1956, H. 1/2, S. 4.

von allen Staaten in Anspruch genommen. Selbst dort, wie in Deutschland, wo seit 1940 bis zum 30. Sept. 1973 das Territorialitätsprinzip nur für Fremde gilt, was übrigens kein Staat der Erde in dieser Art kennt, verzichtet der Staat nicht etwa auf das Territorialitätsprinzip bezüglich seiner Staatsangehörigen, er faßt sie nur über einen anderen Grundsatz.

Das moderne internationale Strafrecht ruht auf zwei Prinzipien, nämlich auf dem Selbstschutz des Staates und, was hier nicht interessiert, auf der Solidarität der Staaten[13]. Das Territorialitätsprinzip ist dabei dem Selbstschutz des Staates unterzuordnen. Es hat sich seit der Bildung von Staaten im Mittelalter in Europa historisch verfestigt, bildet aber auch logisch und praktisch die Grundlage des Strafanwendungsrechts. Der Entwurf eines Europäischen Abkommens über die Kompetenzkonflikte in Strafsachen[14] legt dem Tatortstaat la compétence prioritaire bei (Art. 3 (1)). Das am 28. Mai 1970 in Den Haag abgeschlossene Europäische Abkommen über die internationale Gültigkeit von Strafurteilen geht davon aus, daß die Übernahme der Strafvollstreckung verweigert werden kann, wenn der ersuchende Staat nicht der Tatortstaat ist (Art. 6 (g)) und daß der Tatortstaat die Wirkung des Satzes ne bis in idem eines ausländischen Urteils nicht anzuerkennen braucht (Art. 53 (3)).

Zum Wesen des Staates gehört nach neuerer Auffassung unter anderen Merkmalen ein Staatsgebiet. Ohne die dingliche Grundlage ist ein Staat heutzutage nicht mehr zu denken, wobei die Funktion von Exilregierungen außer acht bleibt. Die Herrschaftsgewalt, welche auch ein Element des Staates ist, wirkt sich in ihrer Fülle allein auf dem Staatsgebiet aus, mögen auch beschränkt bleibende einzelne Wirkungen der Souveränität des Staates außerhalb des Gebietes liegen. Auf dem eigenen Territorium ist die staatliche Strafgewalt fast unbeschränkt, jedenfalls am umfassendsten. Es ist deshalb das Territorium des Staates logisch zum Ausgangspunkt der Anknüpfung staatlichen Strafrechts an Straftaten, d. h. für das Strafanwendungsrecht, geworden.

Jede Norm des Staates ist mit einem Geltungsbereich begrifflich verbunden. Es gibt keine staatliche Norm, die ohne den

[13] Dazu *Oehler*, Theorie des Strafanwendungsrechts, in: Aktuelle Probleme des Int. usw. Strafrechts, Geburtstagsgabe für H. Grützner, 1970, S. 115 ff.

[14] Assemblée Consultative du Conseil de l'Europe, 21. session ord., Recommendation 420 (1965).

Zweck einer Geltung innerhalb eines bestimmten Bereiches gesetzt werden kann. Anderenfalls würde es sich nicht um eine Rechtsnorm, sondern um eine unverbindliche Gedankenäußerung von mit der Gesetzgebung befaßten Personen handeln. Mit der Geltung der staatlichen Norm ist der Zweck der Durchsetzung dieser unmittelbar verknüpft. Das zeigt die strafrechtliche Norm, deren Durchsetzung in der Anwendung staatlichen Zwangs in Gestalt der Verfolgung und der Strafvollstreckung besteht. Für die Beantwortung der Frage, wer der Adressat der Norm sein soll, ist entscheidend, in welchem Bereich und gegen welche Personengruppen sie möglichst lückenlos durchsetzbar sein wird. Die praktisch weitestgehende Geltung und Durchsetzbarkeit der Strafrechtsnormen trifft nur für die Taten zu, die auf dem eigenen Territorium begangen werden. Eine Ausdehnung der Normadresse auf Täter, die im Ausland eine Tat begehen, ist nicht nur völkerrechtlich beschränkt, sondern auch wenig effektiv. Die Durchsetzbarkeit einer solchen Norm, die sich auf Auslandstaten bezieht, stößt auf enge Grenzen. Für die Wirksamkeit der strafrechtlichen Normen entsteht im Verhältnis von Inlands- zu Auslandstaten ein Regel- und Ausnahmeverhältnis, das logischer Art ist.

Die dem nationalstaatlichen Modell entnommene Meinung *Bindings* um die Jahrhundertwende, der Staat sei unbeschränkt in der Festlegung seines Strafanwendungsrechtes und das Territorialitätsprinzip sei nur eines von mehreren gleichrangigen Prinzipien, ist nicht nur völkerrechtlich, sondern auch logisch unhaltbar. Sie führt zur Verwirrung der Prinzipien des internationalen Strafrechts[15].

Selbstverständlich ist mit der Geltung des Territorialitätsprinzips nichts darüber ausgesagt, ob dieses allein gelten soll oder ob noch weitere Grundsätze beschränkt gelten sollen, wie es nach dem deutschen Recht auch der Fall ist. Diese Frage soll uns hier nicht weiter berühren.

3. Rechtfertigung des Territorialitätsprinzips für In- und Ausländer

a) Formeller Art

Der Inländer ist seinem Staat gegenüber zum Gehorsam verpflichtet. Der Staat schützt seine Angehörigen gegen Einwirkun-

[15] Vgl. oben, Anm. 13, a. a. O., S. 110 ff.

gen von außerhalb des Staatsgebietes und verlangt deshalb auch Gehorsam gegen die Gesetze in jedem Falle, soweit der Inländer auf dem Territorium handelt. Im freiheitlichen demokratischen Rechtsstaat rechtfertigt sich die Verpflichtung des Inländers zur Einhaltung der Gesetze dadurch, daß der Bürger durch die Teilnahme an der demokratischen Willensbildung sein Einverständnis mit dem Inhalt der den Rechtsstaat entfaltenden Gesetze erklärt. Der Bürger sieht den Inhalt der Gesetze als zur Erreichung der staatlichen Zwecke geeignet an, selbst wenn er mit seiner Wahl der Regierungsmehrheit nicht angehört, allein weil er an dem Gesetzgebungsverfahren indirekt teilhat und die parlamentarischen Spielregeln formell bejaht. Es folgt der Bürger im freiheitlichen demokratischen Rechtsstaat den Gesetzen größtenteils aus billigender Einsicht in den Inhalt der Gesetze und nicht aus Angst der hinter der Ausführung der Gesetze stehenden Gewalt. Diese dient nur dazu, den, der entweder gegen den Rechtsstaat ist oder den Gemeinwillen in sich nicht nachvollziehen will, zur Ordnung zu führen.

Die Bindung des Ausländers an die Strafrechtsnorm auf dem Territorium des Staates bedarf einer besonderen Begründung. Für die Unterwerfung des Ausländers unter das inländische Gesetz ist es unbrauchbar, auf den entsprechenden stillschweigenden Willen des Fremden zurückzugreifen, wie man es seit den Postglossatoren immer wieder tat. Selbst wenn der erklärte Wille des Fremden gegen die Unterwerfung gerichtet ist, tritt diese ein. Aus dem Willen des Fremden kann die Unterstellung unter das Gesetz überhaupt nicht erklärt werden.

Da der Ausländer an der Bildung des Gemeinwesens keine Teilhabe hat, erfolgt seine Unterwerfung unter das Gesetz formell nur aus der Souveränität des Staates, d. h. aus dessen Macht, die auf seinem Territorium sich begebenden Angelegenheiten zu ordnen und zu bestimmen. Auf erklärte, stillschweigende Zustimmung oder Nichtzustimmung des Ausländers zu dieser Unterstellung kommt es nicht an. Da die Lehre von der Souveränität erst neueren Datums ist, griffen frühere Lehren jahrhundertelang immer erneut auf irgendeine Form der Zustimmung zurück.

Für Ausländer folgt daraus nicht, daß sie für ihre auf dem Territorium begangenen Straftaten stets den Inländern gleichgestellt werden. Das deutsche Strafrecht geht allerdings in der Gleichstellung so weit, daß es sogar die Rechtsfolgen des Hochverrats für In- und Ausländer vollkommen gleich ausgestaltet.

Aber der Ausländer wird sich unter Umständen auf einen Irrtum über das Verbot, das ihm unbekannt ist, berufen können.

b) Materieller Art

1. Mit der Bestrafung am Tatort befriedigt der Staat seine und der Bürger rechtliche Interessen an der Aufrechterhaltung des inneren Friedens[16] und der Sicherheit auf dem eigenen Territorium. Die Störung der Ordnung und Sicherheit, die in das Bewußtsein der Bewohner eingegangen ist, wird an Ort und Stelle verfolgt. Damit wird dem elementaren Bedürfnis einer raschen Reaktion der Rechtspflege auf die Übeltat, der Verteidigung der eigenen Rechtsordnung und der Abschreckung der Allgemeinheit vor der Begehung strafbarer Handlungen auf dem Territorium gedient.

2. Das Territorialitätsprinzip hat aber noch einen zweiten, materiellen, Rechtfertigungsgrund, den des Schutzes der Täter, des Bürgers wie des Fremden, vor zu großer, vor allem extraterritorialer Gewalt dieses Staates[17]. Das Territorialitätsprinzip schließt im Grunde andere Prinzipien des internationalen Strafrechts bezüglich derselben Tat — von Ausnahmen abgesehen — aus. Darauf gründet sich die Priorität, die das erwähnte Europäische Abkommen über Kompetenzkonflikte dem Territorialitätsprinzip beilegen will.

Es ist der Beweis in dem Land am sichersten zu führen, in dem der Täter die Tat begangen hat. Das Gericht ist mit den Örtlichkeiten, den sozialen, kulturellen und wirtschaftlichen Zusammenhängen vertraut, die Zeugen sind im allgemeinen gut erreichbar, der Beweis ist am direktesten am Ort der Tatbegehung zu führen, die Verteidigung des Angeklagten ist am günstigsten, weil der Verteidiger mit der gleichen Kenntnis der Umgebung wie das Gericht an die Beurteilung der Handlung geht. Die Hauptquelle eines Fehlurteils, die in der Mittelbarkeit des Beweises oder der Zuhilfenahme von Indizien für die Überführung des Angeklagten liegen, sind nirgends so auf ein Mindestmaß beschränkt wie vor einem Gericht, das im Lande liegt, in dem sich der Tatort befindet.

[16] Ausdrücklich Board of Trade v. Owen [1957]. 2 Weekly L. R. 351 (H. L.) für das englische Recht.

[17] *Donnedieu de Vabres*, Traité de Droit Crim. etc., 3. éd., 1947, p. 925, führt drei Gründe des Territorialitätsprinzips an.

Nur bei einer Aburteilung im Lande, zu dem der Tatort gehört, können alle Rechte, die aus der Rechtsstellung als Persönlichkeit fließen, für den Angeklagten gewährt werden. Er hat diejenigen zu seinen Richtern, die er sich durch die Wahl des Tatorts selbst bestimmt hat. Die Wirkung des rechtlichen Gehörs wird dort am sichersten sein, da die Richter die örtlichen Umstände kennen. Dem Täter sind gewöhnlich am Tatort die sozialen und rechtlichen Wertungen der Tat bekannt, er kann den Unwert der Tat besser für diesen Ort einschätzen, als für einen anderen Ort. Das Recht des Tatorts trifft den Täter mit einer Rechtsfolge nur deshalb, weil dieser durch die freie Wahl des Ortes seines Tuns dieses Recht herausgefordert hat. Der Macht dieses Rechts begegnete er willentlich.

4. Bestimmung des Tatorts

Im kontinentaleuropäischen Recht bildeten sich drei Lehren für die Anknüpfung bei Distanzdelikten heraus, die Handlungs-, Erfolgs- und Ubiquitätstheorie.

Nach der *Handlungstheorie* urteilt nur der Staat, in dessen Territorium der Täter körperlich gehandelt hat, diesen ab, z. B. hat A, der sich im X-Staat befindet, über die Grenze des Landes den B, der sich im Y-Staat befindet, erschossen. Es ist also der X-Staat unter Anwendung seines Rechts allein für die Aburteilung zuständig. Die Lehre wurde vor allem von *v. Bar, v. Liszt, Beling, Frank*[18] und von *Donnedieu de Vabres*[19] vertreten. Das Delikt sei menschliche Handlung, was vor allem die mehr naturwissenschaftlich-kriminologisch orientierte Schule früher betonte. Entscheidend sei der Ort, wo der Wille des Menschen sich offenbare, da das Strafrecht auf der Schuld des Menschen aufbaue. Der Ort des Erfolgseintritts sei ungewiß und von Zufällen abhängig. Sei der Erfolgsort maßgebend, so käme das einer Rache nahe. Außerdem sei der Beweis nur am Ort des Handelns zu führen, weil der Täter, die Spuren, die Indizien und die Zeugen der Tat gewöhnlich dort am sichersten zu finden seien. Die Theorie lehnt auch eine Anknüpfung an den Ort der unmittelbaren Wirkung

[18] *v. Bar*, Gesetz und Schuld im Strafrecht, 1. Band, 1905, S. 142; *v. Liszt*, Lehrbuch des deutschen Strafrechts, seit 16./17. Aufl. von *Eb. Schmidt* besorgt, letzte, 26., Aufl. 1932, 1. Band, S. 159 Anm. 10; *Beling*, ZStW, Bd. 17, S. 315; *Frank*, StGB, 18. Aufl. 1931, § 3, Anm. IV.

[19] *Donnedieu de Vabres*, Traité, a. a. O., n. 1635. Jetzt tritt wieder *Jiménez de Asúa*, Tratado de Der. pen., t. II, 2. ed. 1950, p. 834, dafür ein.

der Tat ab, z. B. verletzt A in Belgien mit Tötungsvorsatz über die Grenze den in Deutschland befindlichen B, der sich nach den Niederlanden zur Heilung begibt und dort stirbt. Hier wäre Deutschland dieser betreffende Ort.

Es empfahlen das Institut de Droit International in seiner Sitzung in München 1883 (Art. 1) nach dem Bericht von *v. Bar* und *Brusa*[20] und der Internationale Kongreß für Rechtsvergleichung in Den Haag 1932 (Art. 2)[21] unter dem Einfluß von *Donnedieu de Vabres* und *Pompe*[22] das Handlungsprinzip.

Die entgegengesetzte Theorie knüpft für den Tatort an den Erfolg *(Erfolgsprinzip)* an[23]. Eine gewisse Einschränkung erfährt sie durch diejenige Meinung, die sich allein für den Ort, an dem die unmittelbare Wirkung der Tat (vgl. oben) eintritt, entscheidet (sog. Theorie der langen Hand oder der Zwischenwirkung)[24]. In Deutschland wurden diese beiden Theorien in ihrer Ausschließlichkeit nur selten vertreten, weil einzelnen Tatbestandsmerkmalen, vor allem für die erfolgsqualifizierten Delikte, geradezu eine zufallsartige Bedeutung beigelegt wird[25]. Die Erfolgstheorie fand in Frankreich in *Garraud*[26] einen nachdrücklichen Verteidiger, sie geht in Spanien indirekt aus dem Gesetz[27] hervor, und findet sich häufig in mittel- und südamerikanischen Gesetzbüchern (Mexiko, Art. 2 I, 3 Bundesstrafgesetzbuch; Columbien, Art. 4 II Cod. pen.; Kuba, Art. 9 E Ges. d. soz. Verteidigung; Ecuador, Art. 5 III C. pen.; Honduras, Art. 172 Ley de Organ. y Atribuciones de los Tribunales; Venezuela, Art. 4 Ziff. 16 C. pen.). Auch Art. 302 des

[20] Annuaire de l'Institute de Dr. Int., VII. Vol., 1883—1887, p. 156.

[21] Bulletin de la Société de Legislation Comparée, tome 61, 1931—1932, Paris 1932, p. 411 f.

[22] Später trat *Pompe* für das Ubiquitätsprinzip ein, Handboek van het Nederlandse strafrecht, 4. Druk, 1953, p. 500/1, Nr. 318.

[23] *v. Liszt* in den frühen Auflagen seines oben erwähnten Lehrbuchs, z. B. 10. Aufl., S. 116; *Neumeyer*, Strafbarer Bankerott, 1891, S. 157 (vgl. auch ZStW, Bd. 17, S. 291).

[24] Vertreten von *Häberlin*, GA (1877), Bd. 25, S. 432.

[25] Dazu *Frank*, a. a. O., § 3 Anm. 4.

[26] *Garraud*, Traité théorique et pratique de Droit pénal, 3. ed., 1924—1935, t. 1, n. 171.

[27] Ley Orgánica del poder judicial, art. 335 (wiedergegeben in: *Rodriguez Devesa, Derecho* penal español, Parte Gen. 1969, p. 173), nach dem der Täter, der eine Distanztat von Spanien über die Grenze begeht, für diese Distanztat als solche nicht bestraft wird; dazu: *Quintano Ripollés*, Compendio de Der. Pen., v. 1, 1958, p. 143 (er selbst vertritt die Ubiquitätstheorie).

Bustamente Code 1928, den zahlreiche Staaten ratifiziert haben, der Art. 3 des Montevideo-Abkommens über internationales Strafrecht von 1889 und Art. 2 des Montevideo-Abkommens vom 19. März 1940 über internationales Strafrecht (erst von Uruguay und Paraguay ratifiziert) vertreten die Erfolgstheorie.

Die beiden Hauptargumente der Erfolgstheorie sind folgende. Durch den Eintritt des Erfolges sei der Tatbestand des Deliktes erst ersichtlich und erhalte dieses überhaupt erst seine Form. Gerade das Territorialitätsprinzip erfordere, daß der Täter nur am Ort des Eintritts des Erfolges bestraft werde, weil nur hier die Verletzung des Rechtsguts eingetreten sei. Der Staat, in dem der Ort der Handlung liege, sei in seinen Gütern nicht geschädigt. Außerdem sei es unerträglich, daß der Staat, innerhalb dessen Grenzen der deliktische Erfolg, etwa der Tod des Opfers, eintritt, diese Störung seiner Ordnung reaktionslos hinnehmen müsse.

Für die Zwischenwirkungstheorie, die selbstverständlich bei Fehlen jeglicher Zwischenwirkung der Erfolgstheorie Platz gibt, wird geltend gemacht, daß es darauf ankomme, wo die persönliche Tätigkeit ihr Ziel erreiche, wo sie wirken sollte oder wo der Wille sich zunächst verwirklicht habe.

Die dritte Meinung, die *Ubiquitätstheorie,* die den Tatort sowohl an den Ort des Handelns als auch an den Ort des Eintritts des Erfolgs anknüpft, ist in dem kontinentalen Europa am meisten in Rechtsprechung und Literatur verbreitet. Dabei ist noch folgende Unterscheidung wichtig. Findet die Anknüpfung auch dort statt, wo der Täter im Falle des Versuchs den Eintritt des Erfolges beabsichtigte, so wird man von subjektiver, sonst von objektiver Ausprägung sprechen können. Die subjektive Ausprägung steht notwendigerweise zusammen mit der objektiven Ausprägung, während die objektive Ausprägung der Ubiquitätstheorie sich oft allein findet.

In Deutschland wurde die Ubiquitätstheorie vor allem von *Binding*[28] ausgebaut, vom Reichsgericht immer vertreten[29], 1940 in das Strafgesetzbuch (§ 3 III) eingeführt und in § 9 des 2. StrRG (in Kraft ab 1. 10. 1973) mit kleinen Änderungen übernommen. Für bestimmte politische Straftaten (§§ 84, 85, 87 StGB i. d. F. v.

[28] *Binding,* Handbuch des Strafrechts, I, 1885, S. 416; vgl. weiter die Lit. bei *v. Liszt—Schmidt,* a. a. O., 26. Aufl., S. 159.

[29] Z. B. RGSt. 48, 61.

25. 6. 68) gilt allerdings die Handlungstheorie insoweit, als der Täter in der Bundesrepublik Deutschland handeln muß (§ 91 Ziff. 1 StGB). Auch für Ordnungswidrigkeiten ist nach § 4 II Ordnungswidrigkeitengesetz die Ubiquitätstheorie festgelegt. Jedoch ist das Legalitätsprinzip bei der Verfolgung der Straftaten, bei denen der Täter außerhalb der Bundesrepublik gehandelt hat, insoweit durchbrochen, als die Staatsanwaltschaft die Tat nicht zu verfolgen braucht, "wenn die Durchführung des Verfahrens die Gefahr eines schweren Nachteils für die Bundesrepublik herbeiführen würde oder wenn der Verfolgung sonstige überwiegende öffentliche Interessen entgegenstehen". Es findet sich die Ubiquitätstheorie in der Entschließung zu Art. 1 IV der Konferenz für die Vereinheitlichung des Strafrechts 1927 in Warschau[30], in Art. 2 des Beschlusses des Institut de Droit Int. vom 31. Juli 1931 in Cambridge, und zwar auch in subjektiver Ausprägung[31], und in Art. 3 Harvard Draft Convention on Jurisdiction with respect to Crime (in objektiver und subjektiver Ausprägung)[32]. Vor allem bekennt sich auch der Entwurf eines Europäischen Abkommens über Kompetenzkonflikte in Strafsachen[33] Art. 3 II zur Ubiquitätstheorie. Danach gelten als Tatort das Land, in dem die Handlung oder Unterlassung, die das Delikt oder den Versuch darstellt, oder eine Mitwirkung (act of complicity, fait de participation) begangen wird, und das Land, in dem der Erfolg der Handlung oder Unterlassung eintritt. Es handelt sich hier um die objektive Form der Theorie. Der Abkommensentwurf stellt, wenn mehrere Staaten auf dieser Theorie die Gerichtsbarkeit für sich fordern, folgende Reihenfolge in Art. 3 III auf: erstens der Staat, in dem das wesentliche Merkmal des Delikts durch Handlung oder Unterlassung verwirklicht ist, zweitens der Staat, in dem eine Mitwirkung betätigt worden ist, zuletzt der Staat, auf dessen Territorium der Erfolg eingetreten ist.

Die Ubiquitätstheorie ist zu billigen. Das Handeln und der Eintritt des Erfolges stellen eine tatbestandsmäßige Einheit dar, jeder Teilakt, das Handeln und der Erfolgseintritt, sind nur ein Stück des Ganzen. Beide kann man voneinander gar nicht als selbständige Teile trennen, weil sie nur durch ihre Bezogenheit

[30] Conf. Int. d'Unification de Droit Pén. (Varsovie, 1.—5. nov. 1927), Actes de la Conf., I, p. 131.
[31] Annuaire de l'Institut de Droit Int., II, 1931, p. 235.
[32] Supplement Amer. Journal of International Law, vol. 29, 1935, p. 439.
[33] Oben, Anm. 14.

aufeinander ihren strafrechtlich relevanten Sinn erhalten. Die Erfolgstheorie hat weder beim Versuch noch bei den echten Unterlassungsdelikten eine genügende Anknüpfung und verkennt die Wichtigkeit der Handlung. Die Handlungstheorie geht an der Tatsache vorbei, daß der Staat den Eintritt eines schweren strafrechtlich relevanten Erfolges innerhalb seines Territoriums nicht ohne Gegenwirkung hinnehmen kann.

5. *Der Tatort nach geltendem deutschen Recht*

Die deutsche Fassung des Ubiquitätsprinzips in § 3 III StGB[34] geht sehr weit.

Zunächst ist eine Anknüpfung an das deutsche Strafrecht gegeben, sobald ein Teil der Tatbestandsverwirklichung, sowohl eines Begehungs- als auch Unterlassungsdelikts, in Gestalt des Handelns des Täters oder des Eintritts des Erfolges in Deutschland verwirklicht wird[35]. Ein besonderer Akzent wird auf keines der beiden Merkmale gelegt. Die Frage nach dem Ort des Erfolgseintritts ist nicht immer einfach zu entscheiden. Es darf nämlich nicht dazu kommen, daß ipso jure dadurch, daß das verletzte Rechtsgut Deutschland einem Deutschen oder einem in Deutschland sich Aufhaltenden zugehört, der Erfolg nach Deutschland verlagert wird[36]. Wenn ein Deutscher nach dem 1. Okt. 1973, nachdem für ihn wieder das Territorialitätsprinzip gelten wird, sich einer Verletzung der Unterhaltspflicht im Ausland schuldig machen wird, wobei das deutsche Kind sich auch dort aufhält, wird der Erfolg in Deutschland eintreten, weil § 170 b StGB, mindestens in zweiter Linie, vor ungerechtfertigter Inanspruchnahme öffentlicher Mittel, d. h. in diesem Fall deutscher öffentlicher Mittel, schützt[37]. Entzieht jedoch jetzt im Ausland ein Ausländer einer sich im Ausland aufhaltenden deutschen Familie ihr deutsches Kind (§ 235

[34] Der entsprechende § 9 I des 2. StrRG ist ganz ähnlich, er spricht im Unterschied zum geltenden § 3 III StGB nur von einem zum Tatbestand gehörenden Erfolg.

[35] Der Erfolgseintritt in der Bundesrepublik genügt auch für die Delikte der Gefährdung des demokratischen Rechtsstaates der §§ 86, 86 a, 88, 90 I und 90 b StGB nach § 91 Ziff. 2 u. 3 i. d. F. v. 25. 6. 68 (8. Strafrechtsänderungsgesetz); vgl. BGHSt. 20, 21; 20, 169.

[36] Diese Frage spielt eine besondere Rolle bei der Strafbarkeit der Piratensender, dazu *Oehler*, Das deutsche Strafrecht und die Piratensender, Bd. 5, Schriftenreihe des Instituts für Rundfunkrecht an der Universität zu Köln, 1970, S. 17.

[37] BGHSt 5, 108.

StGB), so ist die Tat nicht im Inland begangen, obwohl das Rechtsverhältnis der elterlichen Gewalt selbstverständlich sich im deutschen Recht gründet. Es kommt auf die Entziehung der elterlichen Gewalt, die im Ausland geschah, nicht auf den Rechtsraum an, in dem die Begründung des Rechtsverhältnisses geschieht[38].

Nach dem Wortlaut des Gesetzes (§ 3 III StGB) fällt die Tat eines einfachen Erfolgsdelikts durch den hier eingetretenen Erfolg auch dann unter die Anknüpfung, wenn er *zufällig* eingetreten ist, selbst wenn bereits ein Zwischenerfolg bewirkt worden ist, z. B. verwundet A in Belgien über die Grenze den in Frankreich befindlichen B, der sich nach Deutschland begibt und hier an der Verwundung stirbt. Eine Zwischenwirkung liegt nicht nur bei den durch den Erfolg qualifizierten Delikten vor, sondern kann auch bei dem einfachen Erfolgsdelikt eintreten. Es ist jedoch nicht gerechtfertigt, daß ein solch loser Beziehungspunkt, wie der zufällige Eintritt des Erfolges in Deutschland, das deutsche Strafrecht auf die ganze Tat ausdehnt. Wenn der Täter den Eintritt des letzten Erfolges hier herbeiführen wollte oder zumindest mit diesem Ort rechnen mußte, so erstreckt sich das deutsche Strafrecht mit Recht auf die Tat. Wenn jedoch der letzte Erfolg aus reinem Zufall dort eingetreten ist, so ist aus rechtsstaatlichen Gründen, d. h. dem Gedanken der gewissen Berechenbarkeit von strafrechtlichen Folgen, die Anknüpfung nicht gerechtfertigt. Dort wo der Staat um des Selbstschutzes willen Strafrechtsnormen setzt, sollte es dem Täter möglich sein müssen zu erkennen, daß sein Handeln von diesen Normen erfaßt wird[39]. Es wird anders sein, wenn der Staat nur aus Solidarität zu anderen Staaten, z. B. nach dem Prinzip der stellvertretenden Strafrechtspflege oder der Weltrechtspflege, bestraft, weil hier der Grund für das Strafanwendungsrecht von dem Ort der Tat gelöst ist.

Gegen das Erfordernis, daß der Täter bei dem Territorialitätsprinzip die sein Handeln erfassende Norm erkennen können mußte, kann man sich nicht darauf berufen, daß es sich nur um Rechtsanwendungsvorschriften handelt und der Täter infolgedes-

[38] Vgl. dazu BGE 91, IV, 228; *Schultz*, Z. Bern. Jur. Ver. 99, 43.

[39] Dazu Lit. zit. Anm. 13, S. 116 f. mit Lit.; *Maurach*, Deutsch. Strafr. Allg. T., 3. Aufl., § 11, II C; gegen die Ausdehnung des Strafrechts bei Nichtanerkennbarkeit der Norm auch *Germann*, Schweiz. Z. StrR 69 (1954), 243 f.; *H. Schultz*, Schweiz. Jur. Z 1964, 85. Auch das RGSt. 11, 20; 25, 424 erforderte den Willen des Täters, das Rechtsgut im Inland zu verletzen.

sen keine Kenntnis von der betreffenden Norm gerade zu haben brauche[40]. Es handelt sich letzten Endes doch um die Anwendung der materiellen Strafrechtsnorm auf eine Handlung. Deshalb ist jedenfalls für Distanztaten — nur um diese handelt es sich ja hier — zu fordern, daß der Täter und Teilnehmer, der im Ausland handelt, nur vom deutschen Strafrecht erfaßt wird, wenn er den Eintritt des Erfolges gerade im Inland erkennen konnte, bzw. erkennen können mußte.

Von dem deutschen Recht wird auch ein *Gefährdungsdelikt,* z. B. die Überschwemmung (§ 313 StGB), erfaßt, sowohl, wenn der Täter hier handelt und die Gefährdung für das Gebiet des Auslandes eintritt, als auch wenn der Täter im Ausland handelt und die Gefährdung hier bewirkt wird. Zweifelhaft ist nur der letzte Fall. Man muß aber den Eintritt der Gefahr für die geschützten Güter als die Wirkung des Delikts ansehen, die im weiteren Sinne den tatbestandsmäßigen Erfolg des Delikts darstellt[41]. Dadurch daß die Gefährdung objektiv — ob absolut oder im konkreten Fall ist dabei gleich — eintritt, ist ein objektiver Anknüpfungspunkt in Deutschland für die Tat in solchem Fall gegeben.

Unter dem Erfolg im Sinne von § 3 III StGB ist auch die *Bedingung der Strafbarkeit* dann zu verstehen, wenn sie ursächlich aus dem deliktischen Handeln hervorgegangen ist[42], z. B. in §§ 227, 330 a StGB, 240 Ziff. 1 KO, weil es gerade der Eintritt dieser Folge ist, der überhaupt erst den Grund der Strafbarkeit bildet und der verhütet werden soll[43]. Wenn § 9 I des 2. StrRG von dem zum Tatbestand gehörenden Erfolg spricht, so ist damit nicht der Unterschied zwischen Tatbestand und objektiver Bedingung der Strafbarkeit getroffen, sondern nur der außerhalb der Deliktsbeschreibung fallende Erfolg ausgeschlossen.

Bei einem *Handlungsdelikt,* z. B. einem Meineid, das keinen Außenerfolg hat, wird die Anknüpfung allein bei der Handlung zu finden sein[44].

[40] So aber *Dreher,* StGB, 31. Aufl. 1970, vor § 3, 4 A.; *Schönke-Schröder,* a. a. O., § 3 Rdn. 15 a.

[41] BayObLG in NJW 1957, S. 1327.

[42] So auch *Schönke-Schröder,* a. a. O., § 3 Rdn. 13; grundsätzlich gegen Berücksichtigung der objektiven Bedingung der Strafbarkeit, *Stree,* JuS 1965, 474.

[43] Z. B. RGSt. 16, 188: der Täter hatte in Monte Carlo sein Geld verspielt, der Konkurs wurde dann in Deutschland eröffnet.

[44] Vgl. für Handlungsdelikte BGHSt. 20, 52.

Der Tatort eines unechten *Unterlassungsdeliktes* liegt abgesehen vom Erfolgseintritt dort, wo die Garantenstellung für den Nichteintritt des Erfolges begründet ist. Stirbt der Sohn im Ausland infolge der von dem hier befindlichen ausländischen Vater nicht erfüllten Pflicht, für sein Kind zu sorgen, so hat der Vater die Tötung in Deutschland begangen. Wenn nach § 3 des 2. StrRG ab 1. Okt. 1973 auch für Deutsche wieder das Territorialitätsprinzip gelten wird und wenn sich dann der deutsche Vater zur Zeit der ihn treffenden Pflicht, seinen Sohn vor dem Tode zu retten, im Ausland befindet und der Tod des Sohnes infolge Nichthandelns des Vaters eintreten wird, so wird der Tatort trotz allem auch in Deutschland liegen, weil das entscheidende Rechtsverhältnis, z. B. die Fürsorgepflicht nach § 1601 BGB, nach deutschem Recht hier entstanden ist. Durch willkürliche Wahl des Aufenthaltsortes wird der Unterlassungstäter seinen Tatort nicht aus Deutschland endgültig verlegen können, wenn die Rechtspflicht, die die Garantenstellung begründet, ihren Sitz in Deutschland hat[45]. Wenn aber z. B. das vorangegangene Tun die Rechtspflicht zum Handeln begründet, wird der Tatort nur dort liegen, wo der Täter handeln mußte, d. h. an seinem Aufenthaltsort. Entsprechendes gilt für echte Unterlassungsdelikte.

Daß der *Versuch,* der in Deutschland begangen wird und dessen Erfolg im Ausland eintreten soll, vom deutschen Recht erfaßt wird, ist nach dem Gesetz unzweideutig.

Da der *im Ausland begangene Versuch,* dessen Erfolg in Deutschland eintreten soll, dem deutschen Strafrecht unterworfen wird, ist der Begriff der subjektiven Ausprägung der Ubiquitätstheorie insoweit berechtigt, als die Anknüpfung allein an einem Vorstellungsinhalt stattfindet. Im übrigen muß der Ort des vorgestellten Erfolgseintritts im Vorsatz des Täters in jedem Falle aufgenommen worden sein. Jedoch ist in dem Fall der Versuchshandlung im Ausland kein Teil des Delikts in Deutschland in Erscheinung getreten, nicht einmal eine Gefährdung eines Rechtsguts braucht sich hier gezeigt zu haben. Der Tatort wird nur durch den Beziehungspunkt des Willens gewonnen, jedoch nicht durch ein tatsächliches Geschehen. Das Territorialitätsprinzip dient hier einer ungerechten Ausdehnung des eigenen Strafrechts. Die Beziehung zwischen der Tat und dem deutschen Recht ist in diesem

[45] Vgl. dazu früher zum interlokalen Strafrecht *Frank,* a. a. O., § 3 Anm. IV a.

Fall ganz lose, weil kein objektiver Tatbestandsteil sich in Deutschland verwirklicht hat. Das Territorialitätsprinzip wird seines Sinnes entkleidet. Wenn die Tat dem deutschen Recht unterstellt wird, wenn der Gesetzgeber aber diese dürftige, nur im Subjektiven liegende Anknüpfung genügen läßt, muß es um so mehr — wie oben schon gesagt — für die Verfolgung eines vollendeten Delikts in Deutschland erforderlich sein, daß der im Ausland handelnde Täter erkennen konnte, der Erfolg werde im Inland eintreten können. Wird der Ort der Anknüpfung beim Versuchstäter durch dessen Vorsatz, soweit es sich um den Erfolgseintritt handelt, geschaffen, darf beim Täter einer vollendeten Tat für die strafrechtliche Anknüpfung nicht vollkommen von jedem subjektiven Bezug auf den Ort abgesehen werden.

Die *fortgesetzte Handlung*, deren einer Teilakt in Deutschland getätigt wird, wird als Ganzes vom deutschen Recht erfaßt, weil ein Teil der Handlung hier verwirklicht worden ist[46], desgleichen ist für das Dauerdelikt zu entscheiden, z. B. wenn der Täter das Opfer hier seiner Freiheit beraubt und diese Freiheitsberaubung über die Grenze hinweg in Frankreich weitergeführt wird.

Wo der die *Strafe schärfende* erschwerende Umstand liegt, ist gleichgültig, der Täter wird, sobald eine Anknüpfung seiner Tat besteht, hier für die Tat als ganze bestraft; z. B. ist das Opfer bei einem Raube in den Niederlanden gemartert, die Sache ist ihm aber erst in Deutschland weggenommen worden (§ 251 StGB). Der Raub mit Marterung ist in Deutschland strafbar.

Das deutsche Recht ist auch für die Taten zuständig, deren Tatbestandserfüllung notwendigerweise eine *Vortat* voraussetzt, wobei die Vortat im Ausland, die tatbestandsmäßige Handlung in Deutschland begangen worden ist, z. B. Begünstigung[47] und Hehlerei (§§ 257 ff. StGB), die nach deutschem Recht selbständige Tatbestände sind, aber auch der Mord, um eine Straftat zu verdecken (§ 211 II 3. Alt. StGB). Die Selbständigkeit in der Begünstigung und der Hehlerei bewirkt auch, daß die Lage des verletzten Rechtsguts, z. B. des durch die Vortat geschädigten Vermögens bei der Hehlerei, ohne Bedeutung ist. Allerdings sind die genannten Delikte, wenn sie im Ausland ausgeführt werden, die Vortat jedoch in Deutschland begangen worden ist, z. B. bei der Hehlerei der Diebstahl, nicht in Deutschland strafbar. Weder die eigentlich

[46] RGHRR 1939, No. 480. [47] RGSt. 43, 84.

deliktische Handlung noch der Erfolg dieser Tatbestände liegt dann in Deutschland. Dabei ist auch bedeutungslos, daß etwa bei der Begünstigung (§ 257 StGB) die Begehung der Vortat unter Umständen als Tatbestandsmerkmal angesehen wird. Wird ein Mord im Ausland begangen, um in Deutschland eine Straftat zu ermöglichen (§ 211 II 3. Alt. StGB), dann erstreckt sich das deutsche Strafrecht nicht auf den Mord, weil die bezweckte Straftat selbst in ihrer Begehung nicht zum Tatbestand des Mordes mehr gehört.

Mehraktige Delikte, z. B. Notzucht (§ 177 StGB), stellen kein besonderes Problem dar. Wird die Gewalt in Deutschland angewendet und findet auf schweizerischem Boden der Geschlechtsverkehr statt, so erstreckt sich das deutsche Recht auf die Notzucht im ganzen.

Sogenannte *Sammelstraftaten,* das sind die nach dem Gesetz gewerbs-, geschäfts- oder gewohnheitsmäßig begangenen Taten, z. B. §§ 260, 181 a, 144 StGB, werden von der Rechtsprechung seit RGSt. (GrS) 72, 164[48] als eine Folge von selbständigen Taten aufgefaßt. Dadurch liegt deren Tatort nur insoweit in Deutschland, als sie hier ausgeführt worden sind. Wildert z. B. ein Täter in Deutschland und Österreich gewerbs- oder gewohnheitsmäßig (§ 292 III StGB), so liegt der Tatort nur für die in Deutschland ausgeführten Wildereien in Deutschland. Kann sich die Gewerbs- und Geschäftsmäßigkeit der Tat bereits von einer einzigen Verfehlung ergeben[49], so müssen zur Gewohnheitsmäßigkeit mindestens zwei Begehungen vorliegen, wobei eine einen schon erledigten Fall betreffen kann. Der deutsche Richter kann die Erkenntnis der Gewohnheitsmäßigkeit der Tat auch aus einer ausländischen Begehung entnehmen, z. B. hat der Täter schon einmal in Österreich gewildert und steht jetzt wegen einer Wilderei in Deutschland vor dem deutschen Gericht, weil der Ort der Entstehung des Hanges gleichgültig ist und die Vortat in Bezug auf die Gewohnheitsmäßigkeit des Täters der freien Beweiswürdigung unterliegt.

Ob ein sogenanntes *Transitverbrechen,* d. h. wenn der Täter sich eines Beförderungsmittels eines weiteren Staates zur Herbeiführung des Erfolges in einem dritten Staat bedient, die Zustän-

[48] Dazu vgl. *Kohlrausch-Lange,* StGB, 43. Aufl. 1961, Vorb. II B 3 zu § 73.
[49] Schon seit RGSt 12, 388 (391).

digkeit des Rechtes des Transitstaates für den Eintritt des Erfolges begründet, ist bestritten[50]. Z. B. schickt A aus der Schweiz einen vergifteten Kuchen an B in Kopenhagen, um diesen zu töten; die Postsendung geht durch Deutschland. Die Frage ist negativ zu beantworten. Der Begriff des Handelns in § 3 III StGB ist nicht im Sinne des tatbestandlichen Handelns auszulegen. Das bloße Laufen der Kausalreihe, ohne daß der Täter im engeren Sinne tätig wird oder der Erfolg eintritt, ist für den Transitstaat ohne jedes Interesse. Der Anknüpfungspunkt für den Begriff der Tat muß auch für die umfassende Ubiquitätstheorie immerhin von dem Interesse des Staates an der strafrechtlichen Erfassung des Tuns gedeckt werden. Dieses Interesse mangelt hier aber gänzlich. Die Ubiquitätstheorie ist als die die Handlungs- und Erfolgstheorie übergreifende Lehre gebildet worden, und weder unter die Handlungs- noch die Erfolgstheorie ist das Transitverbrechen zu subsumieren. Der Staat, der weder von dem Handeln im engeren Sinne noch von dem Erfolg berührt ist, sondern nur die Beförderung des Mittels der Tatbegehung durchführt, kann zwar den durch die Beförderung als solche erfüllten Tatbestand verfolgen, etwa die unzulässige Einfuhr von Betäubungsmitteln, von Sprengstoff u. ä., aber nicht das durch das Handeln im engeren Sinne und den Erfolg gekennzeichnete Delikt. Handeln im engeren Sinne wie dessen Erfolg liegen außerhalb des Transitstaates. Die Vorstellung, der Absender eines beleidigenden Briefes habe in allen Staaten, die sein Brief durch Eisenbahn, Schiff oder Flugzeug berührt, eine Beleidigung begangen, entbehrt des rechtlichen Sinns und Zwecks. Man denke entsprechend an ein beleidigendes Telegramm oder ein Ferngespräch, das durch mehrere Länder weitergeleitet wird.

6. *Teilnahme*

Die Ubiquitätstheorie wird in der Rechtsprechung und in der deutschen Literatur auch auf die Teilnahme angewendet. Der in Deutschland handelnde ausländische Mittäter, der mit anderen, im Ausland handelnden Mittätern zusammen den Erfolg im Ausland

[50] Dafür *Schönke-Schröder*, a. a. O., § 3, Rdn. 14; *Jescheck*, Lehrbuch des Strafrechts, Allg. T., 1969, § 18, IV. Dagegen *Binding* a. a. O., S. 422; *v. Hippel*, Deutsches Strafrecht, 2. Bd., 1930, S. 176; *Maurach*, a. a. O., S. 102; *Bergmann*, Der Begehungsort im internationalen Strafrecht Deutschlands und der Vereinigten Staaten, 1966, S. 49 ff.

herbeiführt, wird in Deutschland nach deutschem Recht bestraft[51]. Die im Ausland handelnden Mittäter werden hier nicht zu bestrafen sein, weil ihr Verbundensein mit dem hiesigen Mittäter nicht zu einer Handlung in Deutschland ausreicht.

Eine Anstiftung im Ausland durch einen Ausländer zu einer in Deutschland begangenen Tat eines Ausländers oder eine entsprechende Beihilfe werden in Deutschland bestraft, was die Rechtsprechung mehrfach mit der akzessorischen Natur der Teilnahme erklärt hat[52]. Genauer müßte es heißen, daß sowohl die Ubiquitätstheorie als auch die akzessorische Natur der Teilnahme dieses Ergebnis herbeiführt. Für eine umgekehrt liegende Beihilfe verlangte RGSt. 11, 24 richtigerweise Strafbarkeit der Haupttat am Tatort, während BGHSt. 4, 335[53] darauf, allerdings in einem obiter dictum, verzichtet und die Haupttat nur nach deutschem Recht beurteilen will[54]. Meines Erachtens ist dieses Ergebnis nicht gerechtfertigt, weil die Akzessorietät der Teilnahme hier nicht beachtet wird. Über die Ubiquitätstheorie läßt sich eine solche Bestrafung der Teilnahme in Deutschland nicht begründen. § 9 des 2. StrRG bestimmt ausdrücklich — neben der allgemeinen nichts Neues bringenden Regelung der Bestrafung der Teilnahme im internationalen Strafrecht in Abs. II Satz 1 — für diesen Fall der Teilnahme an einer Auslandstat durch Handeln im Inland die Strafbarkeit des Teilnehmers nach deutschem Recht[55].

7. *Verhältnis von Territorialitätsprinzip zu geschütztem Rechtsgut*

Ein besonderes Problem ergibt sich für das Territorialitätsprinzip daraus, daß gewisse strafrechtliche Tatbestände nur deutsche Rechtsgüter schützen wollen. Die Frage tritt sowohl dort auf, wo der Täter in Deutschland die Tat gegen ausländische Rechtsgüter begeht, die sich in Deutschland befinden, z. B. schwört der Täter in Deutschland vor dem amerikanischen Konsul einen Mein-

[51] RGSt. 57, 145; die Entscheidung RGSt. 75, 386 paßt nicht, da sie interlokales Strafrecht betrifft. Vgl. auch *Bergmann* a. a. O., S. 36 f.

[52] RGSt. 11, 23; 25, 426; 74, 59; BGHSt. 20, 89.

[53] RGJW 1936, 2655.

[54] Zustimmend *Kohlrausch-Lange* a. a. O., § 3, zu Abs. III; *Schönke-Schröder*, a. a. O., § 3, Rdn. 9.

[55] Dazu *Oehler*, Die Teilnahme im internationalen Strafrecht nach dem Entwurf eines Strafgesetzbuchs. 1962 in: Gedächtnisschrift für Hans Peters, 1967, S. 970 ff.

eid (§ 154 StGB), aber auch bei Distanztaten, bei denen der Täter im Inland tätig wird, der Erfolg aber im Ausland eintritt, z. B. schickt der Täter von Deutschland eine falsche Anschuldigung ins Ausland (§ 164 StGB). Oft entscheidet der Gesetzgeber die Frage, wie z. B. durch § 359 StGB, wonach nur inländische Beamte unter dem Beamtenbegriff des Strafgesetzbuches erfaßt werden, weswegen es keine strafbaren Handlungen gegen ausländische Beamte auf deutschem Boden nach dem Strafgesetzbuch, z. B. auch nicht nach § 113 StGB, gibt.

Für unanwendbar auf fremde Rechtsgüter wird man die deutschen Strafvorschriften dann ansehen müssen, wenn speziell aus dem Hoheitsrecht Deutschlands sich ergebende Rechtsgüter durch die Strafvorschriften geschützt werden und diese Rechtsgüter ganz eng mit den Eigenarten des deutschen staatlichen Aufbaus, der deutschen Rechtsstruktur oder den deutschen kulturellen und sittlichen Verhältnissen verbunden sind. Alle anderen Rechtsgüter, vor allem die Integrität des Menschen, das Eigentum, das Vermögen, aber auch eine Reihe öffentlich-rechtlicher Rechtsgüter, die nicht die oben genannten betreffen, stehen außerhalb der genannten Gruppe. Die Grenzziehung ist schwer, sie kann hier nur angedeutet werden[56].

Grundsätzlich können die §§ 153 ff. StGB nicht angewendet werden, wenn der Meineid usw. in Deutschland vor einem auswärtigen Beamten, z. B. einem fremden Konsul, geleistet wird, da die deutschen Vorschriften ganz und gar auf die deutsche Rechtspflege und Rechtsanwendung, z. B. von parlamentarischen Untersuchungsausschüssen oder von sonst zur Abnahme von Eiden usw. berechtigten Stellen, und deutsche hoheitliche Handlungen zugeschnitten sind. Wann, wo und wie ein Eid usw. abgenommen wird, ist so mit der deutschen Rechtsstruktur verbunden, daß die fremde Rechtspflege mit den Vorschriften der §§ 153 ff. nicht zu schützen ist. Wenn jedoch durch einen solchen Meineid usw. einem Deutschen oder Deutschland als Betroffenem Nachteile zugefügt werden, müßte um des Rechtsgüterschutzes in Deutschland willen das Territorialitätsprinzip doch auf einen solchen Meineid usw. angewendet werden. Die §§ 153 ff. StGB schützen zwar die deutsche Rechtspflege usw., wollen aber damit auch materiell falsche Ent-

[56] *Oehler* in Festschrift für Mezger, 1954, S. 98 ff.; jetzt auch *Schönke-Schröder*, a. a. O. § 3 Vorbem., Rdn. 8 ff., für die Beschränkung der Anwendung deutschen Rechts im Hinblick auf die Natur der Rechtsgüter.

scheidungen zugunsten oder zu Lasten von durch das deutsche Recht geschützten Rechtsträgern verhindern. Tritt aber eine solche genannte belastende Folge ein, dann trifft die ratio legis für die Existenz der §§ 153 ff. StGB auch für den Meineid usw. vor fremden Stellen zu.

Etwas ganz Ähnliches ist für die falsche Anschuldigung (§ 164 StGB) anzunehmen, die vor allem als Distanztat Bedeutung gewinnt, soweit der Erfolg im Ausland eintreten soll.

Lebt ein ausländischer Gastarbeiter mit seiner unter 14 Jahre alten Ehefrau hier zusammen, so kann er nicht wegen schwerer Unzucht (§ 176 Ziff. 3 StGB) bestraft werden, weil es sich nach der Bestimmung offensichtlich um unverheiratete Personen bei dem unzüchtigen Verkehr handeln muß, die ausländische Ehe von dem deutschen Recht aber anerkannt wird. Dagegen wird § 182 StGB (Verführung) in jedem Falle auch zugunsten ausländischer Mädchen anzuwenden sein, obwohl in deren Heimatländern eine andere Altersgrenze eventuell gilt. Hier müssen auf deutschem Territorium die deutschen Vorstellungen durchgreifen, weil es sich um außerehelichen Verkehr handelt[57]. Nimmt ein Ausländer in Deutschland mit der unter 14 Jahre alten ausländischen Ehefrau eines anderen Ausländers unzüchtige Handlungen vor, so muß diese durch § 176 Ziff. 3 StGB geschützt werden, weil nur der eheliche Verkehr durch die Bestimmung nicht erfaßt wird.

Der Schutz gesetzlich Unterhaltsberechtigter durch § 170 b StGB kann im Rahmen des Territorialitätsprinzips grundsätzlich nur solche treffen, die auf Grund des deutschen bürgerlichen Rechts Berechtigte sind. Unterhält ein italienischer Gastarbeiter in Deutschland seine hier wohnende Ehefrau nicht, so kann er dafür hier nicht auf Grund des Territorialitätsprinzips bestraft werden. Die Tat ist in Italien begangen, da die dortige gesetzliche Unterhaltspflicht verletzt worden ist[58]. Für Staatenlose wird wegen Art. 29 EG BGB dagegen das deutsche Strafrecht anzuwenden

[57] So auch für das Schweizer Recht BGE 86 IV, 212.

[58] Die Entscheidung des AG Mannheim NJW 1969, 997, läßt bei einem Schweizer in Deutschland, der seiner Familie in der Schweiz keinen Unterhalt gewährte, den Tatort richtig in der Schweiz liegen. Hier scheidet übrigens auch das Prinzip der stellvertretenden Strafrechtspflege des § 4 II Ziff. 3 StGB aus, da das Rechtsgut u. a. ein speziell deutsches ist (anderer Ansicht die vorhin genannte Entscheidung), nämlich die Inanspruchnahme der deutschen Allgemeinheit (BGHSt. 5, 108; *Schönke-Schröder* a. a. O., § 170 b Rdn. 1).

sein. Würde man den § 170 b StGB auf ausländische Unterhaltspflichten ausdehnen, würden seltsamerweise nur die gesetzlichen erfaßt werden, wogegen die gewohnheitsrechtlichen, z. B. auf Grund des Korans, nicht geschützt werden würden; ein Ergebnis, das des Sinnes entbehren dürfte. Auch die §§ 170 c und d StGB sind derartig auszulegen, weil die Hilfs- und Fürsorgepflicht ganz auf die deutschen Verhältnisse zugeschnitten ist.

Speziell deutsche Rechtsgüter finden sich ausdrücklich in den Vorschriften über den Friedensverrat, Hochverrat, die Gefährdung des demokratischen Rechtsstaats, den Landesverrat usw. (§§ 80 ff. StGB), soweit nicht bestimmte Vorschriften im vierten Strafrechtsänderungsgesetz zum Schutze der fremden NATO-Truppen auf diese erstreckt sind. Auch sonst werden nur deutsche Rechtsgüter gegenüber Angreifern in Deutschland geschützt, z. B. in §§ 129, 131, 144 StGB u. a.

Ausdrücklich werden deutsche und ausländische Rechtsgüter durch den Tatbestand des unerlaubten Titelführens und Uniformtragens (§ 132 a StGB), der Münzfälschung (§§ 146 f. StGB) u. a. geschützt.

Gegen Ausländer besonders wird dagegen die Fischerei in den Küstengewässern (§ 296 a StGB) gesichert.

Diese Frage kann hier nicht weiter besprochen werden, sie tritt übrigens besonders bei dem aktiven Personalitätsprinzip auf.

8. *Inlandsbegriff*

Das internationale Strafrecht der §§ 3 ff. StGB geht von dem Gegensatz Inland und Ausland aus. Für das Territorialitätsprinzip spielt der Inlandsbegriff insoweit eine Rolle, als durch ihn der für die Anknüpfung maßgebende Ort der Handlung und damit das ausschließlich anzuwendende Recht bestimmt wird. Das Auseinanderfallen des staatsrechtlichen Begriffs des Inlands und des Geltungsbereichs des inländischen Staats macht seit über hundert Jahren im deutschen Recht Schwierigkeiten. *Von Liszt*[59] und *Binding*[60] und die damals herrschende Meinung im Kaiserreich setzten das Inland dem Bereich gleich, in dem das deutsche Strafrecht galt, so daß die Kolonien und die Konsulargerichtsbezirke Inland

59 *v. Liszt*, a. a. O., 21. u. 22. Aufl., 1919, § 22.
60 *Binding* a. a. O., S. 406 ff.

im Sinne des internationalen Strafrechts waren, während *Frank*[61] für den Inlandsbegriff von dem Staatsrecht, ergänzend vom Völkerrecht ausging, weswegen sich Konsulargerichtsbezirke und Kolonien gerade als Ausland darstellten[62]. Das Auseinanderfallen von deutschem Inland und Geltungsbereich des deutschen Strafrechts ist nach der Entstehung mehrerer Staatsgewalten auf dem Boden des ehemaligen Deutschen Reiches mit besonderen Rechtsfolgen für das internationale Strafrecht wirksam geworden, weil staatsrechtlich das Gebiet des Deutschen Reiches vom 31. 12. 1937 als Inland gilt. Der Begriff Inland im Sinne des internationalen Strafrechts faßt ganz offensichtlich die ostwärts der Oder und Neiße gelegenen ehemaligen deutschen Staatsgebiete nicht, weil dort überhaupt keinerlei deutsche Staatsgewalt mehr ausgeübt werden kann und wird. Darüber besteht einheitliche Meinung[63]. Aus Art. 23 GG kann nichts für den Geltungsbereich des Strafrechts hergeleitet werden[64]. Für die DDR ist die strafrechtliche Rechtsprechung[65] von dem Begriff des Inlands ausgegangen und behandelt infolgedessen die dort begangenen Taten der dortigen Einwohner nach dem interlokalen Strafrecht, dessen entscheidendes Kennzeichen ist, daß Tatortrecht (gegenüber der DDR mit dem ordre public gegen speziell kommunistisches Gedankengut) angewendet wird. Da aber die Bundesrepublik und die DDR als deutsche Gebiete nicht unter einer einheitlichen Strafgewalt stehen — wie das das interlokale Strafrecht voraussetzt —, nimmt eine neuere Meinung unter Beibehaltung des Inlandsbegriffs für die DDR analoge Anwendung des internationalen Strafrechts für Taten in der DDR an, zumal dort seit 1968 ein eigenes Strafgesetzbuch in Kraft getreten ist[66]. Das bedeutet dann, daß für Taten, die auf dortigem Boden begangen werden, nicht mehr das Territorialitätsprinzip, sondern u. a. das stellvertretende Strafrechtspflegeprinzip gilt (§ 4 II 3 StGB) und damit das Recht der Bundesrepublik angewendet wird.

Es ist jedenfalls davon auszugehen, daß der Inlandsbegriff im Sinne des internationalen Strafrechts sich nicht mit dem staat-

[61] *Frank*, a. a. O., z. B. 8.—10. Aufl., 1912, § 8 Anm. I.

[62] RGSt. 38, 289 sah in Neutral-Moresnet weder Inland noch Ausland im Sinne des internationalen Strafrechts.

[63] *Wengler*, Nawiasky-Festschr., 1951, S. 67 ff.

[64] Vgl. dazu Lit. Anm. 13, S. 117.

[65] BGHSt. 5, 364.

[66] Vor allem *Dreher*, StGB, 31. Aufl. 1970, vor § 3, 5 B.; *Schönke-Schröder*, § 3 Vorb. Rdn. 15; *Welzel*, Das deutsche Strafrecht, 11. Aufl. 1969, § 6 III; *Jescheck*, Allg. T., S. 133.

lichen Inhaltsbegriff zu decken braucht. Das sieht man in der Bundesrepublik heute daran, daß, wie oben erwähnt, eine Menge strafrechtlicher Vorschriften sich ausdrücklich auf den Geltungsbereich des jeweiligen Gesetzes, d. h. auf die Bundesrepublik, beschränkt und damit von einem Inlandsbegriff ausgeht, der offensichtlich enger als der des allgemeinen internationalen Strafrechts der §§ 3 ff. StGB ist. Ob man generell von einem funktionellen Begriff des Inlands und Auslands[67] für das internationale Strafrecht sprechen soll, erscheint zweifelhaft, da damit von vorneherein ein Unterschied zwischen staatsrechtlichem und international strafrechtlichem Inlandsbegriff angenommen wird. Das braucht aber gar nicht so zu sein, wie die Zeit von 1919 bis 1937 in der deutschen Strafrechtsgeschichte zeigt. Es wird der Sache meines Erachtens gerechter, wenn man nur von einem Begriff des Inlands im Sinne des internationalen Strafrechts spricht. In dieser Beziehung ist die DDR weder als Inland noch als Ausland zu betrachten. Die Staatsgewalt in der DDR ist völlig von der der Bundesrepublik getrennt, es besteht von dieser keine Einflußmöglichkeit auf jene, und es gibt keine der Bundesrepublik und DDR übergeordnete Gewalt, weswegen diese kein Inland im Sinne des internationalen Strafrechts der §§ 3 ff. StGB ist. Ausland stellt die DDR aber auch im Sinne dieser Vorschriften nicht dar, weil die staatsrechtliche Verklammerung der DDR mit der Bundesrepublik als Teile Gesamtdeutschlands von dieser aus weiter besteht. Da aber im Sinne des internationalen Strafrechts weder Inland noch Ausland bezüglich der DDR vorliegt, können die international strafrechtlichen Bestimmungen nur analog angewendet werden. Das Territorialitätsprinzip ist mithin nicht auf die DDR anzuwenden.

Die *Luftsäule* über der Bundesrepublik gehört zum deutschen Territorium. Die über Deutschland befindlichen fremden Flugzeuge und die darin begangenen Straftaten unterstehen dem deutschen Strafrecht[68]. Allerdings erfährt der Geltungsbereich des internationalen Strafrechts Einschränkungen gegenüber den Vertragsstaaten des auch für Deutschland in Kraft befindlichen sogenannten Tokioter Abkommens vom 14. September 1963 über straf-

67 *Schönke-Schröder*, vorige Anm.

68 Nach § 153 b I Ziff. 2 StPO gilt das Opportunitätsprinzip für Taten, die ein Ausländer im Inland auf einem ausländischen (nicht durch ein ausländisches) Luftfahrzeug begeht.

bare und bestimmte andere an Bord von Luftfahrzeugen begangene Handlungen[69].

Das *Küstenmeer* nimmt Deutschland wie bisher nur bis zur Drei-Seemeilen-Zone als Inland, wenn auch nicht für alle Hoheitsbefugnisse, z. B. verläuft in der Regel die Zollgrenze an der deutschen Strandlinie (§ 2 IV ZollGes. i. d. F. v. 18. Mai 1970), aber jedenfalls für das internationale Strafrecht in Anspruch, so daß Taten auch ausländischer Schiffe oder auf diesen[70] innerhalb der genannten Zone dem deutschen Strafrecht unterfallen[71]. Der deutsche Festlandsockel ist der deutschen Hoheit insoweit strafrechtlich unterstellt, als das Aufsuchen von Bodenschätzen, deren Gewinnung, und auf dem Festlandsockel an Ort und Stelle vorgenommene diesbezügliche Forschungshandlungen, soweit diese Handlungen nicht von Deutschland erlaubt sind, unter Strafandrohung verboten sind[72]. Zum Inland gehört weder der Festlandsockel noch das darüber befindliche Meeresgebiet.

Die Straftaten auf *deutschen Schiffen und Luftfahrzeugen* werden nach § 5 StGB von dem deutschen Strafrecht ohne Rücksicht auf das Recht des Tatorts erfaßt. Damit wird die Geltung fremden Rechts für die Taten, die auf dem deutschen Schiff oder in dem Flugzeug begangen werden, wenn das Schiff oder das Flugzeug in fremdem Hoheitsgebiet sich befindet, nicht bestritten[73]. Bei Schiffszusammenstößen gilt bezüglich des Tatorts auch § 3 III StGB, weil Deutschland das Genfer Abkommen über die Hohe See (Art. 11) von 1958 noch nicht ratifiziert hat, in dem u. a. die Handlungstheorie — entgegen der Entscheidung im Lotusfall[74] — festgelegt wird. Die Theorie, die das Schiff als (schwimmendes) Inland ansieht, wird in der deutschen Völkerrechtswissenschaft nicht mehr vertreten. Es paßt nämlich zu dieser Theorie nicht, daß sobald ein Schiff fremdes Gebiet erreicht, fremdes Recht auch seinen Geltungsbereich auf das Schiff erstreckt, und

[69] BGBl. 1969 II 121; 1970 II 276.

[70] Auch hierfür gilt § 153 b I Ziff. 2 StPO, vgl. Anm. 69.

[71] Genfer Konvention über das Küstenmeer von 1958 (Art. 19 Nr. 5) ist von Deutschland vorläufig nicht ratifiziert worden.

[72] Gesetz zur vorläufigen Regelung der Rechte am Festlandssockel, BGBl. 1964 I 497.

[73] Für Kriegs- und Staatsschiffe gilt das internationale Abkommen vom 10. 4. 1926 zur einheitlichen Festlegung von Regeln über die Immunitäten der Staatsschiffe, BGBl. 1927 II 483, 1936 II 303.

[74] Permanent Court of Int. Justice 1927, Publications of the Court, Series A, No. 10.

erst recht paßt die genannte Regelung des Genfer Abkommens nicht dazu. Die Theorie stiftet mehr Verwirrung, als sie Klärung schafft. Es ist deshalb sicherer, die Rechte des Flaggstaates an seinen Schiffen im einzelnen festzulegen und den Geltungsbereich des Strafrechts bezüglich der eigenen Schiffe besonders zu regeln, wie es das deutsche Strafgesetzbuch tut.

9. *Kompetenzverteilungsprinzip*

Das in einigen Abkommen schon ausgedrückte Kompetenzverteilungsprinzip[75] wird die Bedeutung des Territorialitätsprinzips einerseits einschränken, andererseits erweitern, weil der nationalstaatliche Gedanke im Strafrecht dadurch gewisse Einbußen erfährt. Es sind hier für Deutschland die drei von ihm — aber sonst nur von wenigen Staaten — unterschriebenen, jedoch noch nicht ratifizierten Europäischen Abkommen über die Straßenverkehrsdelikte vom 30. Nov. 1964[76], über die Überwachung der bedingt Verurteilten vom gleichen Tage[77] und über die internationale Gültigkeit von Strafurteilen vom 28. Mai 1970 zu nennen. Nach dem ersten Abkommen verzichtet der Staat auf die Durchsetzung des Territorialitätsprinzips zugunsten des Staates, in dem der Täter seinen Wohnsitz hat, nach dem zweiten genannten Abkommen überträgt der aburteilende Staat dem Staat, in dem der Abgeurteilte seinen Wohnsitz hat, die Überwachung des bedingt Verurteilten, und im dritten Abkommen werden die Vollstreckbarkeit eines ausländischen Strafurteils und die Wirkung des ne bis in idem zwischen den Staaten in bestimmtem Umfange festgesetzt, jedoch mit der Ausnahme, daß der Tatortstaat sich beiden Rechtsfolgen entziehen darf. (Vgl. oben im Text sub 2.) In Deutschland wird nach § 60 III StGB i. d. F. v. 1968 die vollstreckte ausländische Strafe auf die neue Strafe angerechnet. Nach § 153 b Ziff. 3 StPO kann die Staatsanwaltschaft, wenn „wegen der Tat im Ausland schon eine Strafe gegen den Beschuldigten vollstreckt worden ist, und die im Inland zu erwartende Strafe nach Anrechnung der ausländischen nicht ins Gewicht" fällt, von der Verfolgung absehen.

[75] Dazu *Oehler*, a. a. O., Grützner-Geburtstagsgabe 1970, S. 121.
[76] Europ. Treaty Series No. 52. [77] Wie Anm. 76, Nr. 51.

Résumé

Aujourd'hui, nous considérons comme tout naturel que l'Etat réprime selon son droit propre, toutes les infractions commises sur son territoire. Cependant cette situation n'est que le fruit d'une évolution récente en matière de droit pénal public et ne doit nullement être comprise comme allant de soi. Les philosophes français du siècle des lumières, et avant tout *Montesquieu et Rousseau*, établirent l'exclusivité du principe de la territorialité qui se reflêta dans la législation révolutionnaire et dans le code d'instruction de 1808. Le code pénal prussien de 1851, prédecesseur du code pénal impérial de 1871, mit tout au premier plan le principe de la territorialité dans les §§ 3 et 4 et n'accorda quelques exceptions que pour des raisons pratiques. Ces dispositions, reprises avec quelques modifications mineures dans le code pénal impérial, restèrent en vigueur jusqu'en 1940 lorsque le législateur, par une modification fondamentale de la loi (§ 4 I StGB (code pénal allemand)) qui dans ses grandes lignes est encore en vigueur aujourd'hui, ne maintint le principe de la territorialité en Allemagne que pour les étrangers, alors qu'il soumettait les allemands de par le § 3 I StGB, que de soit pour les actes commis sur le territoire national ou à l'étranger, au principe de la personnalité active. Dans ses dispositions générales le code pénal qui entrera en vigueur le 1er octobre 1973, rétablit fermement, dans son § 3, le principe de la territorialité pour tous les actes commis en Allemagne tant par les allemands que par les étrangers. A noter que la loi retient également d'autres principes du droit international pénal qui ne nous intéressent pas ici.

Le principe moderne de la territorialité est une conséquence de la notion, apparue aux temps modernes, de la souveraineté de l'Etat sur son territoire et sur tout ce qui se passe sur celui-ci. Ce principe signifie que: 1. l'Etat a le droit d'appliquer sa loi pénale à tout acte commis sur son territoire, sauf les cas où des exemptions sont accordées à leurs auteurs par le droit international public. Il n'y a pas de droit d'évocation en faveur du pays d'origine de l'auteur ayant pour effet de lui permettre de se soustraire à la juridiction de l'Etat sur le territoire duquel cet acte a été commis; 2. l'Etat ne poursuit qu'exceptionnellement les faits commis hors du territoire national en raison du caractère particulier de certaines catégories de personnes ou de certains actes particuliers. Le principe de la territorialité est le seul principe du droit international pénal fondamentalement propre à tous les Etats et que tous les Etats ont revendiqué.

Justification du principe de la territorialité pour les nationaux et étrangers: du point de vue formel: L'Etat protège ses nationaux contre les agissements venant de l'extérieur et, c'est pourquoi, il réclame l'obéissance aux lois en toutes circonstances tant que le national agit sur le territoire. Dans un Etat libre et démocratique, l'obligation faite aux habitants du pays de respecter les lois est justifiée par le fait que le citoyen, par la participation à l'expression de la volonté démocratique, donne son accord au contenu des lois élaborées par l'Etat légal. Comme l'étranger ne participe pas à l'élaboration de la communauté, sa soumission à la loi ne résulte formellement que de la souveraineté de l'Etat, c'est à dire de son pouvoir d'ordonnancer et régler les affaires intervenant sur son territoire. Du point de vue matériel: 1. La punition sur les lieux satisfait aux intérêts juridiques de l'Etat et à ceux de ses citoyens, et sert au maintien de l'ordre interne et de la sécurité sur son propre territoire. 2. La protection de l'auteur, du citoyen comme de l'étranger, contre un trop grand pouvoir extraterritorial de l'Etat. Le principe de la territorialité écarte, au fond en ce qui concerne un même fait, d'autres principes du droit international pénal, à quelques exceptions près.

Trois théories firent leur apparition en droit continental européen pour déterminer le lieu du délit dont l'effet immédiat ou les conséquences se sont produits dans un lieu autre que celui où se trouvait l'auteur lorsqu'il l'a commis; la théorie de l'action, la théorie du résultat et la théorie de la compétence concurrente. La troisième théorie, dite de la compétence concurrente (Ubiquitätstheorie), qui considère tant le lieu de l'action que celui du résultat, est la plus largement répandue dans la jurisprudence et la doctrine de l'Europe continentale.

Le lieu du délit selon le droit pénal allemand en vigueur: Tout d'abord, le droit allemand est applicable dès qu'une part des éléments constitutifs du délit, tant le délit d'action que le délit d'omission, action de l'agent ou apparition du résultat, se sont produits sur le territoire allemand. Selon les termes de la loi (§ 3 III), si l'acte constitue, par le résultat obtenu, un délit matériel simple, le rattachement intervient même si le résultat est le fait du hasard, même si un but immédiat a été atteint auparavant. p. ex.: De Belgique, A blesse par-dessus la frontière, B qui se trouve en France et se rend en Allemagne où il meurt de ses blessures. Il n'est cependant pas justifié que par un lien aussi lâche, comme l'apparition par hasard, en Allemagne, du résultat, le droit allemand s'etende à l'acte dans son entier. Là où l'Etat a établi des normes pénales pour des raisons d'autodéfense, l'auteur devrait avoir la possibilité de reconnaître que son action est touchée par ces normes. C'est pourquoi, il est préférable, tout au moins pour les délits ici faits, dont le résultat se produit dans un lieu autre que celui où il est commis, que l'auteur et le complice, agissant à l'étranger, ne soient touchés que par le droit pénal allemand, lorsqu'il pouvait, précisément, prévoir, ou devait pouvoir prévoir, l'apparition du résultat sur le territoire allemand.

Un problême particulier se pose pour le principe de la territorialité du fait que la détermination de certains éléments constitutifs d'infractions a seulement été faite en vue de protéger légalement certains droits allemands. Les dispositions pénales allemandes ne sont pas applicables aux droits étrangers légalement protégés, p. ex. un faux serment devant un consul américain en Allemagne, si elles sont destinées à protéger tout spécialement des droits issus de la souveraineté allemande, liés très étroitement au caractère particulier de la structure étatique allemande, juridique, aux moeurs et rapports culturels allemands. Tous les autres droits, l'intégrité de la personne, la propriété, la fortune, mais également toute une série de biens et droits de droit public non concernés par le groupe cité ci-dessus, restent en dehors de ce groupe.

Le principe de la répartition des compétences qui figure déja dans quelques conventions limitera la signification du principe de la territorialité, car le principe statonational du droit pénal se voit, par là même, quelque peu ébranlé. Ce sont les trois conventions, la convention européenne pour la répression des infractions routières du 30 nov. 1964, la convention européenne pour la surveillance des personnes condamnées ou libérées sous condition du même jour, la convention européenne sur la validité internationale des jugements pénaux du 28 mai 1970.

Die Untersuchungshaft nach dem Recht der Bundesrepublik Deutschland

Von Landgerichtsdirektor Privatdozent Dr. Gerhard *Schmidt*, Heidelberg

Seit dem Inkrafttreten der Reichsstrafprozeßordnung im Jahre 1879 ist das Recht der Untersuchungshaft mehrfach Gegenstand erheblicher gesetzlicher Änderungen gewesen. Darauf näher einzugehen, würde dem Zweck dieser Arbeit nicht entsprechen. Es ist daher hier nur derjenige Rechtszustand darzustellen, der sich bezüglich der Untersuchungshaft aus den tiefgreifenden Änderungen ergeben hat, zu denen das Gesetz zur Änderung der Strafprozeßordnung und des Gerichtsverfassungsgesetzes (StPÄG) vom 19. 12. 1964 geführt hat.

Die Vorschriften über die Untersuchungshaft sind in den §§ 112—126 StPO enthalten. Ergänzend tritt dazu § 126 a StPO, der die einstweilige Unterbringung in einer öffentlichen Heil- und Pflegeanstalt vorsieht.

I. Zweck, Voraussetzungen und Durchführung der Untersuchungshaft

1. Ein Strafverfahren kann in aller Regel[1] nur dann durchgeführt werden, wenn der Beschuldigte, gegen den es sich richtet, anwesend ist, also den Verfolgungsbehörden und vor allem dem erkennenden Gericht für die Hauptverhandlung zur Verfügung steht. Der Zweck der Untersuchungshaft ist es, in erster Linie dafür zu sorgen, daß sich der Beschuldigte dem Verfahren und im Falle seiner Verurteilung der Strafvollstreckung nicht eigenmächtig entzieht. Außerdem soll der Beschuldigte durch die Untersuchungshaft daran gehindert werden, die Beweisführung durch rechtswidrige Maßnahmen zu erschweren oder zu verhindern. Neben diese, seit jeher maßgebend gewesenen Zwecke der Untersuchungshaft ist durch das StPÄG (§ 112 Abs. 3 StPO) der Zweck getreten, bei bestimmten Sittlichkeitsdelikten zu verhindern, daß

[1] Ausnahmen in §§ 232, 233, 276 ff. StPO.

der Beschuldigte während des wegen einer solchen Tat laufenden Verfahrens ein weiteres Verbrechen dieser Art begeht.

2. Unter dem Gesichtspunkt der im Grundgesetz garantierten Freiheitsrechte hat der Gesetzgeber bei der Statuierung der Voraussetzungen der Untersuchungshaft das Spannungsverhältnis berücksichtigt, das zwischen dem individuellen Freiheitsinteresse einerseits, dem staatlichen Interesse an der wirkungsvollen Verfolgung strafbarer Handlungen andererseits besteht. Die Rechtsprechung des Bundesverfassungsgerichtes hat der Beachtung dieses Gesichtspunktes dadurch Nachdruck verliehen, daß es[2] dem Verhältnismäßigkeitsgrundsatz „verfassungsrechtlichen Rang" beigelegt hat, der „aus dem Wesen der Grundrechte selbst" sich ergibt, da die Grundrechte „als Ausdruck des allgemeinen Freiheitsanspruches des Bürgers gegenüber dem Staat von der öffentlichen Gewalt jeweils nur soweit beschränkt werden dürfen, als es zum Schutze öffentlicher Interessen unerläßlich ist". Mit besonderer Beziehung auf die Untersuchungshaft wird dieser Gesichtspunkt vom BVerfG[3] folgendermaßen näher charakterisiert: „Der Eingriff in die Freiheit ist nur hinzunehmen, wenn und soweit einerseits wegen dringenden auf konkrete Anhaltspunkte gestützten Tatverdachts begründete Zweifel an der Unschuld des Verdächtigen bestehen, andererseits der legitime Anspruch der staatlichen Gemeinschaft auf vollständige Aufklärung der Tat und rasche Bestrafung des Täters nicht anders gesichert werden kann als dadurch, daß der Verdächtige vorläufig in Haft genommen wird".

3. StPO §§ 112, 113 tragen diesen Grundsätzen Rechnung, indem für die Anordnung der Untersuchungshaft folgende Voraussetzungen aufgestellt werden:

a) Es muß „dringender Tatverdacht" bezüglich einer bestimmten Straftat bestehen. Damit wird gesagt, daß im Augenblick der Anordnung der Untersuchungshaft[4] ein hoher Grad der Wahrscheinlichkeit dafür vorliegen muß, daß der zu Verhaftende einer

[2] Vgl. vor allem BVerfGE 19, 342 (348); ferner aber auch BVerfGE 20, 45; 20, 144; 21, 220. Dazu *Eb. Schmidt*, Lehrkommentar Nachtragsband I (1967), Erl. 6 ff. zu § 112 StPO; ferner *derselbe* NJW 1968, 2218 f.

[3] BVerfGE 19, 342.

[4] Die Untersuchungshaft darf also nicht dazu benutzt werden, um ohne störende Eingriffe des Verdächtigen erst das erforderliche Belastungsmaterial zu ermitteln! Vgl. *Schmidt-Leichner* NJW 1959, 842; *Schorn*, Der Strafrichter (1960) S. 76.

rechtswidrig und schuldhaft begangenen Straftat wird überführt werden können[5].

b) § 112 Abs. 1 S. 2 StPO verbietet die Anordnung der Untersuchungshaft, wenn sie zu der Bedeutung der Sache und der zu erwartenden Strafe oder Maßnahme der Sicherung und Besserung außer Verhältnis steht. Damit macht das Gesetz den vom BVerfG so scharf betonten *Verhältnismäßigkeitsgrundsatz* zu einer zwingenden Voraussetzung für die Anordnung der Untersuchungshaft. Der Richter, dem die Anordnung der Untersuchungshaft obliegt, wird damit u. U. vor sehr schwierige Fragen gestellt. Da die Untersuchungshaft schon im staatsanwaltschaftlichen Ermittlungsverfahren (§ 125 Abs. 1 StPO) angeordnet werden kann, also in einem Verfahrensstadium, in dem die Aufklärung des Sachverhalts noch nicht weit gediehen zu sein braucht, so werden bezüglich der „Bedeutung der Sache“ und bezüglich der zu erwartenden Unrechtsfolgen oft nur unzureichende Spekulationen möglich sein[6]. Die strenge Vorschrift des § 112 Abs. 1 S. 2 StPO aber zwingt den Richter dazu, sich mit allen erdenklichen Mitteln um die Aufklärung der Verhältnismäßigkeit zu bemühen[7].

c) Die Anordnung der Untersuchungshaft ist ferner davon abhängig, daß ein *„Haftgrund“* besteht. Das Gesetz unterscheidet:

§ 112 Abs. 2 Nr. 1, 2: Flucht, Fluchtgefahr,

§ 112 Abs. 2 Nr. 3: Verdunkelungsgefahr,

§ 112 Abs. 3: Wiederholungsgefahr bei Verdacht eines Verbrechens wider die Sittlichkeit nach StGB § 173 Abs. 1 oder einer Straftat nach StGB §§ 174, 175 Abs. 1 Nr. 2, 3, 176, 177.

Dazu sei im einzelnen folgendes bemerkt:

[5] Herrschende Lehre; vgl. *Eb. Schmidt*, Lehrkommentar Nachtragsband I (1967), Erl. 4 zu § 112 StPO mit weiteren Nachweisen.

[6] Zu den außerordentlichen Schwierigkeiten, denen sich der Haftrichter hier gegenübersehen kann, vgl. eingehend *Eb. Schmidt*, Lehrkommentar Nachtragsband I (1967), Erl. 6—13 zu § 112 StPO, *Schwarz-Kleinknecht* (29. Aufl.), § 112 StPO Anm. 3 A u. B. Zu Einzelheiten („zu erwartende Strafe“): *Seibert*, NJW 1950, 773; *Schmidt-Leichner*, NJW 1961, 338.

[7] Die Regierungsentwürfe von 1960 und 1962 hatten in einem § 112 Abs. 2 StPO die Unterlassung der Anordnung der Untersuchungshaft für den Fall angeordnet, daß „ohne weiteres“ zu erkennen ist, daß die Untersuchungshaft zur Bedeutung der Sache und zu den zu erwartenden Unrechtsfolgen „außer Verhältnis“ steht. Das hätte der seit jeher üblichen Praxis entsprochen und die Lage des Richters wesentlich erleichtert.

aa) Auf Grund „bestimmter Tatsachen" muß „festzustellen" sein, daß der Beschuldigte „flüchtig ist oder sich verborgen hält", und zwar zu dem Zweck, sich dem Strafverfahren zu entziehen; oder es muß „auf Grund bestimmter Tatsachen" die „Gefahr" bestehen, „daß der Beschuldigte sich dem Strafverfahren entziehen werde" („Fluchtgefahr"). Die Formulierungen sind gewählt, um eine tunlichste Objektivierung dieses in Abs. 2 Nr. 1 und 2 bezeichneten Haftgrundes zu bewirken. Es genügt also nicht die subjektive richterliche Befürchtung, daß der Beschuldigte fliehen werde (Flucht*verdacht*). Die auf objektive Tatsachen zu stützende „Flucht*gefahr*" kann im Beschwerdeverfahren sicherer nachgeprüft werden als ein auf subjektiven „Befürchtungen" beruhender Flucht*verdacht*.

bb) Auch der in Abs. 2 Nr. 3 statuierte Haftgrund der „*Verdunkelungsgefahr*" wird nach Möglichkeit objektiviert. Hier muß „auf Grund bestimmter Tatsachen" „die Absicht des Beschuldigten erkennbar" sein, *entweder:* Beweismittel zu vernichten, zu verändern, beiseitezuschaffen, zu unterdrücken oder zu fälschen, *oder:* auf Mitbeschuldigte, Zeugen oder Sachverständige in unlauterer Weise einzuwirken oder andere zu solchem Verhalten zu veranlassen; zur Erkennbarkeit einer derartigen Absicht muß aber hinzukommen, daß „deshalb die Gefahr besteht, daß der Beschuldigte die Ermittlung der Wahrheit erschweren werde".

cc) Den unter (1) und (2) dargestellten Haftgründen wird in § 112 Abs. 2 Nr. 3 ein „Haftgrund" der Wiederholungsgefahr bei bestimmten Sittlichkeitsdelikten hinzugefügt. Die Untersuchungshaft kann danach dann angeordnet werden, wenn der Beschuldigte wegen eines in Nr. 3 bezeichneten Delikts unter dringendem Tatverdacht steht und wenn bestimmte Tatsachen die Gefahr begründen, daß er im Laufe des Verfahrens („vor rechtskräftiger Aburteilung") ein weiteres Verbrechen der bezeichneten Art begehen werde, vorausgesetzt, daß die Haft zur Abwendung der drohenden Gefahr erforderlich ist. Der Sache nach handelt es sich hier nicht um eigentliche Untersuchungshaft, sondern um eine Vorbeugungshaft, deren rechtspolitische Berechtigung sehr umstritten ist[8].

[8] Sehr berechtigte Einwände gegen § 112 Abs. 3 und Abs. 4 StPO (im Text oben zu d) bei *R. Schmitt*, JZ 1965, 193; *Dahs*, NJW 1965, 82/3. Bezeichnend ist, daß sich der Bundesjustizminister in der 132. Sitzung des Bundestages vom 24. 6. 1964 scharf von den in § 112 Abs. 3 und 4 StPO sta-

d) Den auf den unter c) bezeichneten, auf „Haftgründen" beruhenden Verhaftungsmöglichkeiten wird in § 112 Abs. 4 StPO eine weitere Verhaftungsmöglichkeit hinzugefügt: Ist der Beschuldigte eines Verbrechens wider das Leben nach den §§ 211, 212, 220 a Abs. 1 Nr. 1 StGB dringend verdächtig, so setzt seine Verhaftung das Vorliegen eines der Haftgründe des § 112 Abs. 2 oder 3 StPO nicht voraus. Nach dem Gesetzeswortlaut kann also bei den drei erwähnten Tötungsdelikten Verhaftung angeordnet werden, wenn lediglich dringender Tatverdacht und Proportionalität im Sinne des § 112 Abs. 1 S. 2 StPO besteht. Daß aber gerade hier der Gesichtspunkt der Verhältnismäßigkeit den Richter vor die schwierigsten Fragen stellt, liegt auf der Hand. Bei dringendem Verdacht wegen eines dieser schwersten Delikte wird es kaum denkbar sein, daß unter dem Gesichtspunkt der „Bedeutung der Sache" und der zu erwartenden Strafen die „Verhältnismäßigkeit" der Haftordnung *verneint* werden könnte. Die Praxis[9] hat hier, um den Verhältnismäßigkeitsgesichtspunkten auch hier Einfluß und Geltung zu verschaffen, den sehr fragwürdigen Gesichtspunkt herangezogen, daß die Anwendbarkeit des § 112 Abs. 4 StPO dann als verfassungskonform angesehen werden dürfe, wenn — so das BVerfG — „Umstände vorliegen, die die Gefahr begründen, daß ohne Festnahme des Beschuldigten die alsbaldige Aufklärung und Ahndung der Tat gefährdet sein könnten"; das BVerfG verbindet damit den Gedanken, daß, da „§ 112 Abs. 4 in engem Zusammenhang mit Abs. 2 zu sehen" sei (der Gesetzeswortlaut steht durchaus dagegen!), bei Anwendung des Abs. 4 „die strengen Voraussetzungen der Haftgründe des Abs. 2 gelokkert werden sollen, um die Gefahr auszuschließen, daß gerade besonders gefährliche Täter sich der Bestrafung entziehen". Danach also soll zwar bei Anwendung des Abs. 4, obwohl hier der Gesetzeswortlaut ausdrücklich von der Heranziehung des Abs. 2 abgesehen wissen will, Flucht- oder Verdunkelungsgefahr vorausgesetzt werden, aber in einem geringeren Maße wie nach den strengen Bestimmungen des Abs. 2. Indem die Frage offen bleibt, wie

tuierten Verhaftungsmöglichkeiten distanziert hat. Vgl. dazu *Eb. Schmidt*, Lehrkommentar Nachtragsband I (1967), Erl. Vorb. 5 vor § 112.

[9] Vgl. BVerfGE 19, 342 (350); OLG Hamm NJW 1966, 2075; dazu *Schwarz-Kleinknecht* (29. Aufl.), § 112 StPO Anm. 8 A; *Kleinknecht*, MDR 1965, 783. *Schmidt-Leichner*, NJW 1966, 425 bezweifelt die Verfassungsmäßigkeit des § 112 Abs. 4 StPO. Vgl. zu allen Problemen des Abs. 4 *Eb. Schmidt*, Lehrkommentar Nachtragsband I (1967), Erl. 28 ff. zu § 112 StPO.

gering in concreto die Flucht- bzw. Verdunkelungsgefahr sein darf, verliert § 112 Abs. 4 StPO alle festen Konturen und stellt er den Richter jeweils vor eine ihm vom versagenden Gesetzgeber aufgebürdete Verantwortung, wie sie gerade bei prozessualen Zwangsmaßnahmen ganz unerträglich ist.

e) § 113 StPO trifft eine besondere Vorschrift für die Möglichkeit der Verhaftung bei *Bagatellstrafsachen.* Verdunkelungsgefahr scheidet hier als Haftgrund vollständig aus. Fluchtgefahr darf nur unter den erheblichen Einschränkungen angenommen werden, wie sie in § 113 Abs. 2 Nr. 1—3 vorgesehen sind. Im Privatklageverfahren (§§ 374 ff. StPO) ist Verhaftung unzulässig.

4. Untersuchungshaft darf nur durch einen *richterlichen Haftbefehl,* der in Schriftform ergehen muß, angeordnet werden. Das Gesetz schreibt den Erlaß des Haftbefehls in keinem Fall zwingend vor. Seit jeher ist es dem pflichtgemäßen Ermessen („kann") des Richters überlassen gewesen, ob er in concreto bei Gegebensein aller sonstigen Voraussetzungen den Erlaß des Haftbefehls verantworten kann. Daraus hat sich schon immer eine sich in vernünftigen Grenzen haltende „Verhältnismäßigkeit" bei Anwendung des § 112 StPO ergeben. Schon das erweckt Zweifel, ob die jetzige starre Betonung des Verhältnismäßigkeitsprinzips mit ihren oben geschilderten Unbestimmtheiten nicht besser unterblieben wäre.

§ 114 StPO bestimmt eingehend den notwendigen Inhalt des Haftbefehls. Hier ist besonders Abs. 2 Nr. 4 zu beachten, wonach im Haftbefehl die Tatsachen anzuführen sind, aus denen sich der dringende Tatverdacht und der Haftgrund ergeben. Damit soll der Richter gezwungen werden, sich über diese grundlegenden Tatsachen volle Klarheit zu verschaffen und Rechenschaft abzulegen. Allerdings gilt die Vorschrift über die Anführung dieser Tatsachen nicht, wenn dadurch die Staatssicherheit gefährdet wird. Diese sehr vage Ausnahmeklausel darf auf die Staatsschutzdelikte im eigentlichen Sinne nicht beschränkt werden. Wie es dem Richter möglich sein soll, die Frage der Gefährdung der Staatssicherheit zu beantworten, stellt wieder ein offenes Problem dar.

5. Für die *Durchführung der Verhaftung* auf Grund eines richterlichen Haftbefehls gilt folgendes:

a) Die Verhaftung erfolgt auf Veranlassung der Staatsanwaltschaft durch die Polizei. Dabei ist dem Beschuldigten der Haftbefehl bekanntzumachen; zumindest ist ihm vorläufig mitzuteilen, welcher Tat er verdächtigt wird. Die Bekanntgabe des Haftbefehls ist unter Übergabe einer Abschrift in letzterem Fall unverzüglich nachzuholen (§ 114 a StPO). Außerdem schreibt § 114 a StPO zwingend vor, daß der Richter einen Angehörigen oder eine Vertrauensperson des Verhafteten von der Verhaftung und jeder weiteren Haftentscheidung zu benachrichtigen habe (vgl. dazu auch § 33 Abs. 4 S. 2 StPO).

b) Von größter rechtsstaatlicher Bedeutung ist es, daß § 115 StPO die unverzügliche Vorführung des Verhafteten vor den zuständigen Richter (gegebenenfalls — s. § 115 a StPO — wenigstens vor den nächsten Amtsrichter) anordnet. Damit soll erreicht werden, daß dem Verhafteten in kürzester Zeit rechtliches Gehör gewährt wird und daß er Gelegenheit erhält, vor einem unabhängigen Richter, der ihn (§ 115 Abs. 2 StPO) unverzüglich, spätestens am Tage nach der Vorführung vernehmen muß, alles vorzutragen, was zu einer Entlastung in der Sache und zur Entkräftung der Haftgründe dienlich sein könnte. Zu diesem Zweck hat ihm der Richter alle Verdachts- und Haftgründe unter Anführung der Tatsachen, auf denen sie beruhen, zu eröffnen. Eine Pflicht, sich zu äußern, trifft den Beschuldigten nicht; auch darauf ist er hinzuweisen (§ 115 Abs. 3 StPO).

6. Der Haftrichter hat nach Durchführung der in § 115 StPO festgesetzten Maßnahmen folgende Möglichkeiten:

a) Im Falle einer Abschwächung des Verdachts und einer Entkräftung der Haftgründe läßt er den Beschuldigten frei.

b) Besteht weiterhin „dringender Tatverdacht" und bleiben die Haft- und Verdachtsgründe bestehen, so wird

aa) die Haft aufrechterhalten,

bb) oder der Richter setzt den Vollzug des Haftbefehls, der als solcher bestehen bleibt, nach Maßgabe des § 116 StPO aus.

Dazu ist folgendes zu bemerken:

zu aa): Wird die Haft aufrechterhalten, so hat das zur Folge, daß der Verhaftete in die Untersuchungshaftanstalt zu verbringen ist. Bevor dies geschieht, ist er aber noch vom Haftrichter über sein Recht zur Beschwerde und über die in den §§ 117, 118 StPO vorgesehenen Haftprüfungsvorschriften zu belehren (§ 115 Abs. 4 StPO).

zu bb): Die Möglichkeit, den Vollzug des Haftbefehls auszusetzen, ist in §§ 116, 116 a StPO sehr eingehend geregelt. Kannte das frühere Recht (§§ 117, 118 a StPO) nur eine Freilassung gegen Sicherheitsleistung (und zwar auch nur dann, wenn der Haftbefehl wegen Fluchtverdachtes erlassen worden ist), so stellt der neue § 116 StPO dem Richter eine Fülle von Möglichkeiten zur Verfügung, den Vollzug des Haftbefehls auszusetzen. Der Gesetzgeber zieht in § 116 StPO die Konsequenzen aus dem Verhältnismäßigkeitsgrundsatz, der in § 112 Abs. 1 S. 2 StPO zu einem Grundprinzip des Verhaftungsrechts gemacht worden ist.

In § 116 Abs. 1—3 StPO sind die Aussetzungsmöglichkeiten für die Fälle der Fluchtgefahr (Abs. 1), der Verdunkelungsgefahr (Abs. 2) und der Wiederholungsgefahr (Abs. 3) normiert. Es fällt auf, daß in § 116 StPO auf § 112 Abs. 4 StPO (Verhaftung bei bestimmten Tötungsdelikten) *nicht* Bezug genommen worden ist. Das ist nur so zu erklären, daß § 116 StPO während der Entstehung des StPÄG seine Fassung zu einer Zeit erhalten hat, als die jetzt getrennten Absätze 3 und 4 des § 112 StPO noch in *einem* Abs. 3 vereint gewesen sind. Als dann bei der endgültigen Fassung des § 112 StPO die Absätze 3 und 4 getrennt worden sind, ist versäumt worden, dem § 116 StPO eine entsprechende Ergänzung zu geben. Ob darin bloß ein Redaktionsversehen zu erblicken ist oder der Wille des Gesetzes, daß es bei einem nach § 112 Abs. 4 StPO erlassenen Haftbefehl keine Aussetzung nach § 116 StPO geben dürfe, hat alsbald zu einer Streitfrage geführt[10]. Das BVerfG[11] dürfte indessen dieser Streitfrage ein Ende bereitet haben. Da § 116 StPO vom BVerfG als eine spezifische Ausprägung des gem. § 112 Abs. 1 S. 2 StPO für jede Art von Haftbefehl geltenden Verhältnismäßigkeitsgrundsatzes angesehen wird, gelangt das BVerfG zu dem Ergebnis: „Bei einer somit auch im Falle des § 112 Abs. 4 StPO möglichen Haftverschonung wird der Richter die jeweils erforderlichen Maßnahmen in entsprechender Anwendung des § 116 Abs. 1 bis 3 StPO zu treffen haben".

[10] Die Auffassung, daß § 116 StPO für § 112 Abs. 4 StPO nicht gelte, haben vertreten: *Kleinknecht*, JZ 1965, 118; *Dreves*, DRiZ 1965, 112; *Schorn*, NJW 1965, 843; *Grauhan*, NJW 1965, 1367; *Oppe*, NJW 1966, 93; OLG Hamm NJW 1965, 1486; OLG Hamburg JZ 1965, 730. Die Gegenmeinung ist vertreten worden von *Waldschmidt*, NJW 1965, 1575; LG Dortmund NJW 1965, 1391; OLG Oldenburg NJW 1965, 1631; OLG Celle JZ 1965, 731; OLG Hamm NJW 1965, 1729.

[11] BVerfGE 19, 342.

Daß sich die Praxis der Haftrichter dieser Auffassung anschließt, versteht sich von selbst.

Auf die einzelnen Maßnahmen, deren Anordnung und Durchführung den Vollzug des Haftbefehls erübrigen, soll hier nicht eingegangen werden. Es sei hier nur darauf hingewiesen, daß Abs. 1 des § 116 StPO für den Fall, daß der Haftbefehl lediglich wegen *Fluchtgefahr* gerechtfertigt ist, die Aussetzung des Vollzuges *zwingend* vorschreibt, falls eine der in Abs. 1 Nr. 1—4 aufgeführten Maßnahmen in Betracht kommt. Daß Nr. 1—4 keinen vollständigen Katalog solcher Maßnahmen bieten, daß der Haftrichter also auch andere nach Lage der Sache zweckmäßige Maßnahmen anordnen darf, zeigt das Gesetz in Abs. 1 durch das Wort „namentlich".

Ist der Haftbefehl gem. § 112 Abs. 2 Nr. 3 StPO wegen *Verdunkelungsgefahr* oder gem. § 112 Abs. 3 StPO wegen *Wiederholungsgefahr* gerechtfertigt, so steht es im *pflichtgemäßen Ermessen* des Richters („kann"), ob er die Aussetzung des Vollzuges anordnet. Gleiches muß für den Fall des § 112 Abs. 4 StPO gelten.

Handelt der Beschuldigte den ihm auferlegten Pflichten zuwider, trifft er Anstalten zur Flucht, bleibt er auf ordnungsmäßige Ladung aus, erweist er sich auf andere Weise als vertrauensunwürdig oder machen sonstige hervorgetretene Umstände die Verhaftung erforderlich, so ordnet der Richter den Vollzug des Haftbefehls an (§ 116 Abs. 4 StPO).

7. Das Gesetz unterwirft die Untersuchungshaft einer *ständigen richterlichen Kontrolle* hinsichtlich der Frage, ob die gesetzlichen Voraussetzungen der Verhaftung weiter bestehen, ferner aber auch bezüglich der Dauer der Untersuchungshaft. Zu einer richterlichen Kontrolle kommt es auf folgende Weise:

a) Zunächst hat der Beschuldigte das Recht der *Beschwerde* gegenüber dem Erlaß des Haftbefehls; es handelt sich dabei um die einfache Beschwerde im Sinne des § 304 StPO. Auch dann, wenn der Haftbefehl von einem in erster Instanz zuständigen Oberlandesgericht erlassen ist, gewährt § 304 Abs. 4 Nr. 1 StPO die Beschwerde beim Bundesgerichtshof. Die Einlegung der Beschwerde regelt sich nach § 306 StPO. Im Beschwerdeverfahren wird nach Lage der Akten entschieden, es sei denn, daß der Beschuldigte mündliche Verhandlung beantragt oder daß eine solche von Amts wegen angeordnet wird (§ 118 Abs. 2 StPO). Entschieden wird durch Beschluß. § 310 StPO läßt eine „weitere Beschwerde" zu, wenn vom Landgericht oder dem nach § 120 Abs. 3 GVG zuständigen Oberlandesgericht auf Beschwerde hin über eine Verhaftung entschieden worden ist.

b) Der unter a) behandelte Beschwerdeweg ist für den Verhafteten in der Regel ungünstig, weil er durch Versendung der Akten zu einer Verlängerung der Haft führt. Verteidiger pflegen daher vom Beschwerdeweg abzuraten.

c) § 177 Abs. 1 StPO gibt dem in Untersuchungshaft befindlichen Beschuldigten das Recht, jederzeit die gerichtliche Prüfung zu beantragen, ob der Haftbefehl aufzuheben oder dessen Vollzug nach § 116 StPO auszusetzen ist *(Haftprüfung)*. Wählt der Beschuldigte diesen Weg, so verwirkt er damit das Recht, Beschwerde einzulegen (§ 117 Abs. 1 S. 1 StPO). Sollte der Antrag auf Haftprüfung abgelehnt werden, so kann der Beschuldigte gegen diese Entscheidung Beschwerde erheben (§ 117 Abs. 2 S. 2 StPO). Sollte der Richter in einem auf Antrag hin durchgeführten Haftprüfungstermin keinen Anlaß sehen, dem Antrag auf Aufhebung des Haftbefehls oder auf Aussetzung des Vollzuges stattzugeben, so wird er zwar zunächst den diesbezüglichen Antrag des Beschuldigten ablehnen; aber es könnte sich dort erweisen, daß nähere, zunächst noch durchzuführende Ermittlungen für eine künftige Entscheidung von Bedeutung sein könnten; in diesem Fall kann der Richter nach Durchführung der Ermittlungen von sich aus eine neue Haftprüfung vornehmen (§ 117 Abs. 3 StPO[12]).

Eine *Haftprüfung von Amts wegen* findet nach der zwingenden Vorschrift des § 117 Abs. 5 StPO dann statt, wenn die Untersuchungshaft drei Monate gedauert hat und der Beschuldigte weder Haftprüfung beantragt noch Haftbeschwerde eingelegt hat. Das gilt allerdings, wie § 117 Abs. 5 StPO zeigt, nur dann, wenn der Beschuldigte keinen Verteidiger hat. Nach dreimonatiger Dauer der Untersuchungshaft wird ihm ein Verteidiger bestellt, wenn es die Staatsanwaltschaft oder er selbst oder sein gesetzlicher Vertreter beantragt. Über dieses Antragsrecht muß er belehrt werden (§ 117 Abs. 4 StPO). Unberührt bleibt das Recht des Beschuldigten, sich in jeder Lage des Verfahrens einen Verteidiger zu wählen (§ 137 StPO).

[12] § 117 Abs. 3 StPO ist nicht klar gefaßt. Vgl. dazu *Eb. Schmidt*, Lehrkommentar Nachtragsband I (1967), Erl. 7 zu § 117 StPO; *Kleinknecht*, JZ 1965, 120 und *Schwarz-Kleinknecht* (29. Aufl.), § 117 StPO Anm. 3.

Bei der Haftprüfung kann ohne mündliche Verhandlung entschieden werden; das darf freilich nur dann geschehen, wenn dem Beschuldigten rechtliches Gehör gewährt ist, so daß das Gericht die Gewißheit haben darf, daß seitens des Beschuldigten oder seines Verteidigers weitere Einwendungen nicht zu erwarten sind.

Die §§ 118, 118 a StPO aber zeigen, daß das Gesetz Haftprüfungsentscheidungen auf Grund einer mündlichen Verhandlung vorzieht. Daher wird in § 118 Abs. 1 StPO dem Beschuldigten ein „Anspruch" auf mündliche Verhandlung in dem Sinne gegeben, daß seinem hierauf gerichteten Antrag stattgegeben werden muß. Das Gericht kann aber auch von Amts wegen mündliche Verhandlungen anordnen. Im Falle eines Antrages des Beschuldigten muß die Verhandlung innerhalb von zwei Wochen nach dem Eingange des Antrages stattfinden, es sei denn, daß der Beschuldigte mit einem späteren Termin einverstanden ist. § 118 a StPO trifft genauere Bestimmungen über die Durchführung der mündlichen Verhandlung. Die Entscheidung muß am Schluß der mündlichen Verhandlung verkündet oder, wenn dies nicht möglich ist, spätestens binnen einer Woche erlassen werden.

Die Entscheidung lautet entweder auf Aufrechterhaltung der Untersuchungshaft oder auf Aussetzung des Vollzugs gemäß § 116 StPO oder auf Aufhebung des Haftbefehls. Wird die Untersuchungshaft aufrechterhalten, so hat der Beschuldigte einen Anspruch auf eine weitere mündliche Verhandlung nur, wenn die Untersuchungshaft mindestens drei Monate und seit der letzten mündlichen Verhandlung mindestens zwei Monate gedauert hat (§ 118 Abs. 3 StPO). Das Recht aus § 117 Abs. 1 StPO bleibt auf alle Fälle unberührt.

Hat die *Hauptverhandlung* vor dem erkennenden Gericht begonnen oder ist ein Urteil ergangen, das auf Freiheitsstrafe oder eine freiheitsentziehende Maßregel der Sicherung und Besserung erkennt, so besteht für den Beschuldigten nach § 118 Abs. 4 StPO kein Anspruch mehr auf mündliche Verhandlung zu Haftprüfungszwecken.

d) Die Tendenz des StPÄG ist ganz zweifellos dahin gegangen, in den Fällen, in denen Haftbefehl erlassen und vollstreckt ist, die *Dauer der Untersuchungshaft* tunlichst einzuschränken. Mit Aufhebung des Haftbefehls endet die Untersuchungshaft sofort. Wichtig ist daher zunächst die allgemeine Vorschrift des § 120 StPO, durch die dafür gesorgt werden soll, daß keine Gelegenheit zur

Aufhebung des Haftbefehls verpaßt wird. § 120 StPO ist im Haftprüfungsverfahren, auf Grund eines etwaigen Antrages des Beschuldigten, aber auch sonst ständig von Amts wegen im Auge zu behalten, und zwar gilt das nicht nur für den Richter (Haftrichter und erkennendes Gericht), sondern (§ 120 Abs. 3 StPO) im Ermittlungsverfahren auch für die Staatsanwaltschaft. Beantragt diese vor Erhebung der öffentlichen Klage die Aufhebung des Haftbefehls, so muß diesem Antrag stattgegeben werden, wie auch der Richter über diese Frage denken mag. Im übrigen bestimmt § 120 Abs. 1 StPO ganz allgemein, daß der Haftbefehl aufzuheben ist, sobald die Voraussetzungen der Untersuchungshaft entfallen, wobei insbesondere auch darauf zu achten ist, ob nach dem Verhältnismäßigkeitsgrundsatz des § 112 Abs. 1 S. 2 StPO die Untersuchungshaft noch zu verantworten ist. Es kann vorkommen, daß im Augenblick des Erlasses des Haftbefehls die „Bedeutung der Sache" als sehr schwerwiegend anzusehen ist, daß aber die weitere Aufklärung des Falles zu einer sehr viel milderen Beurteilung führt. Nach § 120 Abs. 1 S. 2 StPO muß der Haftbefehl sofort aufgehoben werden, wenn der Beschuldigte freigesprochen wird (mag auch die Staatsanwaltschaft alsbald Rechtsmittel einlegen), ferner dann, wenn der Beschuldigte außer Verfolgung gesetzt wird oder wenn es zu einer endgültigen Einstellung des Verfahrens kommt.

Neue Bestimmungen hat das StPÄG bezüglich der *Kontrolle der Dauer der Untersuchungshaft* in den §§ 121, 122 StPO gebracht. Aus § 121 Abs. 1 StPO ergibt sich, daß, solange kein Urteil ergangen ist, das auf Freiheitsstrafe oder eine freiheitsentziehende Maßnahme erkennt, der Vollzug der Untersuchungshaft „wegen derselben Tat" grundsätzlich höchstens sechs Monate dauern soll. Nur dann, wenn der besondere Umfang der Ermittlungen oder ein anderer wichtiger Grund das Urteil noch nicht zulassen und die Fortdauer der Haft rechtfertigen, darf die Untersuchungshaft über sechs Monate hinaus aufrechterhalten werden. Aber die Entscheidung über die Notwendigkeit, die Untersuchungshaft über sechs Monate hinaus aufrechtzuerhalten, trifft nach § 122 StPO nicht der Haftrichter, sondern das Oberlandesgericht, dem die Akten vom zuständigen Richter durch Vermittlung der Staatsanwaltschaft vorzulegen sind (§§ 121 Abs. 3, 122 Abs. 1 StPO). Eine Inanspruchnahme des Oberlandesgerichts ist dann nicht nötig, wenn das zuständige Gericht von sich aus den Haftbefehl nach Ablauf der sechs Monate aufhebt oder wenn es gem. § 116 StPO den Vollzug des Haftbefehls aussetzt (§ 121 Abs. 2 StPO).

Die §§ 121, 122 StPO sind denkbar unklar und schlecht gefaßt und haben daher zu großen Auslegungsschwierigkeiten geführt[13]. Diese beziehen sich in besonderem Maße auf das in § 121 Abs. 1 StPO verwendete Merkmal „wegen derselben Tat“[14]. Dieses Merkmal wäre nur dann verständlich, wenn es sich in jedem Strafverfahren immer nur um die Verfolgung *einer* identischen Tat handeln würde, um derentwillen die Verhaftung unter den Voraussetzungen des § 112 StPO angeordnet wird. Für diesen Fall wäre aus §§ 121, 122 StPO eine eindeutige Lösung zu entnehmen. Eine vom Gesetzgeber nicht beachtete Situation entsteht aber schon dann, wenn von vornherein mehrere „Taten“ (im Sinne des § 264 StPO) verfolgt werden, wenn aber zunächst nur wegen *einer* von ihnen Haftbefehl erlassen wird, weil sich bezüglich der anderen der Verdacht bis zu einem „dringenden“ (§ 112 Abs. 1 StPO) noch nicht verdichtet hat. Das Gesetz erwähnt auch den Fall nicht, in dem zunächst nur wegen einer bestimmten „Tat“ verfolgt und Haftbefehl erlassen wird, später aber im gleichen Verfahren weitere Taten ermittelt werden, die zu neuen Haftbefehlen führen. Auf die in allen solchen oder ähnlichen Fällen sich aus dem Merkmal „wegen derselben Tat“ ergebenden Zweifelsfragen kann hier nicht eingegangen werden; es muß auf die in Anm. 14 angegebenen Spezialuntersuchungen von *Rebmann*, *Kleinknecht* und *Eb. Schmidt* verwiesen werden. Das gilt auch für die Fragen, die dann entstehen, wenn die Akten vom zuständigen Gericht verspätet (also nach Ablauf der Frist von sechs Monaten) dem Oberlandesgericht vorgelegt werden.

Bei der praktischen Anwendung der §§ 121, 122 StPO hat sich gezeigt, daß mit der vom Oberlandesgericht angeordneten Fortdauer der Untersuchungshaft über sechs Monate hinaus das letzte Wort nicht gesprochen zu sein braucht. Da ja gerade im Fall der Anordnung der Untersuchungshaft das Spannungsverhältnis zwi-

[13] Ganz grundsätzliche schwere Bedenken gegen die ganze Methode der §§ 121, 122 StPO hat insbesondere *Sarstedt* in: Die Justiz (Amtsblatt des Just.Min. Baden-Württemberg) 1963, 184 ff. vorgetragen.

[14] Vgl. zu der diesbezüglich entstandenen Streitfrage: *Rebmann*, NJW 1965, 1752 ff.; *Eb. Schmidt*, NJW 1968, 2209 ff.; *Franzheim*, NJW 1967, 1597; 1597; *Kleinknecht*, MDR 1965, 788; *Schwarz-Kleinknecht* (29. Aufl.), Anm. 1 C zu § 121 StPO.

[14a] Vgl. dazu eingehend *Eb. Schmidt*, NJW 1968, 2215; OLG Köln NJW 1966, 1829 u. DRechtspr. IV (449), Bl. 58 e.

schen dem Grundrecht des Art. 2 Abs. 1 GG und dem Interesse der Allgemeinheit an zielsicherer Strafverfolgung in die Erscheinung tritt, so hat das BVerfG in dem Fall, wo das Oberlandesgericht die Fortdauer der Untersuchungshaft angeordnet hat, die auf Art. 2 Abs. 1 GG gegründete Verfassungsbeschwerde zugelassen, und oberlandesgerichtliche Entscheidungen der genannten Art sind wiederholt aufgehoben worden[15]. Damit ist in die Handhabung des Untersuchungshaftrechts eine große Unsicherheit geraten, die u. U. auch mit erheblichen Verlängerungen der Untersuchungshaft verbunden sein kann. Daß nicht einmal die oberlandesgerichtlichen Entscheidungen das letzte Wort bezüglich der Haftdauer darstellen sollen, wenn in ihnen die Untersuchungshaft über sechs Monate hinaus verlängert wird, stellt sich als eine Übertreibung des rechtsstaatlichen Prinzips dar[16].

8. Ist der Vollzug des Haftbefehls ausgesetzt und eine der in § 116 StPO vorgesehenen Maßnahmen angeordnet worden, so muß diese nach § 123 StPO aufgehoben werden, wenn der Haftbefehl aufgehoben wird oder wenn die Untersuchungshaft oder aber (nach Rechtskraft des verurteilenden Erkenntnisses) die erkannte Freiheitsstrafe oder freiheitsentziehende Maßregel der Sicherung und Besserung vollzogen wird.

9. Zuständigkeitsfragen

Ein Haftbefehl kann nur von einem Richter erlassen werden. Das Gesetz unterscheidet:

a) — aa). Erweist sich *vor Erhebung der öffentlichen Klage* (§ 170 Abs. 1 StPO) die Notwendigkeit der Verhaftung des Beschuldigten, so ist für den Erlaß des Haftbefehls der Amtsrichter zuständig, in dessen Bezirk ein Gerichtsstand (§§ 7 ff. StPO) be-

[15] Vgl. BVerfGE 20, 45 (49/50); 20, 144 (147); 21, 220; dazu auch BVerfGE 20, 144. Vgl. zu diesen Entscheidungen *Eb. Schmidt*, NJW 1968, 2218/19.

[16] Die für das OLG maßgebenden Voraussetzungen dafür, daß die Fortdauer der Untersuchungshaft angeordnet wird, sind in § 121 Abs. 1 StPO in sehr abstrakten Generalklauseln festgelegt. Dem BVerfG ist es nicht gelungen, diese Generalklausel so zu konkretisieren, daß sich aus *seiner* Rechtsprechung brauchbare Richtlinien für die Oberlandesgerichte ergeben. Auch das BVerfG begründet seine von oberlandesgerichtlichen Entscheidungen abweichende Auffassung mit einer sehr abstrakten Richtlinie; dazu das Nähere bei *Eb. Schmidt*, NJW 1968, 2219.

gründet ist oder der Beschuldigte sich aufhält: § 125 Abs. 1 StPO. In der Regel muß der Haftbefehl *von der Staatsanwaltschaft beantragt* werden. Von Amts wegen darf der Amtsrichter einen Haftbefehl erlassen, wenn ein Staatsanwalt nicht zu erreichen *und* wenn Gefahr im Verzug ist (§ 125 Abs. 1 StPO). Der Staatsanwalt, um dessen Erreichung (und Antragstellung) sich der Amtsrichter bei Gefahr im Verzug zu bemühen hat, wird derjenige sein, in dessen Hand sich das Ermittlungsverfahren bereits befindet. Es besteht aber auch die Möglichkeit, daß der Amtsrichter (etwa durch ihm unmittelbar zugegangene polizeiliche Meldung) vor die Frage gestellt wird, ob nicht ein Haftbefehl erlassen werden muß, zu einer Zeit, in der noch kein Staatsanwalt mit der Sache befaßt ist. In solchem Falle muß der Amtsrichter, will er dem Sinn des § 125 StPO genügen, durch Benutzung aller modernen Verbindungsmöglichkeiten bemüht sein, den für die Sachbearbeitung zuständigen Staatsanwalt zu erreichen[17]. Dann kommt es gegebenenfalls darauf an, ob es möglich ist, diesen Staatsanwalt telefonisch so umfassend und überzeugend über den Stand der Dinge zu informieren, daß er ohne Aktenkenntnis zu einer Entscheidung in der Lage ist. Lehnt der Staatsanwalt die Stellung eines Antrages auf Erlaß des Haftbefehls ab, so darf der Amtsrichter dem nicht zuwiderhandeln. Das Gesetz gibt aber keine Weisung für den Fall, daß der Staatsanwalt sich nicht entscheiden kann. Im Schrifttum[18] wird für diesen Fall „Unerreichbarkeit" des Staatsanwalts angenommen, so daß der Amtsrichter nun selbst entscheiden kann. Erläßt er Haftbefehl, so müßte er diesen auf Antrag der Staatsanwaltschaft (§ 120 Abs. 3 StPO) alsbald wieder aufheben. Daß das Gesetz auf die Mitentscheidung des Staatsanwalts auch bei Gefahr im Verzug so betonten Wert legt, ist eine Neuerung, die durch Art. 3 Nr. 1 des 6. Strafr.Änd.Gesetzes vom 25. 6. 1968 eingeführt worden ist, und zwar im Hinblick darauf, daß sich aus der Neufassung der §§ 153 b ff. StPO politisch bedeutsame Einschränkungen des Legalitätsprinzips ergeben, denen durch politische Entscheidungen der Staatsanwaltschaft (insbesondere des Generalbundesanwalts) Rechnung getragen werden muß. Daher ist es erforderlich, daß im Ermittlungsverfahren richterliche Untersuchungshandlungen — und dazu gehört insbesondere der Erlaß des

[17] Vgl. dazu *Eb. Schmidt*, Lehrkommentar Nachtragsband II (1970), Erl. 4 zu § 125 StPO; *Schwarz-Kleinknecht* (29. Aufl.), Anm. 3 zu § 125 StPO.

[18] Vgl. *Schwarz-Kleinknecht* (29. Aufl.), Anm. 6 B zu § 128 StPO.

Haftbefehls — grundsätzlich von entsprechenden Anträgen der Staatsanwaltschaft abhängig sind[19].

bb) *Nach Erhebung der öffentlichen Klage* ist zu unterscheiden:

A) Ist die öffentliche Klage durch Beantragung der gerichtlichen Voruntersuchung (§§ 170 Abs. 1, 178 ff. StPO) erhoben worden, so ist der Untersuchungsrichter für den Erlaß des Haftbefehls zuständig (§ 125 Abs. 3 StPO). Da das Verfahren nunmehr in seiner Totalität in der Hand des Untersuchungsrichters liegt, so kommt eine Mitwirkung der Staatsanwaltschaft durch Antragstellung nicht mehr in Frage.

B) Erfolgt die Erhebung der öffentlichen Klage durch Einreichung einer Anklageschrift beim zuständigen (erkennenden) Gericht, so wird der Haftbefehl von dem nunmehr mit der Sache befaßten Gericht erlassen. Ist dieses ein Kollegialgericht, so ist grundsätzlich ein Beschluß dieses Gerichts erforderlich, es sei denn (§ 125 Abs. 2 S. 2 StPO), daß ein dringender Fall vorliegt; dann kann auch der Vorsitzende den Haftbefehl erlassen.

b) Nach Erlaß eines Haftbefehls kommen möglicherweise, wie sich schon aus der bisherigen Darstellung ergibt, weitere auf die Untersuchungshaft bezügliche Entscheidungen in Frage, so vor allem Entscheidungen aus § 116 StPO (s. o. I 6 b, bb) oder aus § 119 StPO (s. u. I 10). § 126 StPO regelt die hier sich ergebenden Zuständigkeitsfragen in Parallele zu § 125 StPO, das heißt:

aa) Vor Erhebung der öffentlichen Klage ist der Amtsrichter, der den Haftbefehl erlassen hat, zuständig. Hatte das Beschwerdegericht den Haftbefehl erlassen, so trifft die Zuständigkeit für die weiteren Entscheidungen nicht dieses, sondern der Amtsrichter, der die vorangegangene Entscheidung getroffen hat (§ 126 Abs. 1 StPO).

bb) In der *Voruntersuchung* ist der Untersuchungsrichter zuständig (§ 126 Abs. 4 i. V. mit § 125 Abs. 2 S. 3 StPO).

cc) *Nach Erhebung der öffentlichen Klage* ist das mit der Sache befaßte Gericht zuständig (§ 126 Abs. 2 S. 1 StPO), wobei aber an die Stelle des Revisionsgerichtes immer dasjenige Tatgericht tritt, dessen Urteil angefochten ist (§ 126 Abs. 2 S. 2 StPO).

[19] Vgl. *Krauth-Kurfess-Wulf*, JZ 1968, 732 ff.; *Eb. Schmidt*, Lehrkommentar Nachtragsband II (1970), Erl. 1 zu § 125 StPO.

Ist ein Kollegialgericht mit der Sache befaßt, so würde es einen unnötigen Aufwand (und Zeitverlust) bedeuten, wenn bezügl. aller in Betracht kommenden Entscheidungen stets ein Kollegialbeschluß erforderlich sein würde. Daher gestattet § 126 Abs. 2 S. 3 StPO, daß insbesondere die auf den Vollzug der Untersuchungshaft nach § 119 StPO (s. u. Ziff. 10) zu treffenden Anordnungen vom Vorsitzenden erlassen werden. In dringenden Fällen kann dieser auch mit Zustimmung der Staatsanwaltschaft den Vollzug des Haftbefehls nach § 116 StPO aussetzen oder den Haftbefehl aufheben; erhält der Vorsitzende die Zustimmung der Staatsanwaltschaft nicht, so hat er unverzüglich die Entscheidung des Gerichts herbeizuführen.

Eine besondere Befugnis räumt § 126 Abs. 3 StPO dem Revisionsgericht ein: Hebt dieses das angefochtene Urteil auf, und ergibt sich dabei „ohne weiteres", daß die Voraussetzungen des § 120 Abs. 1 StPO vorliegen, so „kann" es den Haftbefehl aufheben. Spricht es (§ 354 Abs. 1 StPO) den Angeklagten frei oder stellt es (§ 260 Abs. 3 StPO) das Verfahren endgültig ein, so *muß* es den Haftbefehl aufheben.

10. Der Vollzug der Untersuchungshaft

Der Vollzug der Untersuchungshaft bedeutet für den Verhafteten die schwerste Beeinträchtigung seiner Freiheit und im Hinblick hierauf eine schwere psychische Belastung. Die gewohnten Beziehungen zur Umwelt werden fast völlig unterbrochen; der Arbeitsplatz geht verloren, die Berufsausübung wird unmöglich. Das Leben des Verhafteten steht unter dem unvermeidlichen strengen Zwang einer Anstaltsordnung.

§ 119 StPO enthält die für den Richter maßgebenden Vorschriften, nach denen er die durch die Absätze 1—5 gegebenenfalls mit Bezug auf die Durchführung der Untersuchungshaft entstehenden Fragen zu entscheiden hat (vgl. § 119 Abs. 6 S. 1 StPO). Im übrigen sind die Einzelheiten des Vollzuges *gesetzlich* nicht geregelt. Die Landesjustizverwaltungen haben den Erlaß einer *Untersuchungshaftvollzugsordnung* vereinbart, die am 1. 5. 1953 in Kraft getreten ist, aber mit Wirkung vom 1. 1. 1966 an eine neue Fassung erhalten hat[20]. Für den Richter stellt sie keine verbindliche Normierung für die von ihm gemäß § 119 StPO zu treffenden Entscheidungen dar; sie bedeutet für ihn lediglich ein Modell eines

[20] *Th. Grunau,* Kommentar zur Untersuchungshaftvollzugsordnung 1966.

geordneten Vollzuges[21]. Für die Beamten der Vollzugsanstalt, insbesondere für deren Leiter ist die UVollzO eine verbindliche Verwaltungsanordnung; sie bestimmt zugleich in vielen wichtigen Einzelheiten das Leben des Verhafteten in der Anstalt, weswegen ihm die Aushändigung einer UVollzO nicht verweigert werden darf[22].

a) Für den Verhafteten ist die Frage seiner *Unterbringung* von entscheidender Bedeutung. Die schwersten Mißstände haben die Untersuchungshaft infolge der Überfüllung der Anstalten belastet[23], die eine Überbelegung der Einzelzellen zur Folge gehabt hat. § 119 Abs. 1 S. 1 StPO geht grundsätzlich vom Prinzip der Einzelhaft aus, gibt dem Verhafteten also einen Anspruch auf das Alleinsein in einer nur ihm als Unterkunft dienenden Zelle[24]. Indessen ermöglicht § 119 Abs. 2 StPO Ausnahmen:

aa) Der Verhaftete darf mit anderen Untersuchungs- (keinesfalls mit Straf-)gefangenen in demselben Raum untergebracht werden, wenn er es *ausdrücklich schriftlich beantragt*. Dabei ist zu beachten, daß derjenige Untersuchungshäftling, in dessen Zelle der den Antrag stellende Gefangene eingewiesen werden soll, ebenfalls einen Anspruch auf Einzelhaft hat, daß also auch er einen schriftlichen Antrag auf Zusammenlegung gestellt haben müßte.

bb) Nach § 119 Abs. 2 S. 3 StPO darf der Verhaftete „auch dann" (also ohne daß er einen entsprechenden Antrag stellt) mit anderen Gefangenen[25] in demselben Raum untergebracht werden,

[21] BVerfGE 15, 288 (293/94); *Jescheck*, GoltdA 1962, 73; *Kleinknecht*, JZ 1953, 532; OLG Hamburg NJW 1962, 1633; OLG Braunschweig MDR 1965, 1007; *Dünnebier* bei *Löwe-Rosenberg* (21. Aufl.), Anm. I 2 zu § 116 StPO; *Eb. Schmidt*, Lehrkommentar Nachtragsband I (1967), Anm. 4 zu § 119 StPO.

[22] OLG Bremen NJW 1956, 922; *Schwarz-Kleinknecht* (29. Aufl.), Anm. 1 zu § 119 StPO.

[23] *Jescheck*, GoltdA 1962, 72.

[24] Art. 14 Abs. 3 StPÄG gestattet in einer auf 5 bis 8 Jahre erstreckten Übergangszeit Abweichungen von diesem Prinzip. Das heißt: Wie nach bisherigem § 116 StPO ist der Verhaftete nur, soweit möglich, in Einzelhaft unterzubringen; die Anstaltsleitung entscheidet also nach eigenem Ermessen über die Belegung der Zellen mit einem oder mehreren Gefangenen.

[25] Die Entscheidung des OLG Hamm vom 23. 6. 67 (NJW 1967, 2024) hat die Belegung einer Einmannzelle mit *drei Straf*gefangenen als ver-

wenn sein körperlicher und geistiger Zustand es erfordert. Diese Bestimmung ist höchst fragwürdig und wird im Schrifttum teilweise als ungültig betrachtet[26]. Verhaftete mit geistigen oder körperlichen Anomalien gehören, wenn überhaupt ihre Haftfähigkeit besteht, in die Krankenanstalt des betr. Untersuchungsgefängnisses; es geht aber nicht an, anderen Verhafteten das Dasein in der Haftanstalt dadurch zu erschweren, daß ihnen das Ertragen lästiger Verhaltensweisen Anomaler zugemutet oder daß ihnen sogar eine Art Verantwortung für derartige Mitgefangene aufgebürdet wird. Mit § 119 Abs. 3 StPO ist Abs. 2 S. 3 ganz unverträglich.

b) Den Kernsatz hinsichtlich der Durchführung der Untersuchungshaft stellt § 119 Abs. 3 StPO dar. Untersuchungshaft soll und darf nicht in Strafhaft ausarten. Verlangt schon die letztere weitestgehende Beachtung der verfassungsrechtlichen Grundrechte der Strafgefangenen[27], um so mehr verdient die Rechtsstellung des Untersuchungsgefangenen jede mit dem Zweck der Untersuchungshaft verträgliche Schonung und Berücksichtigung. In diesem Sinne ist § 119 Abs. 3 StPO verfassungskonform auszulegen, wenn es dort heißt: „Dem Verhafteten dürfen nur solche Beschränkungen auferlegt werden, die der Zweck der Untersuchungshaft oder die Ordnung in der Vollzugsanstalt erfordert"[28]. Aus der Fülle der aus dieser Vorschrift sich ergebenden Einzelprobleme sollen hier nur die folgenden herausgegriffen und kurz beleuchtet werden:

aa) *Briefverkehr mit der Außenwelt.* Der Briefverkehr mit dem *Verteidiger* unterliegt nach § 148 StPO keinerlei Kontrolle oder Beschränkung. Auch der Briefverkehr mit anderen Personen, insbesondere mit Angehörigen (§ 114 b Abs. 2 StPO) sowie der Briefverkehr in Rechts- und Geschäftsangelegenheiten unterliegt

fassungswidrig (Verstoß gegen Art. 1 GG) angesehen. Gilt das für *Straf*gefangene, so muß das erst recht für Untersuchungsgefangene gelten, dies um so mehr, als der aus § 119 Abs. 3 StPO sich ergebende Anspruch des Untersuchungsgefangenen um so mehr beeinträchtigt wird, je mehr Gefangene in demselben Zellenraum ihr Dasein zubringen müssen. Zur Entscheidung des OLG Hamm vgl. *Eb. Schmidt*, NJW 1967, 2024 (in der Anm.) u. Festschrift für Albert Krebs 1969, 97 ff.

[26] Für Ungültigkeit *Eb. Schmidt*, Lehrkommentar Nachtragsband II (1970), Erl. 12 ff. zu § 119 StPO. Anders *Schwarz-Kleinknecht* (29. Aufl.), Anm. 3 B zu § 119.

[27] Dazu jetzt besonders bedeutsam: *H. Schüler-Springorum*, Strafvollzug im Übergang, 1969. Ferner: *Chudoba* in Festschrift f. A. Krebs, 1969, 129 ff.

[28] *Grunau* (s. o. Anm. 20), S. 8.

zwar der richterlichen Kontrolle[29], aber Beschränkungen hinsichtlich seines Ausmaßes nur dann, wenn er einen die Arbeitszeit der Anstaltsleitung und des Richters mißbräuchlich überbeanspruchenden Umfang annimmt[30]. Die Benutzung einer Schreibmaschine wird nur dann Beschränkungen unterworfen werden können, wenn dies mit Rücksicht auf einen die gleiche Zelle teilenden Mitgefangenen erforderlich ist[31].

Wenn der Richter den Inhalt der Briefe kontrollieren darf, so entstehen doch mannigfache Zweifel, unter welchen Voraussetzungen der Richter wegen des *Inhalts* des Briefes die Weiterbeförderung versagen darf und was mit einem beanstandeten Brief zu geschehen hat (Zurückgabe an den Verhafteten? Aktenverwahrung? Übergabe an die Staatsanwaltschaft zwecks Verwendung als Beweismittel?). Stellt der Inhalt des Briefes eine erhebliche strafbare Handlung dar (Drohung, Erpressung, Betrug, falsche Anschuldigung usw.), so darf der Richter ihn nicht befördern lassen. Grenzfälle entstehen bei beleidigendem Inhalt; doch wird auch hier, wenn auch mit der seelischen Situation des Verhafteten Nachsicht zu üben ist[32], die Weiterbeförderung zu unterbleiben haben[33]. Dagegen wird ein politisch unerwünschter Inhalt des Briefes mit Rücksicht auf GG Art. 5 grundsätzlich keine Beanstandung durch den Richter begründen dürfen[34].

bb) *Besuchsempfang.* Auch hier ist zunächst auf § 148 StPO hinzuweisen, wonach der mündliche Verkehr mit dem Verteidiger

[29] Vgl. UVollzO Nr. 28 ff. Briefkontrolle bedeutet Durchbrechung des Briefgeheimnisses (GG Art. 10). Aus dem Gesetzesvorbehalt des Art. 10 GG ergibt sich die Zulässigkeit der durch § 119 Abs. 3 StPO bewirkten Einschränkung des Art. 10 GG. Vgl. Bonner Kommentar (*Wernicke*), Art. 10 II 2 b; LG Lüneburg NJW 1965, 596.

[30] Dazu *Eb. Schmidt*, Lehrkommentar Nachtragsband I (1967), Erl. 25 zu § 119 StPO.

[31] KG (West) JR 1958, 470 hat zugelassen, daß aus ärztlichen Gründen dem Verhafteten die Schreibmaschine fortgenommen werden darf (sehr bedenklich!). Gegen die engherzige Entscheidung OLG Köln MDR 1953, 570 vgl. die treffende Entscheidung OLG Hamburg MDR 1965, 1011. Nach OLG Oldenburg NJW 1964, 215 darf sich der Verhaftete Kugelschreiberminen nur durch die Haftanstalt besorgen lassen.

[32] OLG Köln MDR 1953, 570.

[33] OLG Köln (Anm. 32) gegen OLG Bremen MDR 1951, 121. Vgl. zum Ganzen *K. H. Meyer*, MDR 1964, 724 ff. Ferner OLG Hamm 1967, 167; *Kreuzer*, GoltdA 1968, 236 ff.

[34] *Erdsiek*, NJW 1964, 1118.

frei ist, allerdings unter vernünftiger Berücksichtigung der Anstaltsordnung. An die für Angehörige festgesetzten Besuchstage und -stunden darf der Verteidiger nicht gebunden werden[35]. Im übrigen setzt die Anstaltsleitung Besuchszeiten fest. Der Richter erteilt die Besuchserlaubnis und ordnet die nach Lage der Sache notwendige Überwachung an. Er kann auch Besuche außerhalb der Besuchszeit gestatten.

cc) *Information über Vorgänge in der Außenwelt; Lektüre.* Der Bezug von Zeitungen und Zeitschriften (insbesondere Fachzeitschriften) ist ohne jede politische oder ästhetische Zensur statthaft; er hat unmittelbar durch den Verlag, die Post oder den Handel zu erfolgen. Das gleiche gilt für Bücher. Unstatthaft ist es, aus Zeitungen vor der Auslieferung Gerichtsberichte oder Darstellungen von Straftaten oder Gefangenenentweichungen herauszuschneiden[36]. Was den *Rundfunk* betrifft, so gestattet UVollzO Nr. 40 Abs. 2 Gemeinschaftsempfang; Abs. 1 aber bestimmt, daß Einzelempfang grundsätzlich nicht zu gestatten sei. Das aber schränkt BVerfGE 15, 288 (293) unter Bezugnahme auf BVerfGE 7, 198 (207 ff.) ein: Es wird „Güterabwägung", also eine Entscheidung darüber verlangt, ob die „verwaltungstechnische" Vorschrift der Nr. 40 UVollzO zu einer in concreto „unerläßlichen" Einschränkung des Grundrechts der Informationsfreiheit führen darf. Daraus dürfte zu folgern sein, daß jedenfalls der in Einzelhaft befindliche Verhaftete mit eigenem Empfangsgerät einen Anspruch auf Rundfunkempfang hat. Bei Gemeinschaftshaft dürfte Lautsprecherempfang unzulässig sein[37].

c) Den Unterschied zwischen Untersuchungshaft und Strafhaft stellt insbesondere § 119 Abs. 4 StPO mit der Vorschrift heraus, daß sich der Untersuchungsgefangene *Bequemlichkeiten und Beschäftigungen* auf seine Kosten verschaffen dürfe, soweit sie mit dem Zweck der Haft vereinbar sind und nicht die Ordnung in der Vollzugsanstalt stören. Im einzelnen:

[35] *Eb. Schmidt,* Lehrkommentar Nachtragsband I (1967), Erl. zu § 148 StPO.

[36] Vgl. im einzelnen OLG Oldenburg NJW 1964, 215; BGH NJW 1963, 1214 mit Anm. von *Altenhain;* OLG Hamburg MDR 1965, 1010. Zum Ganzen *Eb. Schmidt,* Lehrkommentar Nachtragsband I (1967), Erl. 32 zu § 119 StPO.

[37] Vgl. zum Ganzen: *v. Münch,* JZ 1964, 280; *Wolfg. Schmidt,* SchlHA 1964, 274; *Dünnebier* bei *Löwe-Rosenberg* (21. Aufl.), § 116 Anm. IV 4; *Eb. Schmidt,* Lehrkommentar Nachtragsband I (1967), Erl. 33 zu § 119 StPO.

aa) Grundsätzlich besteht keine Verpflichtung zum Tragen von *Anstaltskleidung;* doch kann dem Gefangenen zur Schonung seiner eigenen Sachen das Tragen von Anstaltskleidung gestattet werden (UVollzO Nr. 52 Abs. 3). Verfügt der Gefangene nicht über angemessene, insbesondere nicht über ungezieferfreie Kleidung, so muß er Anstaltskleidung annehmen.

bb) Was im übrigen an „Bequemlichkeit" in Betracht kommt, richtet sich nach den Umständen, insbesondere auch nach der Art der Unterbringung. Erlaubt ist die Benutzung eigener Bettwäsche und Toilettengegenstände, eigener Eßgeräte; Beschaffung von Zusatznahrung und Rauchwaren ist gestattet. Bewegung im Freien muß in ausreichendem Maße ermöglicht werden[38]. *Arbeitszwang* ist unstatthaft, soweit es sich nicht nur um die Herstellung von Ordnung und Sauberkeit in der Zelle handelt. Jede Selbstbeschäftigung, die mit den Verhältnissen und Ordnungsbedürfnissen einer Haftanstalt vereinbar ist, ist erlaubt (Schriftstellerarbeiten, Zeichnen, Malen, Basteln, Lektüre).

cc) Der Untersuchungsgefangene hat bei *Erkrankung* Anspruch auf sachgemäße ärztliche Behandlung. Wenn UVollzO Nr. 56 Abs. 1 die Inanspruchnahme eines anderen Arztes als des Anstaltsarztes (z. B. des eigenen Hausarztes) von einer Zustimmung des Richters und von einer Anhörung des Anstaltsarztes abhängig macht, so ist das von *Dünnebier*[39] mit Recht beanstandet worden.

Wird ein *operativer Eingriff* erforderlich, so hängt dessen Rechtmäßigkeit bei einem Untersuchungsgefangenen in gleicher Weise, wie bei einem Nichtinhaftierten, von seiner auf ausreichender Aufklärung über Bedeutung, Tragweite, Gefährlichkeit des Eingriffs beruhenden Einwilligung ab. Nur soweit auch ein Nichtinhaftierter einen ärztlichen Zwangseingriff (Impfung, Seuchenschutz) dulden müßte, gilt dies auch für den Verhafteten. Unter den Voraussetzungen des Gesetzes über die freiwillige Kastration und andere Behandlungsmethoden vom 15. 8. 1969 hat der wegen eines erheblichen Sittlichkeitsdeliktes verfolgte Untersuchungsgefangene das Recht sich entmannen zu lassen, um Strafmilderung zu erreichen und der Sicherungsverwahrung zu entgehen[40].

[38] Zur Bewegung im Freien: KG JR 1959, 308; OLG Hamburg NJW 1959, 903.

[39] Bei *Löwe-Rosenberg* (21. Aufl.), Anm. IV 6 a zu § 116 StPO.

[40] Vgl. hierzu OLG Hamburg JZ 1963, 374 mit Anm. von *Eb. Schmidt;* neuerdings OLG Hamburg NJW 1969, 569 unter Bezugnahme auf BGHSt 19,

d) Es fällt auf, daß § 119 StPO nicht die Möglichkeit erwähnt, über den Verhafteten, der die Ordnung der Anstalt verletzt oder ihre Sicherheit gefährdet, *Hausstrafen* zu verhängen. Nr. 67-71 UVollzO regeln sie im einzelnen als „Beschränkungen" i. S. des § 119 Abs. 3 StPO. In der Tat gibt diese Bestimmung die rechtliche Grundlage ab. Hausstrafen sind keine Disziplinarstrafen[41], sondern als „Beschränkungen" Mittel zur Aufrechterhaltung der Sicherheit und Ordnung. Zu gesundheitlichen Schädigungen und entwürdigender Behandlung dürfen sie nicht führen. Gerade darum ist es wichtig, daß sie nach § 119 Abs. 6 StPO nur vom Richter verhängt werden dürfen. Vor Verhängung einer Hausstrafe muß der Verhaftete vom Richter gehört werden; wenn die herrschende Meinung[42] im Schrifttum Anhörung durch die Anstaltsleitung genügen läßt, so ist das im Hinblick auf die besondere Bedeutung dieser Beschränkung nicht vertretbar.

e) Eine besonders empfindliche „Beschränkung" des Verhafteten stellt seine „Fesselung" dar. Der Gesetzgeber schreibt in eingehenden Einzelbestimmungen (§ 119 Abs. 5 StPO) vor, unter welchen (eng zu interpretierenden) Voraussetzungen Fesselung als ultima ratio in Betracht kommt.

11. a) Fühlt sich der Verhaftete durch eine Maßnahme der Anstaltsleitung verletzt, so kann er dagegen die Dienstaufsichtsbeschwerde erheben; er kann aber auch die Entscheidung des zuständigen Richters beantragen.

b) Richterliche Entscheidungen aus § 119 StPO unterliegen der Beschwerde (§§ 304 ff. StPO). Das Beschwerderecht steht dem Verhafteten, aber auch der Staatsanwaltschaft zu. Ob eine weitere Beschwerde (§ 310 StPO) in Frage kommt, ist sehr streitig; die herrschende Meinung lehnt sie (kaum mit Recht) ab[43].

201. Die in dieser Entscheidung entwickelten Grundsätze hat das Ges. v. 15. 8. 1969 legalisiert. Vgl. zum Text *Schwarz-Kleinknecht* (29. Aufl.), Anm. 4 zu § 119 StPO.

[41] Daher Vereinbarkeit mit GG Art. 103 Abs. 2. Vgl. dazu *Eb. Schmidt*, Lehrkommentar Nachtragsband I (1967), Erl. 42 zu § 119 StPO. Dazu OLG Braunschweig MDR 1965, 1007, LG Krefeld MDR 1965, 1008.

[42] OLG Hamm NJW 1953, 356; *Kleinknecht*, JZ 1953, 534; dagegen *Schmidt-Leichner*, NJW 1952, 799.

[43] So OLG Nürnberg HESt. 2, 87; OLG Braunschweig NJW 1965, 1288; *Schwarz-Kleinknecht* (29. Aufl.), Anm. 9 zu § 119 StPO. Abw. Meinung *Hartung*. Die Untersuchungshaft, Nr. 7 zu § 116 StPO; *Eb. Schmidt*, Lehrkommentar Nachtragsband I (1967), Erl. 47 zu § 119 StPO.

c) Indem gegen alle die Durchführung (das „wie") der Untersuchungshaft betreffenden Maßnahmen über §§ 304 ff. StPO der Weg zu den ordentlichen Gerichten gegeben ist, kommt der durch EGGVG §§ 23 ff. eröffnete Weg zu den ordentlichen Gerichten kaum noch in Betracht. Nur dann, wenn es sich um eine das „Wie" des Untersuchungshaftvollzuges *nicht* betreffende Angelegenheit handelt, bei der sich der Verhaftete durch eine Maßnahme der Vollzugsleitung in seinen Rechten verletzt fühlt, steht ihm der Rechtsweg der §§ 23 ff. EGGVG zur Verfügung. Das ist z. B. der Fall, wenn ihm verweigert wird, während der Untersuchungshaft zu heiraten[44]) oder sich einer von ihm erwünschten ärztlichen Operation unterziehen zu lassen[45].

II. Die einstweilige Unterbringung (§ 126 a StPO)

1. § 126 a StPO ist durch Art. 2 des Ausführungsgesetzes zum Gewohnheitsverbrechergesetz vom 24. 11. 1933 eingefügt worden, geht aber auf Reformvorschläge aus der Zeit vor 1933 zurück. Auch bei der einstweiligen Unterbringung handelt es sich um eine Zwangsmaßnahme, aber eine solche, die sich von der Verhaftung in jeder Beziehung (Voraussetzungen, Zweck, Vollzug) unterscheidet. BGHSt. 4, 325 (326) stellt sie, was die Art des Vollzuges betrifft, der Verwahrung nach § 81 StPO im wesentlichen gleich.

2. Die einstweilige Unterbringung wird durch einen richterlichen Unterbringungsbefehl (§ 126 a i. V. mit § 114 StPO) angeordnet, und zwar unter folgenden Voraussetzungen:

a) Es müssen dringende Gründe für die Annahme bestehen, daß jemand eine mit Strafe bedrohte Handlung im Zustand der Zurechnungsunfähigkeit oder der verminderten Zurechnungsfähigkeit begangen hat. Das bedeutet im einzelnen:

Es muß dringender Verdacht bezüglich der Begehung einer tatbestandsmäßigen rechtswidrigen Handlung bestehen. Da aber § 126 a StPO mit § 42 b StGB korrespondiert, so muß es sich um ein Verbrechen oder Vergehen handeln; denn § 42 b StGB gilt nach Abs. 1 S. 2 nicht für Übertretungen. In welcher Schuldart der

[44] OLG Nürnberg FamRZ 1959, 116 mit Anm. von *Bosch*.

[45] OLG Hamburg NJW 1963, 2388; andere aber OLG Hamburg NJW 1962, 1930. Vgl. auch OLG Bremen NJW 1960, 2261. Die ganze Frage liegt weithin im Unklaren. Dazu *Eb. Schmidt*, Lehrkommentar Nachtragsband I (1967), Erl. 49 zu § 119 mit weiteren Hinweisen auf Schrifttum und Rechtsprechung.

Verdächtigte gehandelt hat, spielt (anders als bei § 112 StPO) bei § 126 a StPO keine Rolle. Wenn mit Sicherheit feststeht, daß der Verdächtige unter § 51 Abs. 1 StGB fällt, so ist die Anwendung der §§ 112 ff. StPO völlig ausgeschlossen (kein Verdacht einer „Straftat"); anders bei nur verminderter Zurechnungsfähigkeit; hier käme an sich auch § 112 StPO in Frage; indessen ist § 126 a StPO als Spezialnorm anzusehen, zumal wenn mit gerichtlicher Anordnung der Unterbringung nach § 42 b StGB zu rechnen ist[46].

b) Im Anwendungsbereich des § 126 a kommt es auf Fluchtgefahr, Verdunkelungsgefahr oder Wiederholungsgefahr nicht an. Statt dessen ist Voraussetzung, daß dringende Gründe für die gerichtliche Anordnung der Unterbringung in einer Heil- und Pflegeanstalt (§ 42 b StGB) bestehen und daß außerdem die öffentliche Sicherheit die vorläufige Unterbringung erfordert[47].

3. Der Sinn des § 126 a StPO liegt darin, daß eine zurechnungsunfähige oder vermindert zurechnungsfähige Person nicht erst durch die im Urteil erfolgende Anordnung aus § 42 b StGB, sondern schon während des Verfahrens *in die erforderliche ärztliche Behandlung* kommt, wie sie nur in einer Heil- und Pflegeanstalt möglich ist. Leider ordnet § 126 a StPO nicht die vorläufige Unterbringung *in einer solchen Anstalt,* sondern (dem Wortlaut nach) nur die „einstweilige Unterbringung" an. Daraus zieht die herrschende Lehre[48] die verfehlte Folgerung, daß die einstweilige Unterbringung auch in einem Untersuchungsgefängnis vollzogen werden dürfe.

4. § 126 a Abs. 2 StPO erklärt, was die Anordnung, die Rechtsbehelfe und die richterliche Kontrolle bei einer einstweiligen Unterbringung betrifft, die hierfür maßgebenden Vorschriften des Untersuchungshaftrechts für maßgebend. Zu beachten ist aber, daß eine Aussetzung des Vollzuges der einstweiligen Unterbringung nach Maßgabe des § 116 StPO mit Recht nicht vorgesehen ist, da ja dann die öffentliche Sicherheit kaum noch gewährleistet

[46] *Schwarz-Kleinknecht* (29. Aufl.), § 126 a Anm. 20.

[47] Die Entscheidung des Richters muß sich also auf die Zeit der Urteilsfällung prognostisch einstellen. Hat eine Untersuchung nach § 81 StPO stattgefunden, so wird deren Ergebnis eine wesentliche Hilfe darstellen.

[48] OLG Hamm SJZ 1950, Sp. 213; *Hartung*, SJZ 1950, Sp. 516; *Dallinger*, StPO § 126 a Anm. 4; *Erbs* Handkommentar § 126 a Anm. VIII. Dagegen *Schwarz-Kleinknecht* (29. Aufl.), Anm. 3 zu § 126 a StPO; *Eb. Schmidt*, Lehrkommentar Nachtragsband I (1967), Erl. 12 zu § 126 a StPO.

sein würde. Auch die §§ 121, 122 StPO gelten für die einstweilige Unterbringung nicht; diese kann also auch ohne oberlandesgerichtliche Prüfung länger als sechs Monate dauern.

III. Die vorläufige Festnahme

Die Schlagkraft eines Strafverfahrens hängt häufig davon ab, daß der der Tat Verdächtige festgenommen, also zunächst einmal persönlich sichergestellt werden kann, wenn auch noch kein richterlicher Haftbefehl gegen ihn hat erlassen werden können. Langwierige Ermittlungen nach der Person des Täters einer strafbaren Handlung werden vermieden, wenn es, bevor ein Richter zwecks Erlaß eines Haftbefehls in Anspruch genommen werden kann, möglich ist, den auf frischer Tat betroffenen oder in unmittelbarem Anschluß an die Tat verfolgten Täter zu stellen, ihn festzuhalten und ihn dann gegebenenfalls dem Richter zur Prüfung der Verhaftungsfrage vorzuführen. § 127 StPO sieht daher eine „vorläufige Festnahme" auch ohne richterlichen Haftbefehl vor, aber eben nur eine „vorläufige" Festnahme. Eine endgültige Freiheitsentziehung im Sinne einer Untersuchungshaft setzt nach rechtsstaatlichen Grundsätzen immer einen richterlichen Haftbefehl voraus.

1. § 127 StPO unterscheidet zwei Möglichkeiten einer vorläufigen Festnahme:

a) Nach § 127 Abs. 1 StPO ist *„jedermann"* befugt, denjenigen festzunehmen, der auf frischer Tat betroffen oder verfolgt wird, vorausgesetzt, daß er der Flucht verdächtig ist oder daß seine Persönlichkeit nicht sofort festgestellt werden kann. Im einzelnen ist zu beachten:

aa) „Tat" im Sinne des § 127 StPO ist jede strafbare Handlung im Sinne des § 1 StGB, also auch eine Übertretung. Eine Ordnungswidrigkeit genügt nicht[49].

bb) Es darf kein Zweifel bestehen, daß eine tatbestandsmäßige rechtswidrige Straftat begangen wird oder begangen worden ist. Ein noch so dringender Tatverdacht genügt nicht für die Festnahme durch „jedermann". Ob der Täter schuldhaft gehandelt hat, ist eine im Augenblick der Tat und unmittelbar danach nicht feststellbare Angelegenheit; sie kann immer erst durch den Rich-

[49] OLG Hamburg MDR 1964, 779. Vgl. aber OWiG 1968 § 54 (Festnahme durch „jedermann" kommt hier nicht in Betracht).

ter endgültig entschieden werden. Bei § 127 StPO ist daher von diesem Element der strafbaren „Tat" abzusehen. Das gleiche gilt für die Frage prozessualer Verfolgbarkeit (Prozeßvoraussetzungen).

cc) *„Auf frischer Tat betroffen"* wird, wer noch am Tatort selbst bei Verübung der Tat (bzw. eines Versuchs der Tat) oder unmittelbar danach gestellt wird. Eine *„Verfolgung auf frischer Tat"* bedeutet, daß unmittelbar nach Entdeckung der frischen Tat Maßnahmen der Nacheile zwecks Ergreifung des Täters einsetzen. Es kann nicht verlangt werden, daß der Täter noch in Sicht- oder Gehörweite ist in dem Augenblick, in dem die eigentliche Nacheile einsetzt[50].

Hinzukommen muß,

A) daß der Festzunehmende *„fluchtverdächtig"* ist; es braucht also keine objektive Flucht*gefahr* wie bei § 112 StPO zu bestehen; es genügt vielmehr, daß der zur Festnahme Entschlossene vernünftigerweise annehmen darf, der Täter werde sich, wenn man ihm nicht durch Festnahme zuvorkommt, auf und davon machen.

B) *oder* daß *die Persönlichkeit des Täters nicht sofort festgestellt werden kann.* Einen der Person nach Bekannten darf also „jedermann" nicht festnehmen. Die Voraussetzung wäre aber erfüllt, wenn der Unbekannte Angaben zur Person verweigert[51], wenn seine etwaigen Angaben nicht nachzuprüfen sind[52], wenn keine vertrauenswürdigen Ausweise vorgezeigt werden können[53]. Kann die Nummer des Kraftwagens des auf frischer Tat Verfolgten festgestellt werden, so bedeutet das noch keine Persönlichkeitsfeststellung des mit dem Auto davon eilenden Täters[54].

b) § 127 Abs. 2 StPO gibt den *Beamten der Staatsanwaltschaft und der Polizei* ein bedeutend weitergehendes Recht zur vorläufigen Festnahme. Natürlich ist auch jeder Beamte der genannten Behörden als ein „jedermann" im Sinne des § 127 Abs. 1 StPO anzusehen, so daß er berechtigt ist, unter den Voraussetzungen des Abs. 1 eine vorläufige Festnahme durchzuführen. Die Erfor-

[50] Der zur Festnahme Entschlossene muß erst in der Garage sein Auto fahrbereit machen und es zwecks Nacheile aus der Garage holen.

[51] RGSt. 21, 10.

[52] RGSt. 27, 199.

[53] RGSt. 72, 301.

[54] OLG Schleswig NJW 1953, 275.

dernisse einer schlagkräftigen Strafverfolgung machen es aber nötig, daß die Beamten der Staatsanwaltschaft und der Polizei an die engen Voraussetzungen des § 127 Abs. 1 StPO nicht gebunden sind. Ihnen gestattet daher § 127 Abs. 2 StPO die vorläufige Festnahme bei Gefahr im Verzug auch dann, wenn die Voraussetzungen eines Haftbefehls (§§ 112, 113 StPO) oder eines Unterbringungsbefehls (§ 126 a StPO) vorliegen. Zu beachten ist, daß zu diesen Voraussetzungen auch die Beachtung des Verhältnismäßigkeitsgrundsatzes gehört; daß dadurch das Festnahmerecht nach § 127 Abs. 2 StPO eingeschränkt und an eine höchst unsichere Voraussetzung geknüpft wird, darf nicht übersehen werden.

Es ist nicht erforderlich, daß ein richterlicher Haft- oder Unterbringungsbefehl bereits erlassen worden ist. Liegt ein Haft- oder Unterbringungsbefehl schon vor, dann entsteht für Staatsanwaltschaft und Polizei natürlich gar nicht die Situation des § 127 Abs. 2 StPO; vielmehr besteht dann für diese (mit der Durchführung des Befehls betrauten) Behörden die Rechtspflicht, den Aufenthalt des zu Verhaftenden zu ermitteln und ihn, gegebenenfalls unter gewaltsamer Brechung seines Widerstandes, festzunehmen.

§ 127 Abs. 2 StPO greift dann ein, wenn *„Gefahr im Verzug"* ist, d. h.: wenn die Herbeiführung eines richterlichen Haftbefehls ohne sofortigen Zugriff einen (vielleicht unwiederbringlichen) Zeitverlust bedeuten würde in dem Sinne, daß die Sicherstellung des (dringend) Tatverdächtigen unmöglich gemacht oder doch erheblich erschwert werden würde[55].

2. a) § 127 StPO gibt ein Recht zur „Festnahme", d. h. zum körperlichen Festhalten und zur Verhinderung des Entlaufens. Widerstand dagegen darf durch Notwehr gewaltsam gebrochen werden, ohne daß eine Ankündigung etwaiger Gewaltanwendung erforderlich wäre[56]. Zu einer Verletzung an Leib und Leben berechtigt § 127 StPO (abgesehen von dem Fall der notwendigen Widerstandsüberwindung) nicht; noch weniger wäre es statthaft,

[55] RGSt. 37, 32; *Kaufmann*, Der polizeiliche Eingriff in Freiheit und Rechte, 1951, 60 ff.; *Dünnebier* bei *Löwe-Rosenberg* (21. Aufl.), Anm. III 1 zu § 127 StPO; *Eb. Schmidt*, Lehrkommentar Nachtragsband I (1967), Erl. 17 zu § 127 StPO. Vgl. auch BGHSt. 3, 243 (die „Gefahr wird durch einen Beamten mit verursacht").

[56] BayObLGSt. 1959, 38; 1960, 66 (68).

die Festnahme eines Entlaufenen durch Schußverletzung zu ermöglichen[57].

Wenn Polizeibeamte unter den Voraussetzungen des § 127 Abs. 2 StPO auf Grund eines Steckbriefes (§ 131 StPO) oder Fahndungsausschreibens eine Festnahme durchzuführen haben, besteht die u. U. schwierige Aufgabe, die Person des Festzunehmenden nach den Beschreibungen in dem Steckbrief oder Fahndungsausschreiben zu identifizieren; auch müssen die Beamten, wenn ein richterlicher Haftbefehl noch nicht vorliegt, bezüglich der Voraussetzungen eines solchen zu richtigen (kognitiven) Beurteilungen kommen. Irrtümer können hier leicht entstehen. Soweit aber der Beamte die seiner kognitiven Beurteilung unterliegenden Fragen mit pflichtmäßiger Sorgfalt geprüft hat, würde seine Festnahmehaltung rechtmäßig selbst dann sein, wenn sich nachträglich (etwa bezüglich der Personenidentifikation) ein Fehler herausstellen sollte[58].

b) Sehr umstritten ist die Frage, ob sich aus § 127 StPO außer dem Recht zur Festnahme auch das Recht ableiten läßt, dem Festgenommenen Sachen wegzunehmen, die als Beweisstücke in Betracht kommen oder, wie z. B. Ausweispapiere, der Identifizierung dienen. Aber diese Frage muß richtigerweise verneint werden; denn die StPO unterscheidet die zwangsweisen Einwirkungsmöglichkeiten sehr exakt nach Maßgabe des betroffenen Rechtsgutes, also nach dem der einzelnen Zwangsmaßnahme zukommenden „Wirkungsbereich“[59]. Wegnahme von Sachen, die als Beweismittel dienen, wäre also eine Beschlagnahme im Sinne der §§ 94 ff.

[57] Hat sich ein Festgenommener mit Erfolg losgerissen, so ist die von ihm bewirkte Widerstandshandlung beendet; ein gegenwärtiger, zur Notwehr berechtigter Angriff liegt nicht mehr vor; gewaltsame Einwirkungen etwa durch Schußverletzungen wären rechtswidrig. Vgl. dazu die von *Gallas*, DRZ 1949, 43 mit Recht als unrichtig beurteilte Entscheidung des OLG Stuttgart. Die mit dem Text übereinstimmende herrschende Lehre ergibt sich aus RGSt. 34, 443 (446); 54, 196 (198); 65, 392 (394); 69, 308 (311/312); 71, 49 (52). Dazu *Eb. Schmidt*, Lehrkommentar Nachtragsband I (1967), Erl. 25 zu § 127 StPO.

[58] Vgl. BGHSt. 4, 161 (163/64); BayObLGSt. 1949/51, 373 (376).

[59] Sehr bedeutsam in dieser Beziehung BGHSt. 8, 144. — Folgt das Recht zur Wegnahme von Sachen aus § 53 StGB oder aus § 229 BGB, so entsteht natürlich kein mit § 127 StPO zusammenhängendes Problem. Vgl. aber z. B. OLG Saarbrücken NJW 1959, 1190 (Wegnahme des Zündschlüssels).

StPO. Sie steht „jedermann“ keinesfalls zu, den Verfolgungsbehörden nach Maßgabe der §§ 94 ff. StPO.

3. Die vorläufige Festnahme ist ein so einschneidener Eingriff in das Recht auf persönliche Freiheit, daß ihr, wenn der Festgenommene (etwa nach Feststellung seiner Personalien) nicht alsbald wieder in Freiheit gesetzt wird, so schnell wie möglich eine richterliche Entscheidung folgen muß. Das bezwecken denn auch §§ 128, 129 StPO. Hier wird bestimmt, daß der Festgenommene unverzüglich, spätestens am Tage nach der Festnahme dem Amtsrichter des Bezirks, in dem er festgenommen worden ist, vorzuführen ist. Ist bereits öffentliche Klage erhoben, so hat die Vorführung schnellstens beim zuständigen Gericht bzw. beim Untersuchungsrichter zu erfolgen.

Der Zweck dieser Bestimmung besteht darin, daß eine alsbaldige *richterliche* Entscheidung über Freilassung oder Erlaß eines Haft- oder Unterbringungsbefehls erfolgen soll. Darum muß der Richter, dem der Festgenommene zugeführt ist, diesen unverzüglich nach der Vorführung vernehmen (§ 128 Abs. 1 S. 2 StPO). Auf Grund dieser Vernehmung muß der Richter sofort über Freilassung oder Verhaftung entscheiden.

4. Faßt man die §§ 128, 129 StPO ins Auge, so zeigt sich, daß die vorläufige Festnahme im ungünstigen Fall zu einem mehrtägigen Freiheitsverlust führen kann. Das kann in Fällen von geringer krimineller Bedeutung eine erhebliche Härte bedeuten. Der Gesetzgeber hat daher recht getan, im EGOWiG 1968 für Ausnahmen zu sorgen. Sie sind in den §§ 127 a und 132 StPO enthalten und besagen folgendes:

a) § 127 a StPO setzt voraus, daß ein Beschuldigter, der im Geltungsbereich der StPO keinen festen Wohnsitz oder Aufenthalt hat (zu denken ist vor allem an Ausländer, die — evtl. mit kurzfristigem Aufenthalt — durch die Bundesrepublik Deutschland reisen), ein geringfügiges Delikt begeht, bei dem nur mit Geldstrafe zu rechnen ist. Liegen in diesem Fall die Voraussetzungen eines Haftbefehls nur wegen Fluchtgefahr vor[60], leistet aber der Beschuldigte sofort eine angemessene Sicherheit für die

[60] Bei einem Ausländer wird das Bestreben, seine Reise möglichst schnell in sein Heimatland fortzusetzen, selbstverständlich sein, den Gedanken an „Fluchtgefahr“ aber nahe legen.

zu erwartende Geldstrafe und die Kosten des Verfahrens, dann kann von Anwendung bzw. Aufrechterhaltung der Festnahme abgesehen werden, vorausgesetzt, daß er auch noch einen Zustellungsbevollmächtigten zu bestellen vermag[61]. Der Gesetzgeber hat bei diesen nur zu Geldstrafe führenden Delikten die Verfahrensmöglichkeiten im Auge, bei denen entweder überhaupt ohne Hauptverhandlung entschieden werden kann (Strafbefehlsverfahren) oder bei denen die Hauptverhandlung in Abwesenheit des Beschuldigten durchgeführt werden kann (§§ 232, 412 StPO). Es kommt dann nur darauf an, daß Ladungen ordnungsgemäß zugestellt werden können, weswegen ein Zustellungsbevollmächtigter zur Verfügung stehen muß. Durch die Sicherheitsleistung ist dem Staat vorschußweise Sicherheit für die Geldstrafe und die Verfahrenskosten gewährt. Vollstreckungen können also nach etwaiger Verurteilung in diese Vermögenswerte erfolgen. Den staatlichen Verfolgungsinteressen kann also auch wenn der Beschuldigte am Verfahren nicht beteiligt werden kann (weil er etwa ins Ausland abgereist ist), keinerlei Abtrag geschehen. Darum erübrigt sich die Festshaltung des die Voraussetzungen des § 127 a StPO erfüllenden Beschuldigten; der gerade auch aus §§ 128, 129 StPO folgende evtl. mehrtägige Freiheitsverlust wird vermieden.

b) § 127 a StPO wird durch § 132 StPO ergänzt. Auch hier handelt es sich um Beschuldigte, die im Geltungsbereich der StPO keinen festen Wohnsitz oder Aufenthalt haben. Im Unterschied zu § 127 a StPO setzt § 132 StPO voraus, daß die Voraussetzungen eines Haftbefehls nicht vorliegen. Zwar mag Fluchtgefahr bestehen; aber aus dem Verhältnismäßigkeitsgrundsatz (§ 112 Abs. 1 StPO) kann sich im Hinblick auf die geringe „Bedeutung der Sache“ — § 132 StPO setzt ein Delikt voraus, bei dem nur Geldstrafe zu erwarten ist — die Folge ergeben, daß der Erlaß eines Haftbefehls unzulässig wäre.

In diesen Fällen wird die Durchführung des Verfahrens sichergestellt, wenn der Beschuldigte Sicherheit für die zu erwartende Geldstrafe und die Verfahrenskosten leistet und eine im Bezirk des zuständigen Gerichts wohnende Person zum Empfang von Zustellungen bevollmächtigt.

[61] Dazu § 127 a Abs. 2 i. V. mit § 116 a Abs. 3 StPO. Zustellungsbevollmächtigter kann ein fernmündlich sein Einverständnis erklärender Beamter, aber z. B. auch ein an dem Verfahren beteiligter Beamter sein. Vgl. *Schwarz-Kleinknecht* (29. Aufl.), Anm. 6 zu § 127 StPO.

Liegen diese Voraussetzungen vor, so kann der Richter, bei Gefahr im Verzuge aber auch die Staatsanwaltschaft oder einer ihrer Hilfsbeamten[62] *anordnen*, daß der Beschuldigte die (sofort zu errechnende) Sicherheit leistet und die Zustellungsbevollmächtigung vornimmt.

Befolgt der Beschuldigte die Anordnung, so bedarf es seiner weiteren Mitwirkung im Verfahren nicht; Festnahme mit den sich daraus ergebenden Folgen (§§ 128, 129 StPO) ist also überflüssig.

Befolgt der Beschuldigte die Anordnung nicht, dann können Beförderungsmittel und andere Sachen, die der Beschuldigte mit sich führt und die ihm gehören, beschlagnahmt werden. Damit kann die zu leistende Sicherheit gegebenenfalls ersetzt, zugleich kann ein Druck zur Bestellung eines Zustellungsbevollmächtigten ausgeübt werden.

So wird auch auf dem Weg über § 132 StPO eine freiheitsentziehende Maßnahme erübrigt werden können, ohne daß die Durchführung des Verfahrens — auch hier wird vor allem das Strafbefehlsverfahren in Betracht zu ziehen sein — gefährdet werden könnte.

Résumé

Le droit de la procédure pénale allemand connaît outre les autres atteintes à la liberté à bref délai envers l'inculpé trois atteintes à la liberté graves comme moyens de contrainte processuels, réglés au Chapitre IX du code de procédure criminelle (StPO, §§ 112-129): (I) la détention préventive §§ 112 ff., (II) l'internement dans un asile, provisoire, (III) L'arrestation provisoire.

1. La détention préventive a le but de mettre en securité l'inculpé pour la procédure et d'empêcher qu'il ne complique ou fasse obstruction à l'administration de la preuve par des mesures illégales. Dans le cas de certaines outrages aux bonnes moeurs c'est aussi sa tâche de l'empêcher à commettre une infraction nouvelle.

La détention préventive présuppose en droit matériel des motifs d'arrestation présents (I 3). Outre le motif général de suspicion urgente la loi connaît les motifs spéciaux de la fuite ou du danger de fuite, du danger d'obscurcissement et, dans le cas de certaines outrages aux bonnes moeurs, du danger de répétition.

[62] Also derjenige etwa, der den Beschuldigten bei der Tat stellt.

En plus la loi du 19 décembre 1964, modifiant le code de procédure criminelle allemand, a été formulée de telle façon que les deux motifs d'arrestation, le danger de fuite et le danger d'obscurcissement, doivent être interpretés objectivement. En tout cas il faut la détermination des faits qui justifient la supposition de ces motifs de détention.

Aussi en cas de suspicion urgente et de motifs spéciaux de détention présents il faut toujours examiner si la proportionnalité est donnée entre la détention et l'importance de l'affaire et la peine ou la sanction (§ 112 I 2 StPO). Ici le juge est confronté avec des décisions difficiles. Le principe de proportionnalité est aussi appliqué à la possibilité (introduite par la loi du 19 décembre 1964) très controversée, d'arrêter quelqu'un en cas de certains crimes capitaux graves sans qu'il n'y eût ni le danger de fuite ni le danger d'obscurcissement. Dans les affaires pénales de bagatelle la possibilité d'arrestation est considérablement limitée (I 3 e).

La détention préventive présuppose en droit formel un mandat d'arrêt de juge — § 114 StPO — (I 4). Le détenu doit être amené devant le juge compétent ou, si ce n'est pas possible, devant le prochain juge de première instance — § 115, 115 a StPO — (I 5). Le juge decide suivant le résultat de l'interrogatoire, si la détention dure ou si l'inculpé peut mis en liberté ou si l'exécution du mandat d'arrêt peut être sursise — §§ 115, 115 a, 116 — (I 6).

La possibilité de mise en sursis — § 116 StPO — est une émanation du principe de proportionnalité; selon la jurisprudence du tribunal constitutionnel de la République fédérale elle est aussi valable dans les cas d'une arrestation pour cause de certains crimes capitaux — § 112 par. 4 StPO —.

La détention préventive est soumise à un contrôle judiciaire permanent en ce qui concerne et les conditions de droit matériel et sa durée (I 7). L'inculpé a le droit de requête à l'instance prochaine contre la remise d'un mandat d'arrêt (§ 115 par. 4 StPO). Il a aussi le droit de demander au juge compétent l'examen de la validité de la détention, cet examen — généralement en procédure contradictoire (§§ 118, 118 a StPO) — doit s'ensuivre d'office sous certaines circonstances — § 117 par. 3 StPO —. La détention préventive pour cause d'un même délit ne peut durer que six mois en principe, la décision au sujet de la nécessité d'une durée plus longue est prise par la cour d'appel; ces règles, introduites au code de procédure criminelle par la loi du 19 dec. 1964 — §§ 121, 122

StPO — sont formulées peu claires et ont mené à des difficultés d'interprétation (I 7 d).

L'exécution de la détention préventive n'est pas réglée par une loi. Les ordonnances des administrations de justice des Laender n'obligent que les fonctionnaires des maisons d'arrêt et non les juges. Le règlement déterminant pour le juge selon lequel il est tenu de décider les problèmes provenant de l'exécution de la détention préventive est l'article 119 StPO. La détention préventive ne doit pas devenir un emprisonnement.

Il n'est recevable d'imposer à l'inculpé les restrictions qu' exigent le but de la détention préventive ou l'ordre dans la maison d'arrêt.

Les punitions de maison d'arrêt appartiennent à ces restrictions qui ne peuvent être imposées que par le juge.

L'enchaînement de l'inculpé n'est recevable comme l'ultima ratio que sous des conditions qui doivent être interpretées restrictivement (§ 119 par. 5 StPO). Le prévenu peut se procurer des commodités et des occupations à ses frais (§ 119 par. 4 StPO). La correspondance avec d'autres personnes qu'avec l'avocat est soumise au contrôle de juge; le juge donne aussi la permission de visite.

2. L'internement dans un asile diffère de la détention préventive dans les conditions, le but et l'exécution.

Le danger de fuite, d'obscurcissement ou de répétition n'ont pas d'importance comme conditions de droit matériel. Il faut des raisons urgentes pour la supposition que quelqu'un a commis un délit pénal agissant en état d'irresponsabilité ou avec responsabilité limitée et que son internement soit nécessaire et, en plus, que la sûreté publique demande l'internement provisoire.

En droit formel, l'internement provisoire présuppose un mandat d'internement de juge, l'internement est soumis à un controle de juge comme la détention préventive.

3. L'arrestation provisoire — § 127 StPO — (III) est une privation de liberté temporaire, attachée à des conditions exactement formulées, qui sert à l'effectivité de la procédure et à laquelle le procureur de la République, la police et — sous des conditions plus limitées — chacun est autorisé (III 1). Un mandat d'arrêt ou d'internement de juge n'est pas nécessaire. L'arrêté doit être

amené immédiatement, au plus tard un jour après l'arrestation, au juge de première instance du district qui doit prendre la décision sur la mise en liberté de l'arrêté ou sur la remise d'un mandat d'arrêt ou d'internement (III 3). Les articles 127 a, 132 StPO donnent des règles exceptionnelles pour des inculpés qui n'ont pas de domicile ou résidence fixe au territoire ou la loi de procédure criminelle allemande (StPO) est en vigueur (par exemple des touristes étrangers); sous de certaines conditions, dans le cas de délits peu importants, l'arrestation provisoire n'est pas obligatoire.

Das Recht auf Beistand eines Rechtsanwalts während des Verfahrens in der Bundesrepublik Deutschland

Von Rechtsanwalt Dr. Till *Kalsbach*, Wuppertal,
Mitglied des Landtags Nordrhein-Westfalen*

INHALT

* Die rechtzeitige Fertigstellung des vorliegenden Berichts war durch längere Erkrankungen des Verfassers ernsthaft gefährdet. Sie wurde nur möglich durch die Mithilfe von Herrn Professor Dr. Günter *Kohlmann*, Frankfurt am Main, bei der endgültigen Formulierung des Abschnitts C (Stellung und Aufgaben des Verteidigers im Strafverfahren). Für diese selbstlose Unterstützung ist der Verfasser Herrn Professor Dr. *Kohlmann* zu besonderem Dank verpflichtet.

Literatur und Rechtsprechung sind bis Mitte Mai 1970 berücksichtigt. Auf spätere Veröffentlichungen konnte nur noch vereinzelt in den Fußnoten hingewiesen werden.

A. Einleitung

I. Das Thema „Das Recht auf Beistand eines Rechtsanwalts während des Verfahrens", und zwar hier speziell während des *Straf*verfahrens, umfaßt in dieser allgemeinen Form sowohl die Verteidigung des Beschuldigten[1] im Strafverfahren als auch die anwaltliche Vertretung des Privatklägers[2], des Nebenklägers[3], des Verletzten im Anklageerzwingungsverfahren gegen die Staats-

[1] Beschuldigter i. S. des deutschen Strafprozeßrechts ist jede Person, gegen die von einer Strafverfolgungsbehörde (Gericht, StA, Polizei) wegen des Verdachts einer strafbaren Handlung Strafverfolgungsmaßnahmen durchgeführt werden (BGHSt. 10, 8 ff.; *Kleinknecht*, Einl. 3 B; *Peters*, Strafprozeß, S. 172; *Dünnebier* bei *Löwe-Rosenberg*, 1 zu § 137; *Müller-Sax* (KMR), 1 zu § 157). Beschuldigter ist dabei der *Oberbegriff*. Ist die öffentliche Klage erhoben, so wird der Beschuldigte als Angeschuldigter bezeichnet, nach Eröffnung des Hauptverfahrens als Angeklagter (§ 157 StPO). Nach Rechtskraft eines gegen ihn ergangenen Urteils, also im Vollstreckungsverfahren (§§ 454 ff. StPO) und im Wiederaufnahmeverfahren (§§ 359—373 a StPO), heißt er Verurteilter.

[2] Privatklageverfahren: §§ 374—394 StPO. Hier hat der Verletzte ein prinzipielles Klagerecht (§ 374 I StPO). Die StA erhebt die öffentliche Klage nur, wenn dies im öffentlichen Interesse liegt (§ 376 StPO).

[3] Nebenklage (Beteiligung des zur Privatklage Berechtigten am Offizialverfahren): §§ 395—402 StPO.

anwaltschaft (StA)[4] und des Antragstellers bei der Anfechtung von Justizverwaltungsakten der StA und der Justizvollzugsbehörden[5].

Während die Verteidigung des Beschuldigten eine Fülle von Problemen aufwirft, sind jedoch die zuletzt genannten Fälle mit Blick auf den hier zu erörternden Fragenkreis unproblematisch. Der Privatkläger, der Nebenkläger sowie der Antragsteller, der das Oberlandesgericht mit der Behauptung anruft, durch einen rechtswidrigen Justizverwaltungsakt in seinen Rechten verletzt zu sein[6], können sich stets durch einen Rechtsanwalt vertreten lassen[7, 8]. Im Anklageerzwingungsverfahren besteht sogar Anwaltszwang[9]. Soweit die Betreffenden nicht über die erforderlichen Mittel zur Honorierung eines Anwalts verfügen, gelten die Vorschriften der ZPO über das Armenrecht entsprechend[10, 11].

Die nachfolgende Untersuchung beschränkt sich deswegen auf das Recht des Beschuldigten auf Beistand eines Verteidigers[12] im Strafverfahren. Dieser Verteidiger wird im allgemeinen, muß aber nach der Regelung der StPO nicht immer ein Rechtsanwalt sein[13].

4 §§ 172—177 StPO; siehe dazu z. B. Till *Kalsbach*, Die gerichtliche Nachprüfung von Maßnahmen der StA im Strafverfahren, Berlin 1967, S. 75 ff., S. 10 ff. mit weiteren Nachweisen.

5 §§ 23—30 EGGVG; siehe dazu Till *Kalsbach*, a. a. O., S. 121 ff. mit weiteren Nachweisen.

6 §§ 23, 24 EGGVG in Anlehnung an § 42 VwGO.

7 Privatklage: § 378 StPO; Nebenklage: §§ 378, 397 I StPO; § 29 EGGVG.

8 Für die Verteidigung des Privatbeklagten gelten dieselben Bestimmungen wie im Offizialverfahren (§§ 137 ff. in Verb. mit § 384 StPO). Der Privatkläger hat für dem Beschuldigten voraussichtlich entstehende Kosten Sicherheit zu leisten (§ 379 StPO in Verb. mit §§ 108—113 ZPO).

9 § 172 III StPO.

10 Privatklage: § 379 III StPO; Nebenklage: §§ 397 I i. Verb. mit § 379 III, § 396 IV StPO; Anklageerzwingungsverfahren: § 172 III 2 StPO; § 29 III EGGVG.

11 Voraussetzung für die Bewilligung des Armenrechts ist gem. § 114 ZPO, daß der Antragsteller außerstande ist, ohne Beeinträchtigung des für ihn und seine Familie notwendigen Unterhalts die Verfahrenskosten aufzubringen, sowie daß die Rechtsverfolgung hinreichende Aussicht auf Erfolg bietet und nicht mutwillig erscheint. Vgl. dazu im einzelnen z. B. *Baumbach-Lauterbach*, ZPO, Anm. 1—5 und Anh. zu § 114.

12 Terminologie der StPO und des JGG.

13 Siehe z. B. §§ 138 2. Alt., 138 II, 139, 142 II StPO; § 69 JGG; im einzelnen unten.

II. Betrachtet man die Frage nach dem Recht des Beschuldigten auf Beistand eines Verteidigers im Strafverfahren genauer, so zeigt sich, daß sie in zwei Unterfragen zerfällt, die verschiedene Problemkreise ansprechen. Der Beschuldigte, der sich in ein Strafverfahren[14] verwickelt sieht, steht zunächst vor der Frage, ob und unter welchen Voraussetzungen er einen Verteidiger mit der Wahrnehmung seiner Interessen beauftragen bzw. dann, wenn er hierfür nicht das nötige Geld hat, Anspruch darauf erheben kann, daß ihm der Staat einen Verteidiger stellt. Mit der Antwort hierauf ist ihm aber allein noch nicht gedient; denn sie besagt noch nicht, worin der Beistand liegt, den er nun von seinem Verteidiger erwarten darf, d. h. welche besonderen Rechte und Möglichkeiten zu einer wirksamen Verteidigung das Strafprozeßrecht dem Verteidiger einräumt. Demgemäß werden im folgenden zunächst die Voraussetzungen und der Umfang des Anspruchs auf Beistand eines Verteidigers im Strafverfahren (unten B) und im Anschluß daran die Stellung des Verteidigers im Strafverfahren und seine Aufgaben, Rechte und Pflichten in den einzelnen Verfahrensabschnitten (unten C) dargestellt.

III. Die Untersuchung beschränkt sich dabei auf die Darstellung des zur Zeit geltenden Rechtszustandes[15, 15a].

Auch insoweit kann die ganze Vielfalt der bestehenden, oft umstrittenen Einzelfragen nicht erschöpfend abgehandelt werden. Das würde dem Zweck dieses Berichts nicht entsprechen und seinen Rahmen bei weitem sprengen.

[14] Gemeint im weitesten Sinne, also von der Einleitung von Ermittlungen bis zum Abschluß der Vollstreckung und einem evtl. Wiederaufnahmeverfahren (siehe auch oben FN 1).

[15] Stichtag für den zugrunde gelegten Rechtszustand: Inkrafttreten der Änderungen der StPO und des GVG durch das 1. Gesetz zur Reform des Strafrechts (1. StrRRG) vom 25. 6. 1969 (BGBl. I S. 645).

[15a] Dieser Rechtszustand wird mit Recht in vielen Punkten als unbefriedigend empfunden. Über eine grundsätzliche Reform der StPO berät seit Jahren der Strafrechtsausschuß der Bundesrechtsanwaltskammer. Insgesamt stecken die Vorbereitungen für eine Reform jedoch noch in den ersten Anfängen. Zur Reform des Strafprozeßrechts siehe insbesondere: *Dahs:* AnwBl. 1969, 171 ff.; Die politische Meinung, 5. Jahrgang 1960, 38 ff. u. Festschrift für Schorn, S. 14 ff., jeweils mit umfassenden weiteren Nachweisen.

B. Voraussetzungen und Umfang des Anspruchs auf Beistand eines Verteidigers im Strafverfahren (§§ 137-146 StPO; Art. 6 I und III c MRK)

I. Die Regelung der StPO

1. a) Gemäß § 137 I StPO[16] „kann sich der Beschuldigte in jeder Lage des Verfahrens des Beistandes eines Verteidigers bedienen“[17]. Auf dieses Recht ist er zu Beginn seiner ersten Vernehmung durch den Richter[18], die Staatsanwaltschaft[19] oder die Polizei[20] ausdrücklich hinzuweisen.

Diese umfassende Gewährleistung und Sicherung des Anspruchs auf Beistand eines Verteidigers durch § 137 I und die ihn ergänzenden Bestimmungen[21] ist Ausdruck zweier hier ineinandergreifender Grundgedanken des Strafprozeßrechts der Bundesrepublik Deutschland, nämlich einmal des Prinzips der materiellen Wahrheitserforschung unter größtmöglichem Ausschluß aller Fehlerquellen und zum anderen der strengen Justizförmigkeit des Verfahrens:

Das Prinzip der materiellen Wahrheitserforschung verpflichtet zwar Staatsanwaltschaft[22] und Gericht[23], auch ohne die Mitwirkung eines Verteidigers von sich aus die entlastenden Umstände mit der gleichen Unvoreingenommenheit, Objektivität und Sachlichkeit zu berücksichtigen wie die belastenden Momente[24]. Aber weder diese Pflicht noch der beste Wille, sie zu erfüllen, bieten sicheren Schutz gegen den Irrtum. Dabei ist besonders zu berücksichtigen, daß der Beschuldigte in seiner psychologisch be-

[16] Die §§ des StPO werden im folgenden ohne Zusatz genannt.

[17] Falls der Beschuldigte nicht voll geschäftsfähig ist (§§ 104—115 BGB), steht daneben seinem gesetzlichen Vertreter (§ 137 II) sowie einem etwaigen Erziehungsberechtigten, der nicht gleichzeitig gesetzlicher Vertreter ist (§ 67 III JGG) das selbständige Recht zu, für den Beschuldigten einen Verteidiger zu wählen.

[18] § 136.

[19] § 136 in Verb. mit § 163 a III.

[20] § 136 I Satz 2 u. 3 in Verb. mit § 163 a IV.

[21] §§ 137 II—149; im einzelnen unten.

[22] § 160 II.

[23] §§ 244 II—IV, 245, 261.

[24] Für die StA ist das ausdrücklich festgelegt in § 160 II. Für das Gericht ist diese Pflicht selbstverständlich und daher nicht ausdrücklich normiert. Ausdruck der Pflicht zu unbedingter Objektivität sind z. B. die §§ 22—31 (Ausschließung und Ablehnung von Gerichtspersonen). Vgl. ferner § 244 II.

drängten Lage und angesichts seiner forensischen Unkenntnis und Unerfahrenheit oft selbst die nächstliegenden Schritte unterläßt, zu seiner Verteidigung auf wichtiges Entlastungsmaterial hinzuweisen. Diese Schwäche auszugleichen und damit zur Findung der materiellen Wahrheit beizutragen, ist zunächst Aufgabe des Verteidigers und damit Sinn des Anspruchs auf den Beistand eines Verteidigers im Strafverfahren (§§ 137 ff.)[25].

Daneben ist folgender Gesichtspunkt von besonderer Bedeutung: Das Strafprozeßrecht der Bundesrepublik Deutschland wünscht die Ermittlung der materiellen Wahrheit, aber es wünscht sie nicht um jeden Preis und auf jedem beliebigen, zweckmäßigen Weg. Aufgrund jahrhundertealter Prozeßerfahrung läßt es vielmehr nur eine auf justizförmigem Wege durchgeführte, nur mit „zugelassenen" Beweismitteln arbeitende und alle formstrengen Spielregeln des Verfahrens sorgfältig achtende Tatsachenermittlung zu[26]. Nur dann ist eine Verurteilung zulässig, wenn sich das Gericht auf diesem justizförmigen Wege von der Täterschaft und Schuld des Angeklagten überzeugen kann[27]. Ist das nicht möglich, so nimmt unser Strafprozeßrecht bewußt auch die Freisprechung Schuldiger in Kauf, weil nur so den für den Unschuldigen bestehenden Gefahren begegnet werden kann, die mit Formlosigkeit und Willkür des Verfahrens verbunden sind[28]. Gerade hier tritt die Funktion des Verteidigers ins hellste Licht, wird seine prozeßrechtliche Aufgabe besonders deutlich. Je mehr für die Schuld des Angeklagten spricht, desto größer ist die Gefahr, daß Staatsanwaltschaft und Gericht die Formenstrenge des Verfahrens als lästige Fessel empfinden und beiseite schieben. Deswegen „soll dem rechtsunkundigen und forensisch unerfahrenen Beschuldigten in dem Verteidiger eine selbständige Prozeßfigur zur Seite stehen können, deren Aufgabe es ist, im Interesse des Beschuldigten über die strenge Justizförmigkeit des Verfahrens zu wachen und alles geltend zu machen, was dem justizförmigen Zustande-

[25] *Eb. Schmidt*, Lehrkommentar II, Rdz. 4 vor § 137 in Verb. mit Nachtrag, 2 vor § 137; *Peters*, Strafprozeß, S. 181—183; ferner: *Dahs*, AnwBl. 1959, 171 (174 ff.); ders., Handbuch, S. 5 ff. (mit umfangreichen weiteren Literaturangaben); *Dünnebier* bei *Löwe-Rosenberg*, 4 a und 4 b vor § 137; *Henkel*, Strafverfahrensrecht, § 34; *von Stackelberg*, AnwBl. 1959, 190 ff.

[26] *Eb. Schmidt*, Lehrkommentar II, Rdz. 5 vor § 137 mit weiteren Nachweisen.

[27] BGHSt. 5, 332 ff. (= NJW 1954, 649); *Eb. Schmidt*, a. a. O. FN 26.

[28] *Eb. Schmidt*, Lehrkommentar II, Rdz. 6 vor § 137; *Peters*, a. a. O. FN 25.

kommen einer richterlichen Überzeugung von Täterschaft und Schuld entgegenstehen muß"[29]. Die Wertidee, die solche Geltung des Prozeßrechts auch in Fällen rechtfertigt, wo es seiner materiellrechtlichen Aufgabe der Wahrheitsfindung zuwiderläuft, ist die der Rechtssicherheit[30].

b) Als Verteidiger, deren Beistand sich der Beschuldigte in jeder Lage des Verfahrens bedienen kann (§ 137 I), kommen gemäß § 138 I in erster Linie alle bei einem deutschen Gericht zugelassenen Rechtsanwälte in Betracht[31]. Das entspricht der Funktion, die die Rechtsordnung der Bundesrepublik Deutschland dem Rechtsanwalt innerhalb aller Bereiche des Rechtswesens zuspricht. „Der Rechtsanwalt ist ein unabhängiges Organ der Rechtspflege"[32]. Er „ist der berufene und unabhängige Berater und Vertreter in allen Rechtsangelegenheiten"[33]. Der dem Rechtsanwalt damit eingeräumten Rechtsstellung entsprechen eingehende standesrechtliche Regeln über die Berufsausübung[34] und eine strenge, in der Hand der Anwaltschaft selber liegende ehrengerichtliche Überwachung[35]. Da gerade im Strafverfahren jedes dem Verteidiger eingeräumte Recht auch die Möglichkeit des Mißbrauchs zu Gunsten des Beschuldigten beinhaltet, sind diese standesrecht-

[29] *Eb. Schmidt*, Lehrkommentar II, Rdz. 7 vor § 137.

[30] *Radbruch*, Rechtsphilosophie, 4. Aufl., S. 282; *Eb. Schmidt*, a. a. O. FN 29.

[31] Im Gegensatz zu Zivilsachen (§ 78 ZPO) besteht in Strafsachen keine auf das Prozeßgericht beschränkte Zulassung.

[32] § 1 BRAO; vgl. dazu i. e.: Werner *Kalsbach*, BRAO, 1—3 zu § 1; *ders.*, Standesrecht, S. 5 ff.

[33] § 3 I BRAO; vgl. dazu i. e. Werner *Kalsbach*, BRAO, 1—4 zu § 3.

[34] § 43 BRAO, konkretisiert durch die gem. § 177 I 2 BRAO von der Bundesrechtsanwaltskammer festgestellten „Richtlinien für die Ausübung des Rechtsanwaltsberufs" (Grundsätze des anwaltlichen Standesrechts, Richtlinien gem. § 177 II Satz 2 BRAO, festgestellt von der Bundesrechtsanwaltskammer am 2./3. Mai 1963 [mit Änderungen nach dem Stand vom 1. Januar 1970]). Vgl. dazu insb.: Werner *Kalsbach*, Standesrecht, Teil 2: Das materielle Standesrecht, S. 27—456; *ders.*, BRAO, Anm. zu § 43 und Sonderabschnitt nach § 43: Die „Richtlinien für die Ausübung des Rechtsanwaltsberufs", S. 165—444; *Dahs*, Handbuch, jeweils mit umfangreichen Hinweisen auf weitere Literatur und Rechtsprechung.

[35] Zulassungsverfahren (Auswirkungen des materiellen Standesrechts auf Versagung und Zurücknahme der Zulassung): §§ 4—42 BRAO; vgl. Werner *Kalsbach*, Standesrecht, S. 475—512 u. BRAO, §§ 4—42 — ehrengerichtliches Verfahren bei Standesverstößen eines zugelassenen Rechtsanwalts: §§ 92—161 BRAO; vgl. Werner *Kalsbach*, Standesrecht, S. 513—581, u. BRAO, §§ 92—161, mit weiteren Nachweisen.

lichen Vorschriften hier von besonderer Bedeutung[36]. Diese Tatsache sollte folgerichtig dazu führen, nur noch Rechtsanwälte als Verteidiger zuzulassen.

Außer Rechtsanwälten können jedoch unbeschränkt auch noch Rechtslehrer an deutschen Hochschulen[37] sowie in beschränkten Ausnahmefällen[38] mit Genehmigung des Gerichts auch andere Personen als Wahlverteidiger zugelassen werden (§ 138 II), soweit sie die erforderliche Sachkunde haben[39]. Diese Vorschriften, die im wesentlichen aus der historischen Entwicklung zu erklären sind und deren Erforderlichkeit man unter den heutigen Umständen bezweifeln kann, sollen den Beschuldigten besser stellen, indem sie seine Auswahlmöglichkeiten erweitern[40].

Ein als Verteidiger gewählter Rechtsanwalt kann ferner *mit Zustimmung* seines Mandanten „die Verteidigung einem Rechtskundigen, der die erste Prüfung für den Justizdienst bestanden hat und darin seit mindestens einem Jahr und drei Monaten beschäftigt ist, übertragen" (§ 139)[41]. Diese Möglichkeit dient der Juristenausbildung.

36 *Eb. Schmidt*, Nachtrag, 8 zu § 137; *ders.* JZ 1969, 316 ff.; BVerfG 15, 231; 16, 216; BGHSt. 9, 20 (22); 15, 326; Werner *Kalsbach*, Standesrecht, insbesondere § 1 (S. 1 ff.), § 3 (S. 10 ff.) sowie S. 272—403; *Dahs*, Handbuch, insb. 1. Hauptteil (Die allgemeine Stellung des Verteidigers im Strafverfahren), S. 5—47.

37 § 138 I StPO.

38 D. h.: jeder habilitierte Dozent an einer mit Promotionsrecht ausgestatteten, der Wissenschaft und Lehre dienenden Anstalt; *Dünnebier* bei *Löwe-Rosenberg*, I 3, 4 zu § 138; *Kleinknecht*, 1 zu § 138; *Müller-Sax* (KMR), 1 zu § 138; *Eb. Schmidt*, Lehrkommentar II, 7 zu § 138.

39 Vgl.: *Dünnebier* bei *Löwe-Rosenberg*, II 1 zu § 138; *Kleinknecht*, 2 A zu § 138; *Eb. Schmidt*, Nachtrag, 4 zu § 138; *Seibert*, JZ, 1951, 440; OLG Oldenburg, NJW 1958, 33; OLG Nürnberg, OLGSt., § 137 II, S. 3.

40 *Dünnebier* bei *Löwe-Rosenberg*, I 5 zu § 138; *Müller-Sax* (KMR), 2 c zu § 138; *Seibert*, JZ 1951, 443.

41 Vgl. dazu: *Dünnebier* bei *Löwe-Rosenberg*, 2 zu § 139; *Kleinknecht*, 1—3 zu § 139; *Müller-Sax* (KMR), 1 b zu § 139; *Eb. Schmidt*, Lehrkommentar II, Rdz. 3—6 zu § 139. Zweck der Bestimmung ist nicht mehr, wie ursprünglich, dem Mangel an Rechtsanwälten abzuhelfen, sondern die Schulung der beim Rechtsanwalt auszubildenden Referendare in der Verteidigung (*Dünnebier* bei *Löwe-Rosenberg*, 1 zu § 139). *Müller-Sax* (KMR) (1 b zu § 139) halten sie für unbedenklich, weil im Innenverhältnis zum Beschuldigten stets der Rechtsanwalt verantwortlich bleibe. Bedenken gegen die rechtspolitische Richtigkeit dieser Vorschrift angesichts der Schwierigkeit der Aufgaben des Verteidigers erhebt jedoch mit Recht *Eb. Schmidt* (Nachtrag, Rdz. 1 zu § 139). Zurückhaltend auch *Dahs*, Handbuch, Rdz. 14.

Alle Bestimmungen bedürfen aber hier keiner näheren Erörterung, weil sie das Recht des Beschuldigten auf den Beistand eines Rechtsanwalts im Strafverfahren nicht beschränken, sondern ihm daneben nur weitere Möglichkeiten der Verteidigerwahl gewähren[42].

c) aa) Die Kosten für die Tätigkeit des von ihm gewählten Verteidigers hat grundsätzlich der Beschuldigte selber zu tragen. Grundlage des Honoraranspruchs des Verteidigers ist ein privatrechtlicher „Geschäftsbesorgungsvertrag" (§ 675 BGB) zwischen ihm und dem Beschuldigten[43]. Die Höhe der Gebühren ergibt sich aus den §§ 83-96 BRAGebO. Diese Bestimmungen setzen nur einen Rahmen fest. Innerhalb des Rahmens richtet sich die konkrete Gebühr insbesondere nach dem Umfang und der Schwierigkeit der Sache (§ 12 BRAGebO). Die Vereinbarung höherer als der gesetzlichen Gebühren ist zulässig (§ 3 BRAGebO)[44].

Wird der Beschuldigte verurteilt, so trägt er die für seine Verteidigung aufgewendeten Kosten endgültig selber. Anderenfalls hat er gegen die Staatskasse Anspruch auf Erstattung seiner notwendigen Auslagen (§§ 467, 467 a)[45], zu denen auch die Kosten

[42] Der Beschuldigte soll dadurch besser gestellt werden: *Dünnebier* bei *Löwe-Rosenberg*, I 5 zu § 138; *Müller-Sax* (KMR), 2 c zu § 138; *Seibert*, JZ 1951, 440.

[43] BGH, NJW 1954, 2404; *Dahs*, Handbuch, Rdz. 64 und 1017; *Peters*, Strafprozeß, S. 187 mit Hinweis auf RGZ 158, 134.

[44] Vgl. zu dem Gesamtkomplex der Gebührenfragen: *Dahs*, Handbuch, Rdz. 1026—1031 und 1039—1057 mit weiteren Hinweisen; ferner Werner *Kalsbach*, Standesrecht, S. 433—474. Die obere Grenze für Honorar-Vereinbarungen wird bestimmt durch das standesrechtliche Gebot der Mäßigung bei Honorarforderungen: Werner *Kalsbach*, Standesrecht, S. 422 ff., 445 ff.; *Dahs*, Handbuch, Rdz. 1043 ff.

[45] §§ 467, 467 a in Verb. mit § 464 I und II (Kostenentscheidung). Die Auslagenerstattungspflicht unterliegt einigen Einschränkungen: Verzögert der Angeschuldigte das Verfahren durch schuldhafte Säumnis, muß er auch seine insoweit entstandenen Auslagen tragen (§ 467 II). Die notwendigen Auslagen werden der Staatskasse ferner — zu Recht — nicht auferlegt, wenn er die Anklageerhebung durch eine fälschliche Selbstanzeige vorgetäuscht hat (§ 467 III Satz 1). Schließlich kann das Gericht davon absehen, die Auslagen der Staatskasse aufzuerlegen, wenn widersprüchliche Aussagen des Beschuldigten die Anklage veranlaßt haben (§ 467 III Satz 2 Nr. 1), wenn wegen eines Verfahrenshindernisses keine Verurteilung erfolgt (§ 467 III Satz 2 Nr. 2) oder wenn das Gericht das Verfahren nach einer Vorschrift einstellt, die dies nach seinem Ermessen zuläßt (§ 467 IV), also auch eine Verurteilung rechtlich möglich gewesen wäre.

für seine Verteidigung gehören[46], soweit sie sich innerhalb des gesetzlichen Gebührenrahmens halten[47].

bb) Was den zuletzt genannten Kostenerstattungsanspruch des Beschuldigten anbetrifft, so ist seine Rechtslage in den letzten Jahren in bemerkenswerter Weise Schritt für Schritt verbessert worden.

Bis zum Jahre 1953 sah die StPO lediglich vor, daß die dem „Angeschuldigten" erwachsenen notwendigen Auslagen der Staatskasse auferlegt werden *konnten*[48], eine Auslagenerstattung bei Verfahrenseinstellung vor Anklageerhebung[49] war also überhaupt nicht vorgesehen, im übrigen lag sie im Ermessen des Gerichts.

Diese Ermessensfreiheit wurde im Jahre 1953 durch eine Ergänzung des § 467 Abs. 2 wesentlich eingeengt, die die Überbürdung der notwendigen Auslagen auf die Staatskasse jedenfalls für den Fall zwingend vorschrieb, daß das Verfahren die Unschuld des Angeklagten ergeben oder dargetan hatte, daß gegen ihn ein begründeter Tatverdacht nicht vorlag[50]. Diese Neuregelung, die zweifellos schon einen Fortschritt darstellte[51], löste aber noch nicht das Problem der Erstattung notwendiger Auslagen im Ermittlungsverfahren[52] und führte außerdem zu einer neuen uner-

[46] § 464 a II Ziff. 2 (eingeführt durch das EGOWiG vom 24. 5. 1968, BGBl. I S. 503) in Verb. mit § 91 II ZPO. Die Auslagen für einen Rechtsanwalt als Wahlverteidiger sind, entsprechend dem umfassenden Anspruch, sich des Beistands eines Verteidigers zu bedienen (§ 137 I), stets notwendig. Vgl. z. B.: *Kleinknecht,* 2 A zu § 464 a; *Müller-Sax* (KMR), 4 a (2) zu § 467; *Eb. Schmidt,* Lehrkommentar II, Rdz. 8 ff. zu § 467.

[47] §§ 83—96, 12 BRAGebO.

[48] § 467 II in der ursprünglichen Fassung der StPO vom 1. 2. 1877 (RGBl. 253). Die Änderung des § 467 durch das AusfG zu dem Gesetz gegen gefährliche Gewohnheitsverbrecher und über Maßnahmen der Sicherung und Besserung vom 24. 11. 1933 (RGBl. I S. 1000) hat diesen Teil der Vorschrift nicht betroffen.

[49] Das folgt aus dem Begriff „Angeschuldigter". Siehe § 157 und oben FN 1.

[50] § 467 II in der Fassung des 3. Strafrechtsänderungsgesetzes vom 4. 8. 1953 (BGBl. I S. 735).

[51] Siehe *Eb. Schmidt,* Lehrkommentar II, Rdz. 1 und 7 zu § 467.

[52] Schon vor Einführung des § 467 a durch das StPÄG vom 19. 12. 1964 (BGBl. I S. 1067) nahmen Rechtsprechung und Lehre allerdings wenigstens an, daß eine Auslagenüberbürdung auf die Staatskasse auch bei Rücknahme der öffentlichen Klage durch die StA und bei Ablehnung der Eröffnung des Hauptverfahrens durch das Gericht möglich sei: KMR (4. Auflage), 5 b zu § 467; *Müller-Sax* (KMR), 6. Auflage, 1 zu § 467 a; *Eb. Schmidt,* Lehrkommentar II, Rdz. 4 zu § 467, jeweils mit Rechtsprechungsübersicht.

wünschten Nebenfolge, nämlich zu einer Unterscheidung zwischen „Freisprüchen erster und zweiter Klasse“. Da bei einem Freispruch wegen erwiesener Unschuld oder mangels Tatverdachts die notwendigen Auslagen des Angeklagten der Staatskasse auferlegt werden *mußten*, bei einem Freispruch mangels Beweises hingegen nicht[53], konnte man hinfort aus der Kostenentscheidung des Urteilstenors ablesen, aus welchem Grunde der Freispruch erfolgt war.

Diese Konsequenz versuchte man im Jahre 1964 dadurch auszuschalten, daß man für die Entscheidung über die Erstattung der notwendigen Auslagen im Falle des Freispruchs wegen erwiesener Unschuld oder mangels Tatverdachts einen besonderen, nicht zu verkündenden Beschluß vorsah, um so wenigstens den Urteilstenor wieder neutral zu halten[54]. Gleichzeitig erweiterte man die Auslagenerstattungspflicht der Staatskasse auch ausdrücklich auf den Fall der Klagerücknahme durch die StA[55]. Zu einer kostenrechtlichen Gleichstellung aller Fälle des Freispruchs konnte man sich jedoch noch nicht entschließen.

Erst 1968 war die Zeit dafür reif. Nach § 467[56] werden nunmehr dem Angeschuldigten seine notwendigen Auslagen stets ersetzt, wenn er freigesprochen oder außer Verfolgung gesetzt wird. Dasselbe gilt gemäß § 467 a für den Fall, daß die StA die öffent-

53 Das wäre wohl möglich gewesen gemäß § 467 II Satz 1, geschah aber nie.

54 § 467 IV und V in der Fassung des Art. 10 Nr. 12 des StPÄG vom 19. 12. 1964 (BGBl. I S. 1067); siehe dazu: Strafrechtsausschuß der Bundesrechtsanwaltskammer: Stellungnahme zum Regierungsentwurf eines Gesetzes zur Änderung der Strafprozeßordnung und des Gerichtsverfassungsgesetzes (StPÄG), Dezember 1960, S. 77 f.; Schriftlicher Bericht des Rechtsausschusses des Deutschen Bundestages (DBTag) zu Drucks. IV/1020; *Schäfer* bei *Löwe-Rosenberg*, Ergänzungsband, 1 zu § 467; *Eb. Schmidt*, Nachtrag, Rdz. 1 zu § 467; *Schwarz-Kleinknecht* (25. Auflage), Anm. 1, 16, 17 zu § 467.

55 § 467 a in der Fassung des Art. 10 Nr. 13 des StPÄG vom 19. 12. 1964 (BGBl. I S. 1067). Zum Zweck der Neuregelung: *Schäfer* bei *Löwe-Rosenberg*, Ergänzungsband, 1 zu § 467 a. Zu den Voraussetzungen der Kostenüberbürdung nach § 467 a in der Fassung des StPÄG siehe: *Schäfer* bei *Löwe-Rosenberg*, Ergänzungsband, 5 zu § 467 a; *Schwarz-Kleinknecht* (27. Auflage), 1—4 zu § 467 a; *Müller-Sax* (KMR), 1 zu § 467 a; *Eb. Schmidt*, Nachtrag, Rdz. 2, 3, 7 zu § 467 a; im übrigen oben FN 52.

56 § 467 I in der Fassung des Art. 2 des EGOWiG vom 24. 5. 1968 (BGBl. I S. 503). Über die berechtigten Einschränkungen in Sonderfällen siehe oben FN 45.

liche Klage zurücknimmt und das Verfahren einstellt[57] bzw. sich nach förmlicher Feststellung des Abschlusses der Ermittlungen und entsprechender Mitteilung an den Beschuldigten und seinen Verteidiger[58] entschließt, doch keine Anklage zu erheben[59].

Streit besteht jetzt noch darüber, ob auch bei einer Einstellung des Ermittlungsverfahrens vor dessen förmlichem Abschluß (§ 169 a I) die notwendigen Auslagen auf die Staatskasse zu überbürden sind[60]. Das wird man im Augenblick angesichts des insoweit eindeutigen Wortlauts des § 467 a wohl nicht annehmen können[61]. Eine diesem berechtigten Wunsch[62] entsprechende Regelung ist jedoch nunmehr in dem Entwurf eines Gesetzes über die Entschädigung für Strafverfolgungsmaßnahmen[63] ebenfalls vorgesehen. Mit der Erledigung dieses letzten Punktes wird dann die Kostenerstattungsfrage endgültig richtig geregelt sein. Denn der Anspruch auf Ersatz der für die Verteidigung aufgewendeten notwendigen Auslagen in allen Fällen, die nicht zur Verurteilung führen, ergibt sich letzten Endes daraus, daß der Staat den Betroffenen in ein Verfahren verwickelt hat, ohne daß es ihm gelungen ist, die gesetzliche Unschuldsvermutung, um deren Widerlegung es im Strafverfahren geht, auch tatsächlich zu widerlegen[64].

2. Neben dem Recht des Beschuldigten, sich in jeder Lage des Verfahrens des Beistandes eines von ihm zu wählenden Verteidigers zu bedienen (Wahlverteidigung), kennt die StPO ferner die sogen. *notwendige Verteidigung* (Pflichtverteidigung), d. h. Fälle, in denen die Mitwirkung eines Verteidigers im Verfahren zwingend vorgeschrieben ist.

57 § 467 a I.

58 Gemäß § 169 a I ist der Abschluß der Ermittlungen in den Akten zu vermerken, wenn die StA erwägt, Anklage zu erheben. Das ist dem Beschuldigten und seinem Verteidiger mitzuteilen, wenn die Anklage nicht beim Einzelrichter, sondern beim Schöffengericht oder einem Gericht höherer Ordnung erhoben werden soll (§ 169 a II). Es geht hier also um Fälle von einiger Bedeutung, in denen die StA zunächst anklagen will, dann aber in diesem späten Stadium des Ermittlungsverfahrens ihre Meinung doch noch ändert.

59 § 467 a II.

60 So: LG Lübeck, NJW 1969, 52; *Ganske*, NJW 1969, 1098.

61 Herrschende Lehre: OLG München, NJW 1969, 449; OLG Saarbrücken, NJW 1969, 1451; LG Berlin, DAR 1969, 190; *Wuttke*, NJW 1969, 521; *Bode*, NJW 1969, 214; *Crones*, ZRP 1970, 102.

62 So auch *Crones*, a. a. O. FN 61.

63 BT-Drucks. VI/460.

64 Art. 6 II MRK; BVerfGE 25, 327; *Kleinknecht*, 1 zu § 467.

a) aa) Die einzelnen Fälle, in denen die Verteidigung notwendig ist, sind in § 140 Abs. 1 und Abs. 2 in einer katalogartigen Beschreibung und einer ergänzenden Generalklausel festgelegt[65, 66]. Die Bestimmung lautet:

I. Die Mitwirkung eines Verteidigers ist notwendig, wenn

1. die Hauptverhandlung im ersten Rechtszug vor dem Oberlandesgericht oder dem Landgericht stattfindet;
2. dem Beschuldigten ein Verbrechen zur Last gelegt wird;
3. das Verfahren zur Unterbringung in einer Heil- oder Pflegeanstalt oder zur Untersagung der Berufsausübung führen kann;
4. der Beschuldigte taub oder stumm ist;
5. der Beschuldigte sich mindestens drei Monate in derselben oder in einer anderen Sache in Untersuchungshaft oder auf Grund behördlicher Anordnung in einer Heil- oder Pflegeanstalt befunden hat und nicht mindestens zwei Wochen vor Beginn der Hauptverhandlung aus der Untersuchungshaft oder der Heil- oder Pflegeanstalt entlassen wird;
6. zur Vorbereitung eines Gutachtens über den Geisteszustand des Beschuldigten seine Unterbringung in einer öffentlichen Heil- oder Pflegeanstalt in Frage kommt;
7. die Hauptverhandlung gegen einen Abwesenden stattfindet (§ 277).

II. In anderen Fällen bestellt der Vorsitzende auf Antrag oder von Amts wegen einen Verteidiger, wenn wegen der Schwere der Tat oder wegen der Schwierigkeit der Sach- oder Rechtslage die Mitwirkung eines Verteidigers geboten erscheint oder wenn ersichtlich ist, daß sich der Beschuldigte nicht selbst verteidigen kann.

Beschränkt, nämlich nur für die Dauer eines bestimmten Verfahrensabschnittes, notwendig ist die Verteidigung ferner für die Dauer der Untersuchungshaft (§ 117 IV), für die mündliche Verhandlung bei der Haftprüfung mit gesetzlicher Mitwirkungspflicht des Verteidigers (§ 118 a II S. 2 u. 3) und für die Revisionsverhandlung (§ 350 III)[67].

bb) Die Bedeutung der dargestellten Regelung liegt darin, daß hiermit die Verteidigung des Beschuldigten durch einen sachkun-

[65] Die vielfältigen Rechtsfragen, die sich an § 140, insbesondere an § 140 II, knüpfen, können hier nicht im einzelnen behandelt werden. Siehe dazu: *Peters*, Strafprozeß, S. 185 f.; *Henkel*, Strafverfahrensrecht, § 34 II; *Dünnebier* bei *Löwe-Rosenberg*, I—III, insbesondere II zu § 140; *ders.* Ergänzungsband II, III zu § 140; *Kleinknecht*, 1—7 zu § 140; *Müller-Sax* (KMR), 1—8, insbesondere 4 und 5 zu § 140; *Eb. Schmidt*, Nachtrag, Rdz. 1—28, insbesondere 12 ff. zu § 140; *Krey*, NJW 1970, 1908.

[66] Im Verfahren gegen Jugendliche und Heranwachsende ist die Verteidigung außer in den in der StPO genannten (§ 68 Nr. 1 JGG) noch in einigen anderen Fällen (§ 68 Nr. 2 und 3 JGG) notwendig.

[67] Siehe dazu unten Abschnitt B I 2 b.

digen Beistand[68] in allen genannten Fällen, selbst gegen seinen Willen, sichergestellt ist.

Das Rechtsinstitut der notwendigen Verteidigung umfaßt damit die Fälle, in denen der Beschuldigte, obwohl er einen Verteidiger braucht und haben will, keinen Wahlverteidiger bestellt, *weil er ihn nicht bezahlen kann,* die Fälle also, in denen sich die Frage nach einer *Armenrechtsregelung* stellt. Diese Regelung ist in den §§ 140 ff. mitenthalten. In den Fällen der notwendigen Verteidigung, d. h. dann, wenn nach der dem geltenden Recht zugrunde liegenden Auffassung die Mitwirkung eines Verteidigers nicht nur wünschenswert, sondern erforderlich ist, wird auch demjenigen, der kein Geld hat, von sich aus einen Verteidiger zu beauftragen, von Amts wegen und auf Staatskosten[69] ein Verteidiger gestellt, und zwar gleichgültig, ob die Rechtsverfolgung (Verteidigung) hinreichend Aussicht auf Erfolg bietet[70] oder nicht.

Der Zweck der Bestellung eines Pflichtverteidigers geht jedoch über den der Beiordnung eines Armenanwalts im Zivilprozeß oder in vergleichbaren Verfahren[71] weit hinaus. Maßgeblich für die Armenrechtsregelung im Zivilprozeß und anderen entsprechenden Verfahren „ist der Fürsorgegedanke, daß die arme Partei bei der gerichtlichen Wahrnehmung ihrer Belange denselben rechtlichen Schutz genießen soll wie die vermögende Gegenpartei. Dagegen steht im Strafverfahren die Bestellung eines Pflichtverteidigers in erster Linie unter dem Leitgedanken, ohne Rücksicht darauf, ob der Beschuldigte einen Verteidiger haben will und bezahlen kann oder nicht, im staatlichen Interesse einen geordneten Ablauf des Verfahrens sicherzustellen, wenn dies wegen der Schwere der Tat oder der Schwierigkeit der Sach- und Rechtslage oder auch wegen der Unfähigkeit des Beschuldigten, sich selbst zu verteidigen, geboten ist“[72]. Gerade hier kommen die Gesichts-

[68] Personenkreis: § 142. Siehe unten B I 2 c.

[69] Vorbehaltlich späterer Rückforderung als Teil der Verfahrenskosten bei Verurteilung; siehe unten Abschnitt B I 2 d.

[70] So § 114 ZPO.

[71] Im Bereich des Strafprozesses z. B.: Privatklageverfahren für den Privatkläger, Nebenklage, Anklageerzwingungsverfahren, Verfahren nach den §§ 23 ff. EGGVG (siehe oben Abschnitt A).

[72] BGHSt. 3, 395 (398); *Dünnebier* bei *Löwe-Rosenberg,* Nachtrag, 1 zu § 141. Es entsteht demgemäß auch kein privates Rechtsverhältnis zwischen Beschuldigtem und Verteidiger, sondern ein öffentlich-rechtliches Pflichtverhältnis zwischen Verteidiger und Staat (vgl. *Dahs,* Handbuch, Rdz. 81; *Peters,* Strafprozeß, S. 187).

punkte zum Tragen, die oben für die Bedeutung der Verteidigung im Strafverfahren generell hervorgehoben worden sind[73]. Die Bestellung eines Pflichtverteidigers liegt nicht nur im wohlverstandenen Interesse des Beschuldigten, sondern sie liegt auch im Interesse des Staates. Deswegen ist es keine Bevormundung, sondern nur folgerichtig, daß es auf den Willen des Beschuldigten nicht ankommt, zumal da der Beschuldigte sehr oft am schlechtesten beurteilen kann, ob er einen Verteidiger braucht oder nicht[74].

cc) Der Umfang, in dem ein Staat in seinem Strafprozeßrecht die Verteidigung nicht nur zuläßt, sondern vorschreibt, ist unter diesem Blickwinkel ein Anhaltspunkt dafür, wie ernst er das Streben nach der Ermittlung der *materiellen Wahrheit* und die Sicherung der *Justizförmigkeit* des Verfahrens tatsächlich nimmt. So gesehen ist es kein Zufall, sondern eine konsequente Entwicklung, daß der Gesetzgeber in den letzten zwei Jahrzehnten die Fälle der notwendigen Verteidigung mehrfach erweitert hat[75]. Auch die heutige Regelung ist jedoch noch verbesserungsbedürftig[75a]. Mindestens müßte immer dann, wenn die Verhängung einer Freiheitsstrafe in Betracht kommt, *zwingend* ein Fall der notwendigen Verteidigung gegeben sein[76].

b) aa) Gemäß § 141 Abs. 3 Satz 1 *kann* ein Pflichtverteidiger schon *während des Ermittlungsverfahrens* bestellt werden. Im Hinblick auf die große Bedeutung, die eine bereits möglichst früh im Ermittlungsverfahren einsetzende Verteidigung für die sachgemäße und wirksame Wahrung der Rechte des Beschuldigten hat[77], ist es wenig glücklich, daß das Gesetz hier nur eine „Kann-

[73] Abschnitt B I 1 a.

[74] Siehe z. B.: *Peters*, Strafprozeß, S. 181 ff.; *Eb. Schmidt*, Lehrkommentar II, Rdz. 4 vor § 137; *Dahs*, Handbuch, S. 5 ff.; *Dünnebier* bei *Löwe-Rosenberg*, 4 a, b vor § 137. Nur zu oft hört man z. B. von Beschuldigten, sie brauchten keinen Anwalt, denn sie seien ja unschuldig.

[75] Durch das StPÄG vom 19. 12. 1964 (BGBl. I S. 1067) und durch das 1. StrRRG vom 25. 6. 1969 (BGBl. I S. 645). Die letzte Änderung durch das Gesetz zur allgemeinen Einführung eines zweiten Rechtszuges in Staatsschutz-Strafsachen vom 8. 9. 1969 (BGBl. I S. 1582) war dagegen nur redaktioneller Art.

[75a] Vgl. neuerdings: *Krey*, Verfassungskonforme Gesetzeskorrektur im Rahmen der notwendigen Verteidigung (§ 140 Abs. 1 Nr. 5 StPO)?, NJW 1970, 1908 f.

[76] *Peters*, Strafprozeß, S. 186; *Eb. Schmidt*, JZ 1969, 316 (318); *Dünnebier* bei *Löwe-Rosenberg*, Ergänzungsband, II 1 zu § 140.

[77] Siehe dazu jetzt insbesondere die umfassende Darstellung von *Dahs*, Handbuch, Rdz. 164 ff.

vorschrift" enthält, die Bestellung also in das Ermessen des Vorsitzenden des für die Hauptverhandlung zuständigen Gerichts (§ 141 IV) legt[78]. Angesichts der aus dem Rechtsstaatsprinzip folgenden allgemeinen prozessualen Fürsorgepflicht[79] wird jedoch m. E. die Möglichkeit der Verteidigerbestellung während des Ermittlungsverfahrens für den Vorsitzenden zur Pflicht, sobald sich abzeichnet, daß ein Fall der notwendigen Verteidigung vorliegt[80]. Die Bestellung eines Pflichtverteidigers schon während des Ermittlungsverfahrens ist zwingend vorgeschrieben, wenn zur Vorbereitung eines Gutachtens über den Geisteszustand des Beschuldigten dessen Unterbringung in einer öffentlichen Heil- oder Pflegeanstalt angeordnet werden soll (§ 81, I, II), wenn sich der Beschuldigte mehr als drei Monate in Untersuchungshaft befindet (§ 117 IV) und wenn ein mündlicher Haftprüfungstermin stattfindet, zu dem der Beschuldigte nicht vorgeführt werden kann (§ 118 a II).

Nach dem Abschluß der Ermittlungen (§ 169 a I) muß ein Pflichtverteidiger bestellt werden, sobald die Staatsanwaltschaft dies beantragt (§ 141 III S. 2). Die Staatsanwaltschaft *soll* diesen Antrag stellen, falls die Gewährung des Schlußgehörs in Betracht kommt[81] und nach ihrer Auffassung in dem gerichtlichen Verfahren die Verteidigung nach § 140 I notwendig sein wird (§ 141 III S. 3). Auch hier enthält die „Sollvorschrift", richtig verstanden, für die Staatsanwaltschaft eine Verpflichtung, von der nur in be-

78 So auch: *Eb. Schmidt*, Nachtrag, Rdz. 5 zu § 141; *ders.*, JZ 1969, 316 (318).

79 Siehe dazu zunächst: *Kleinknecht*, Einl. 7; zum Rechtsstaatsprinzip und seiner Bedeutung für den Anspruch auf Beistand eines Verteidigers im Strafverfahren im einzelnen unten Abschnitt B II.

80 In der Sache wohl übereinstimmend *Kleinknecht*, 4 B zu § 141. Aufgrund der Fürsorgepflicht schrumpft der Ermessensspielraum praktisch so zusammen, daß jede andere Entscheidung fehlerhaft wäre. Vgl. ferner: *Müller-Sax* (KMR), 1 c zu § 141; *Dünnebier* bei *Löwe-Rosenberg*, Ergänzungsband, 4 zu § 141; *Eb. Schmidt*, a. a. O. FN 78.

81 Siehe §§ 169 a II, 169 b I. Da das Schlußgehör auch beantragt werden kann, wenn die StA erwägt, Anklage beim Schöffengericht zu erheben, kommt es in all' diesen Fällen auch i. S. des § 141 „in Betracht". Die StA kann ihre Entscheidung über einen etwaigen Antrag auf Schlußgehör (§ 169 b I 2) nicht schon im Rahmen des § 141 III vorwegnehmen, weil unerwartetes Vorbringen doch Anlaß zur Gewährung bieten kann (*Kleinknecht*, 4 A a zu § 141; *Dünnebier* bei *Löwe-Rosenberg*, Ergänzungsband, 5 zu § 141; *Eb. Schmidt*, Nachtrag, 5 zu § 141; *Müller-Sax* (KMR), 1 a (1) und (2) zu § 141).

gründeten Ausnahmefällen abgewichen werden darf[82]. Auch wenn dies im Gesetz nicht ausdrücklich gesagt ist, kann die Staatsanwaltschaft die Beiordnung ebenfalls beantragen, wenn nach ihrer Auffassung ein Fall notwendiger Verteidigung gemäß § 140 Absatz 2 gegeben ist. Für die Ausübung des ihr dabei eingeräumten Ermessens[83] gilt, wiederum aus dem Gesichtspunkt der prozessualen Fürsorgepflicht, dasselbe, was oben für die Ermessensentscheidung des Vorsitzenden gemäß § 141 III S. 1 gesagt wurde. In jedem Fall ist der Antrag der Staatsanwaltschaft für das Gericht bindend[84].

Ist im Ermittlungsverfahren noch kein Verteidiger bestellt worden, so ist er zu bestellen, sobald der Angeschuldigte gemäß § 201 zur Erklärung über die Anklageschrift aufgefordert worden ist (§ 141 I). Ergibt sich erst später, daß ein Verteidiger notwendig ist, so wird er sofort bestellt (§ 141 II).

bb) Die Bestellung des Pflichtverteidigers gilt — abgesehen von den oben erwähnten Fällen der beschränkt notwendigen Verteidigung[85] — für das ganze Verfahren und für den Fall eines Wiederaufnahmeverfahrens sogar über den rechtskräftigen Abschluß des Verfahrens hinaus bis zum rechtskräftigen Wiederaufnahmebeschluß (§§ 370, 372)[86]. Ausgenommen ist lediglich die Hauptverhandlung vor dem Revisionsgericht. Für sie gilt die tatrichterliche Bestellung eines Pflichtverteidigers nach herrschender Meinung nicht[87]. Hier hat vielmehr der Vorsitzende des Revisionssenats (§ 141 IV) bei schwieriger Sach- und Rechtslage (§ 140 II), die für die Revisionsverhandlung naturgemäß nach anderen Kriterien zu beurteilen ist als für die Verhandlung vor dem Tatrichter[88], sowie dann, wenn sich der Angeklagte nicht auf freiem Fuß befindet und zur Hauptverhandlung vor dem Revisionsgericht nicht vorgeführt wird (§ 350 III), für diese Hauptverhandlung einen besonderen Pflichtverteidiger zu bestellen.

[82] *Dünnebier, Kleinknecht, Müller-Sax, Eb. Schmidt,* a. a.O. FN 81.

[83] Siehe *Kleinknecht, Müller-Sax,* a. a. O. FN 81.

[84] *Dünnebier, Müller-Sax,* a. a. O. FN 81; *Kleinknecht,* 4 A b zu § 141.

[85] Abschnitt B I 2 a aa: §§ 117 IV; 118 a II S. 2 und 3; 350 III.

[86] *Dünnebier* bei *Löwe-Rosenberg,* I 3 b zu § 140; *Kleinknecht,* 1 C zu § 140; *Müller-Sax* (KMR), 2 a zu § 140.

[87] BGHSt. 19, 258 ff.; *Dünnebier, Kleinknecht, Müller-Sax,* a. a. O. FN 86; a. M. OLG Hamburg, NJW 1964, 418; *Peters,* Strafprozeß, S. 186.

[88] BGHSt. 19, 258 (260).

c) Wer zum Pflichtverteidiger bestellt werden kann, regelt die StPO in § 142:

aa) In aller Regel kommen als Pflichtverteidiger nur Rechtsanwälte in Betracht. Insoweit bestimmt § 142 I:

Der zu bestellende Verteidiger wird durch den Vorsitzenden des Gerichts möglichst aus der Zahl der bei einem Gericht des Gerichtsbezirks zugelassenen Rechtsanwälte ausgewählt.

Da eine sachgerechte Verteidigung ein Vertrauensverhältnis zwischen dem Beschuldigten und seinem Verteidiger voraussetzt, ist bei der Auswahl des Verteidigers den Wünschen des Beschuldigten im Rahmen des Möglichen Rechnung zu tragen[89]. Ein Vorsitzender, der sich ohne triftigen Grund über den Wunsch eines Beschuldigten hinwegsetzt, ihm einen bestimmten Rechtsanwalt als Pflichtverteidiger beizuordnen, übt sein Ermessen nicht fehlerfrei aus. Die StPO gewährt dem Beschuldigten jedoch keinen unbedingten Anspruch auf Beiordnung eines bestimmten Verteidigers[90]. Ein solcher Anspruch, der leicht zu praktisch unüberwindbaren Schwierigkeiten führen könnte[91], läßt sich auch nicht aus anderen Rechtsnormen ableiten[92].

bb) Anstelle eines Rechtsanwalts kann in Ausnahmefällen auch ein Referendar zum Pflichtverteidiger bestellt werden. Hierzu besagt § 142 II:

In den Fällen des § 140 Abs. 1 Nr. 2, 4, 5 und 7 sowie des § 140 Abs. 2 können auch Rechtskundige, welche die vorgeschriebene erste Prüfung für den Justizdienst bestanden haben und darin seit mindestens einem Jahr und drei Monaten beschäftigt sind, für den ersten Rechtszug als Verteidiger bestellt werden, jedoch nicht bei dem Gericht, dessen Richter sie zur Ausbildung überwiesen sind.

Diese Bestimmung stellt eine Parallele zu § 139 dar, wonach der Wahlverteidiger einen Referendar mit der selbständigen Führung der Verteidigung beauftragen kann[93], ist jedoch rechtspoli-

89 *Dahs*, Handbuch, Rdz. 82; *Peters*, Strafprozeß, S. 188; *Dünnebier* bei *Löwe-Rosenberg*, II zu §§ 141—143; *Kleinknecht*, 1 zu § 142; *Müller-Sax* (KMR), 2 zu § 142; *Eb. Schmidt*, Nachtrag, Rdz. 2 zu § 142, u. JZ 1969, 316 (318).

90 Allg. Meinung; vgl. die FN 89 Genannten.

91 Es liegt z. B. nahe, daß dann zumindest sehr viele Beschuldigte die Beiordnung bestimmter besonders prominenter Verteidiger beanspruchen würden.

92 BVerfGE 9, 36 (38 f.); *Guradze*, MRK, Art. 6, Anm. 34 (S. 108 f.); *Schorn*, MRK, Art. 6 Anm. 4 u. 5 (S. 230 f.); im einzelnen unten Abschnitt B II.

93 Oben Abschnitt B I 1 b.

tisch noch weitaus bedenklicher[94]. Während nämlich im Falle des § 139 die Übertragung nur mit Zustimmung des Beschuldigten möglich ist, kann nach § 142 II u. U. einem Beschuldigten, der nicht über die nötigen Mittel verfügt, einen Wahlverteidiger zu bezahlen, gegen seinen Willen ein Referendar, also ein noch nicht voll ausgebildeter Jurist, als Verteidiger aufgezwungen werden[95].

Der tatsächliche Anwendungsbereich des § 142 II wird allerdings durch die Richtlinien für das Strafverfahren (RiStV) eingeengt, die in Nr. 92 Abs. 1 bestimmen:

> Referendare werden als Verteidiger nur bestellt werden können (§ 142 Abs. 2 StPO), wenn nach der Art und der Bedeutung der Strafsache und der Person des Referendars Gewähr für eine sachgemäße Verteidigung besteht. Ist die Mitwirkung eines Verteidigers aus den Gründen des § 140 Abs. 2 StPO notwendig, so wird die Bestellung eines Referendars im allgemeinen nur dann in Betracht kommen, wenn die Tat nicht besonders schwer und die Sach- und Rechtslage nicht besonders schwierig, aber ersichtlich ist, daß der Beschuldigte sich nicht selbst verteidigen kann. Der Gesichtspunkt der Gebührenersparnis soll bei der Bestellung unberücksichtigt bleiben.

Diese Einschränkung räumt die grundsätzlichen Bedenken aber nicht aus. Mit Recht hat sich deswegen der Strafrechtsausschuß der Bundesrechtsanwaltskammer anläßlich der Beratungen des Strafprozeßänderungsgesetzes (StPÄG) vom 19. 12. 1964 nachdrücklich für eine ersatzlose Streichung des § 142 II eingesetzt[96]. Leider hat sich das bisher nicht erreichen lassen.

d) aa) Gemäß §§ 97-99 BRAGebO hat der zum Pflichtverteidiger bestellte Rechtsanwalt einen Gebührenanspruch gegen die Staatskasse. Die Höhe der Gebühr ist im Gegensatz zu den Rahmengebühren bei der Wahlverteidigung (§§ 83 ff. BRAGebO) gesetzlich genau festgelegt (§ 97 BRAGebO)[97].

Die Gebührenzahlungen der Staatskasse an den bestellten Verteidiger gehören zu den Verfahrenskosten[98]. Sie sind also im

[94] Wegen der Bedenken gegen § 139 siehe oben FN 41.

[95] *Eb. Schmidt*, Nachtrag, § 142, Rdz. 1; Strafrechtsausschuß der Bundesanwaltskammer, Stellungnahme zum Regierungsentwurf eines Gesetzes zur Änderung der StPO und des GVG (StPÄG), 1960, S. 30 f.

[96] A. a. O. FN 95. Immerhin ist die frühere, noch sehr viel weiter reichende Fassung des § 142 II durch das StPÄG erheblich eingeschränkt worden; vgl. dazu *Peters*, Strafprozeß, S. 189, der gegen die jetzige Fassung offenbar keine Bedenken mehr hat, und *Dünnebier* bei *Löwe-Rosenberg*, Anm. 1 vor und Anm. 1 zu § 142.

[97] Vgl. dazu: *Dahs*, Handbuch, Rdz. 1032—1035 mit weiteren Nachweisen.

[98] § 464 a I StPO in Verb. mit § 92 Nr. 7 GKG.

Falle der Verurteilung vom Angeklagten, sonst endgültig von der Staatskasse zu tragen (§§ 465, 464).

bb) Da die Bestellung eines Pflichtverteidigers, wie dargelegt, nicht nur in Frage kommt, wenn der Beschuldigte die Gebühren eines gewählten Verteidigers nicht bezahlen kann, und andererseits die Pflichtverteidigergebühren relativ niedrig sind[99], gewährt § 100 BRAGebO auch dem bestellten Verteidiger gegen den Beschuldigten Anspruch auf Zahlung der Gebühren eines gewählten Verteidigers abzüglich der aus der Staatskasse erhaltenen Zahlungen, sofern das Gericht des 1. Rechtszuges feststellt, daß der Beschuldigte ohne Beeinträchtigung des für ihn und seine Familie notwendigen Unterhalts zur Zahlung in der Lage ist[100].

3. Zusammenfassend läßt sich damit zunächst einmal feststellen, daß das Recht auf Beistand eines Rechtsanwalts als Verteidiger im Strafverfahren schon in der Strafprozeßordnung der Bundesrepublik Deutschland weitestgehend gewährleistet ist. Nach den §§ 137 ff. hat der Beschuldigte das Recht, sich in jeder Lage des Verfahrens von einem Rechtsanwalt verteidigen zu lassen. Durch das Rechtsinstitut der notwendigen Verteidigung (§§ 140 ff.) ist darüber hinaus sichergestellt, daß in den in § 140 genannten Fällen auch dann ein Verteidiger mitwirkt, wenn der Beschuldigte keinen Verteidiger wählen will oder kann. Auch dieser Pflichtverteidiger wird in aller Regel ein Rechtsanwalt sein (§ 142 I). Er sollte es immer sein. Die Möglichkeit, u. U. einen Referendar zum Verteidiger zu bestellen (§ 142 II), ist rechtspolitisch verfehlt, allerdings in der Praxis auch bedeutungslos.

Eine völlige Gleichstellung dessen, der selber keinen Verteidiger bezahlen kann, mit dem, der über die nötigen Mittel hierzu verfügt, ist mit dieser Regelung freilich nicht gegeben. Sie wäre auch nicht unproblematisch; denn es gibt unzweifelhaft auch Fälle, die so einfach gelagert sind, daß die Bestellung eines Pflichtverteidigers auf Antrag des Beschuldigten zu einer unnötigen Kostenbelastung für die Staatskasse führen würde[101].

99 Sie betragen das 1½fache der Mindestrahmengebühr für den Wahlverteidiger (§§ 83 ff. BRAGebO).

100 § 100 II BRAGebO. Siehe *Dahs*, Handbuch, Rdz. 1036.

101 Ob man das hinnehmen will, ist letzten Endes eine politische Willensentscheidung. In diesem Zusammenhang muß gesehen werden, daß eine innere Wechselbeziehung zwischen der Tendenz der materiellen Strafrechtsreform zur Einschränkung der Zahl der Straftatbestände und der

§ 140 räumt jedoch — insbesondere durch die Generalklausel in Absatz 2 — der notwendigen Verteidigung im Interesse des Beschuldigten und der Strafrechtspflege einen weiten Raum ein. Es fragt sich nun, ob die Grenze damit richtig gezogen ist. Das ist in einem Rechtsstaat keine Frage der Zweckmäßigkeit, sondern ein Problem, dessen Lösung durch die Verfassung vorgezeichnet ist.

II. Die verfassungsrechtliche Gewährleistung des Anspruchs auf Beistand eines Verteidigers im Strafverfahren

Der strafprozeßrechtliche Hintergrund der erläuterten strafprozessualen Bestimmungen und gleichzeitig der Maßstab, an dem zu messen ist, ob die strafprozessuale Regelung dem Verteidigungsinteresse des Beschuldigten ausreichend Rechnung trägt oder ob sich aus übergeordneten Normen noch weitergehende Ansprüche auf den Beistand eines Verteidigers im Strafverfahren ergeben, sind das Rechtsstaatsprinzip des Grundgesetzes für die Bundesrepublik Deutschland (GG) und — als eine seiner speziellen Ausprägungen — der Anspruch auf ein faires Verfahren (fair-trial-Prinzip), der nach dem Inkrafttreten des GG expressis verbis in

Tendenz strafprozessualer Reformbemühungen zur Ausweitung der Fälle der notwendigen Verteidigung besteht. Im Rahmen der Reform des materiellen Strafrechts in der Bundesrepublik Deutschland tritt erfreulicherweise immer stärker der Gedanke in den Vordergrund, daß die Verhängung strafrechtlicher Sanktionen nur das äußerste Mittel (die „ultima ratio") einer Kette von staatlichen Maßnahmen zum Schutz vor Rechtsgutsverletzungen sein dürfe und demgemäß das Strafrecht nur wirklich schwerwiegende, erheblich sozialschädliche Verhaltensweisen unter Strafe stellen sollte, während alle anderen Normverletzungen in den Bereich der Ordnungswidrigkeiten zu verweisen seien (vgl. z. B. *Roxin*, Strafzweck und Strafrechtsreform, in: Programm für ein neues Strafgesetzbuch, 1968, S. 75 ff.; ders., Sinn und Grenzen staatlicher Strafe, in: JuS 1966, 377 ff.; *Klug*, Abschied von Kant und Hegel, in: Programm für ein neues Strafgesetzbuch, S. 36 ff.). Führt man diesen Gedanken der Beschränkung des materiellen Strafrechts auf die wirklich schwerwiegende Kriminalität konsequent durch, so kann das wohl dazu führen, daß in Zukunft in jedem Strafverfahren die Mitwirkung eines Verteidigers geboten erscheint. Nur damit würde im übrigen auch eine Umgestaltung der Hauptverhandlung möglich, wie sie dem Strafrechtsausschuß der Bundesrechtsanwaltskammer (StrRA) vorschwebt (Siehe oben FN 15ᵃ sowie unten FN 195ᵇ.). Die Planungskommission zur Vorbereitung der Plenarsitzungen des StrRA hat demgemäß in ihren Leitsätzen zum Ermittlungsverfahren (LS 46) auch vorgeschlagen, dem Beschuldigten generell einen Anspruch auf Beiordnung eines Pflichtverteidigers zu geben, sobald er es wünscht. Hierüber hat der StrRA jedoch noch nicht beraten.

Art. 6 der Europäischen Konvention zum Schutze der Menschenrechte und Grundfreiheiten (MRK)[102] niedergelegt worden ist.

1. a) Das Rechtsstaatsprinzip ist zwar in keiner Einzelbestimmung des GG ausdrücklich normiert, stellt aber nach allgemeiner Meinung einen ungeschriebenen Verfassungssatz dar, der nicht nur ein Programm umreißt, sondern ebenfalls unmittelbar geltendes Verfassungsrecht ist[103]. Denn zum Verfassungsrecht gehören nicht nur die einzelnen Artikel der Verfassung, sondern „auch die Grundsätze und Leitideen, die der Verfassungsgesetzgeber nur deshalb nicht in einem besonderen Rechtssatz ausgedrückt hat, weil sie das konstitutionelle Gesamtbild geprägt haben, von dem er ausgegangen ist"[104]. Dazu gehört der Grundsatz der Rechtsstaatlichkeit, der in der Verfassung eine ganze Reihe von speziellen Ausprägungen gefunden hat (z. B. Art. 20, 92, 97, 101, 103 GG) aber mehr als diese ausdrücklich normierten Anwendungsfälle umfaßt[105].

Zu den für den Strafprozeß relevanten, im GG ausdrücklich hervorgehobenen Ausprägungen des Rechtsstaatsprinzips gehören insbesondere die Unabhängigkeit des Richters (Art. 97 I GG, § 1 GVG), der Anspruch auf den gesetzlichen Richter (Art. 101 I S. 2 GG, § 16 GVG), der Anspruch auf rechtliches Gehör (Art. 103 I GG, §§ 33, 33 a StPO) und das Institut der (formellen und) materiellen Rechtskraft (ne bis in idem: Art. 103 III GG). Hierzu gehört ferner, daß in dem Verfahren die Grundrechte der Prozeßbeteiligten, namentlich die Würde des Menschen (Art. 1 I GG)[106],

[102] Vom 4. 11. 1950 (BGBl. II S. 686), mit Zusatzprotokoll vom 20. 3. 1956 (BGBl. II S. 1880), zu innerdeutschem Recht erklärt durch das Gesetz über die Konvention zum Schutze der Menschenrechte und Grundfreiheiten vom 7. 8. 1952 (BGBl. II S. 685, 953).

[103] *Müller-Sax* (KMR), Einl. 1 a; *Kleinknecht*, Einl. 1 E; *Klug*, Gedächtnisschrift für Hans Peters, S. 434 (442); BGHSt. 7, 227.

[104] *Müller-Sax* (KMR), a. a. O., FN 103.

[105] Z. B. den Grundsatz der Verhältnismäßigkeit (Übermaßverbot); vgl. dazu z. B.: BVerfGE 15, 223; 19, 215; 20, 162 (186); BVerfG, NJW 1963, 1597; *Kleinknecht*, Einl. 1 E; *Müller-Sax* (KMR), Einl. 1 d.

[106] Die Verpflichtung zur Achtung und zum Schutz der Menschenwürde gilt selbstverständlich gegenüber dem einer Straftat Verdächtigen (dazu BGHSt. 5, 333) und einem überführten Straftäter (*Müller-Sax*, Einl. 1 c; *Sax*, JZ 1957, 4 f.) genauso wie gegenüber jedem anderen. Sie verbietet insbesondere jede unmenschliche Behandlung und jeden Willenszwang (§§ 69 III, 136 a, 163 II, 163 a III—V); siehe dazu z. B.: *Kleinknecht*, 1 zu Art. 3 MRK; *Müller-Sax* (KMR), Einl. 10 e (II) (1).

das allgemeine Persönlichkeitsrecht (Art. 2 I GG)[107], die Freiheit der Person (Art. 2 II S. 2, Art. 104 GG)[108] und die Gleichheit aller vor dem Gesetz (Art. 3 GG)[109] gewahrt werden[110].

Ebenfalls aus dem Rechtsstaatsprinzip und damit unmittelbar aus dem geltenden Verfassungsrecht folgende, in der Verfassung aber nicht ausdrücklich niedergelegte Grundsätze sind dagegen zum Beispiel das Gebot der justizförmigen Gestaltung des Strafverfahrensrechts[111], die allgemeine prozessuale Fürsorgepflicht[112], das Übermaßverbot[113] und der Satz „in dubio pro reo"[114]. Dasselbe gilt dem Grunde nach für den Anspruch des Beschuldigten auf Beistand eines Verteidigers im Strafverfahren als Unterfall des allgemeinen Anspruchs auf ein *faires Verfahren*[115].

b) In diesem Zusammenhang ist es aufschlußreich, daß ursprünglich beabsichtigt war, auch das Recht auf den Beistand eines Verteidigers im GG ausdrücklich zu verankern. Der Verfassungsentwurf von Herrenchiemsee[116] hatte die Einführung folgender Bestimmung vorgeschlagen:

Art. 135

1) . . .
2) Jeder Angeklagte kann sich eines Verteidigers bedienen.

107 BGHZ 13, 337.

108 BVerfGE 10, 273 (322).

109 Hierin enthalten ist das Willkürverbot und das Verbot ungleicher Rechtsanwendung (vgl. *Kleinknecht*, Einl. 1 E).

110 Zum ganzen Absatz siehe auch die Zusammenstellungen bei: *Kleinknecht*, Einl. 1 E; *Müller-Sax* (KMR), Einl. 1 a, c, d.

111 Vgl. *Müller-Sax* (KMR), Einl. 1 c („Auf prozeßrechtlichem Gebiet bedeutet Rechtsstaatlichkeit, daß das Verfahren . . . nach festen Grundregeln . . . abläuft."); *Eb. Schmidt*, Lehrkommentar II, Rdz. 5—7 vor § 137 mit weiteren Nachweisen. Die Wertidee, die der Justizförmigkeit des Verfahrens zu Grunde liegt, ist die der Rechtssicherheit (*Radbruch*, Rechtsphilosophie, 4. Aufl., S. 282; *Eb. Schmidt*, a. a. O. Rdz. 7). Und die Rechtssicherheit ist neben der Gerechtigkeit eines der beiden Postulate des Rechtsstaatsprinzips (BVerfGE 25, 269 [290]; *Kleinknecht*, Einl. 1 E).

112 *Kleinknecht*, Einl. 7 A; *Müller-Sax* (KMR), Einl. 13; OLG Hamm, NJW 1969, 943.

113 S. o. FN 105.

114 *Kleinknecht*, Einl. 1 E u. 9 zu Art. 6 MRK; *Müller-Sax* (KMR), Einl. 1 c.

115 Vgl. z. B.: *Kleinknecht*, Einl. 1 E und 4 zu Art. 6 MRK; *Klug*, Gedächtnisschrift für Hans Peters, S. 434 (442); *Müller-Sax* (KMR), Einl. 1 a, c und d, insb. a; im einzelnen unten Abschnitt B II 2.

116 Zitiert nach *Holtkotten*, in: Bonner Kommentar, Art. 103, Anm. I „Entstehungsgeschichte".

Über diesen Vorschlag ist in den weiteren Beratungen des Parlamentarischen Rates mehrfach ausführlich diskutiert worden[117]. Dabei wurde, soweit ersichtlich, von keiner Seite der Verfassungsrang des Anspruchs auf Verteidigung bezweifelt. Gegenstand der Diskussion waren vielmehr zunächst im wesentlichen weitergehende Formulierungsvorschläge, die mit unterschiedlichen Modifikationen darauf hinausliefen, eine dem § 137 I StPO entsprechende Bestimmung in die Verfassung aufzunehmen[118]. Erst im Endstadium der Debatte setzte sich dann die Meinung durch, daß mit der Einführung einer solchen Bestimmung noch nichts über die Rechte der Verteidigung im Strafverfahren gesagt sei, es aber nicht Aufgabe des Verfassungsgesetzgebers sein könne, auch noch diese Frage aufzugreifen und über die Verfassung die Strafprozeßordnung zu reformieren, sondern im Gegenteil die Strafprozeßordnung der angemessene Ort sei, die gesamte Materie zu regeln[119]. Daraufhin unterblieb schließlich die Einfügung einer entsprechenden Bestimmung in das GG.

c) Schon angesichts dieser rechtshistorischen Betrachtung wird man auch nicht sagen können, daß sich ein umfassender, allgemeiner Anspruch auf Beistand eines Rechtsanwalts als Verteidiger im Strafverfahren unmittelbar aus dem Anspruch auf rechtliches Gehör (Art. 103 I GG) ergebe. Nach *Arndt*[120] soll dieses Grundrecht die „institutionelle Garantie der unabhängigen Rechtsanwaltschaft und der Freiheit in der Wahl des Anwalts" enthalten und ferner die „Befugnis verbürgen, sich rechtlich beraten und rechtlich beistehen zu lassen"[121]. Diese weite Auslegung wird jedoch weder vom Wortlaut noch vom Sinn des Art. 103 I GG mehr getragen[122]. Art. 103 I GG gewährleistet nicht nur die bloße Gelegenheit, sich vor Gericht zu äußern, sondern die Gelegenheit zur rechten und aussichtsreichen Äußerung, zur sachlich fundierten und umfassenden Stellungnahme zu allen entscheidungserheblichen Tat- und Rechtsfragen[123]. Sofern der Beschuldigte dazu nicht in der Lage

117 Siehe Bonner Kommentar, Art. 103, S. 1—4.

118 Vorschlag des Abg. Dr. *Strauß;* i. e. Bonner Kommentar, a. a. O., S. 2.

119 So insb. der Abg. *Zinn;* i. e. Bonner Kommentar, a. a. O., S. 3.

120 Das rechtliche Gehör, NJW 1959, 7 ff.

121 A. a. O., S. 8 links.

122 Das gilt ganz besonders für die Annahme einer „institutionellen Garantie der unabhängigen Rechtsanwaltschaft und der Freiheit in der Wahl des Rechtsanwalts". Dafür fehlt in Art. 103 I GG aber auch jeder Anhaltspunkt (siehe *Maunz-Dürig-Herzog*, Art. 103 I, Rdnr. 74, FN 5).

123 *Maunz-Dürig-Herzog*, Art. 103 I, Rdnr. 74.

ist, läßt sich sein Anspruch auf den Beistand eines Verteidigers im Strafverfahren in der Tat auch unmittelbar aus dem Anspruch auf rechtliches Gehör (Art. 103 I GG) ableiten[124]. Das gilt vornehmlich für bestimmte Fälle der notwendigen Verteidigung[125]. Aber es gilt nicht für alle Fälle der Verteidigung, nicht einmal für alle Fälle der notwendigen Verteidigung, da dieses Rechtsinstitut, wie dargelegt[126], auch dem staatlichen Interesse an der Justizförmigkeit des Verfahrens dient und sich daher nicht ausschließlich an der im Rahmen des Art. 103 I GG allein entscheidenden Frage orientiert, ob der Beschuldigte einen Verteidiger braucht, um dem Gericht die zu seinen Gunsten sprechenden Gesichtspunkte wirksam darlegen zu können.

Art. 103 I GG erfaßt also nur einen Teil der hier interessierenden Fälle. Er kann in diesen Fällen als zusätzliches Argument herangezogen werden. Aber er ist nicht „sedes materiae" für die hier zu behandelnde Frage.

d) Der Anspruch auf Beistand eines Verteidigers im Strafverfahren ist im GG somit — von besonderen Fallgestaltungen abgesehen — allgemein nur durch das Rechtsstaatsprinzip verfassungsrechtlich anerkannt und abgesichert. Das heißt: er ist *dem Grunde nach* unmittelbar verfassungsrechtlich gewährleistet. Er ist aber in der Verfassung nicht konkretisiert; und sein Umfang und seine Grenzen lassen sich unter diesen Umständen allein aus dem Rechtsstaatsprinzip auch nicht mit hinreichender Sicherheit ableiten.

2. a) Der ungeschriebene Verfassungssatz des Rechtsstaatsprinzips ist jedoch nach dem Inkrafttreten des GG durch die Europäische Konvention zum Schutze der Menschenrechte und Grundfreiheiten (MRK)[127], und zwar insbesondere durch deren Art. 6

[124] Vgl. *Maunz-Dürig-Herzog*, a. a. O.; Ule, DVBl. 1959, 544.

[125] Die Fälle der Verteidigungsunfähigkeit (§ 140 I Nr. 3 [teilweise], Nr. 4, Nr. 5 [teilweise], Nr. 6, Nr. 7; § 140 II, Fall 2 [schwierige Sach- und Rechtslage] und 3 [Unfähigkeit des Beschuldigten, sich selber zu verteidigen]) im Gegensatz zu den Fällen, in denen die Notwendigkeit der Verteidigung auf Art und Schwere der Tat und der zu erwartenden Rechtsfolge beruht (§ 140 I Nr. 1, Nr. 2, Nr. 3 [teilweise], Nr. 5 [teilweise]; § 140 II, Fall 1 [Schwere der Tat]). Selbstverständlich können sich dabei die verschiedensten Gesichtspunkte überschneiden. Sie sind aber dogmatisch auseinanderzuhalten.

[126] Oben Abschnitt B I 2 a bb.

[127] Vom 4. 11. 1950 (BGBl. 1952 II S. 686) mit Zusatzprotokoll vom 20. 3. 1956 (BGBl. II S. 1880).

(Recht auf rechtsstaatliches Verfahren), genau umrissen worden. Der Bundestag hat diese Konvention 1952 durch Gesetz[128] gebilligt und „mit Gesetzeskraft veröffentlicht“[129]. Sie ist damit innerstaatliches deutsches, unmittelbar anwendbares Recht[130]. Art. 6 MRK bildet nunmehr die unmittelbare Grundlage eines im Rechtsstaatsprinzip des GG wurzelnden allgemeinen Anspruchs auf ein faires Verfahren und auf sachgerechte und unbehinderte Verteidigung[131] einschließlich des Rechts auf Beistand eines Verteidigers im Strafverfahren. Zu dem zuletzt genannten Punkt besagt Art. 6 III MRK wörtlich:

„Jeder Angeklagte hat mindestens“ (englischer Text) „insbesondere“ (französischer Text) „die folgenden Rechte:

c) sich selbst zu verteidigen oder den Beistand eines Verteidigers seiner Wahl zu erhalten und, falls er nicht über die Mittel zur Bezahlung eines Verteidigers verfügt, unentgeltlich den Beistand eines Pflichtverteidigers zu erhalten, wenn dies im Interesse der Rechtspflege erforderlich ist.“

b) Nach allgemeiner Auffassung in Rechtsprechung und Schrifttum der Bundesrepublik Deutschland[132] und ersichtlich auch nach den bisher ergangenen einschlägigen Entscheidungen der Europäischen Kommission für Menschenrechte[133] geht der Umfang des Anspruchs aus Art. 6 III c MRK in keinem Punkt über den dem Beschuldigten durch die StPO eingeräumten Anspruch auf Beistand eines Verteidigers im Strafverfahren hinaus. „Im Interesse der Rechtspflege erforderlich“ ist nach einmütiger Meinung die Beiordnung eines Verteidigers nur dann, wenn ein Fall der

128 Gesetz über die Konvention zum Schutze der Menschenrechte und Grundfreiheiten vom 7. 8. 1952 (BGBl. II S. 685, 953). Hinsichtlich des Zusatzprotokolls (oben FN 127): Gesetz vom 20. 12. 1956 (BGBl. II S. 1879).

129 Art. 2 I a. a. O.

130 Das ist jedenfalls unstreitig. Vgl. z. B.: BVerfGE 6, 389 (440); BGHZ 45, 30 (35); 45, 46 (49—52); 45, 58 (65, 70); OVG Münster, JZ 1956, 488; *Müller-Sax* (KMR), Einl. 1 a. Meinungsverschiedenheiten bestehen nur über den Rang der Normen der MRK (dazu unten Abschnitt c).

131 *Kleinknecht*, Einl. 3 C; 9 zu § 338 u. 4 zu Art. 6 MRK.

132 BVerfGE 9, 36 (39); *Henkel*, Strafverfahrensrecht, § 34, FN 1; *Dünnebier* bei *Löwe-Rosenberg*, §§ 141—143, Anm. II 2 u. III 2 a; ders. bei *Löwe-Rosenberg*, Ergänzungsband, § 141, Anm. 12; *Kleinknecht*, 10 c zu Art. 6 MRK; *Eb. Schmidt*, Nachtrag, § 142 Rdz. 2; *Guradze*, MRK, Art. 6, Anm. 33, 34; *Schorn*, MRK, Art. 6 Abs. 3 c, Anm. 2—5.

133 Siehe die Übersicht bei *Wiebringhaus*, Die Römische Konvention für Menschenrechte in der Praxis der Straßburger Menschenrechtskonvention, 1959, Art. 6 MRK, Anm. III 3.

notwendigen Verteidigung i. S. von § 140 StPO vorliegt[134]. Daß der Angeklagte in diesem Fall ebensowenig einen unbedingten Anspruch auf Beiordnung eines bestimmten Verteidigers hat wie nach der StPO, ergibt sich eindeutig aus dem Wortlaut des Art. 6 III c MRK[135]. Auch die Möglichkeit, gem. § 142 II StPO einen Referendar zum Pflichtverteidiger zu bestellen, wird aus der Sicht der MRK nicht beanstandet[136]. Schließlich steht auch die Tatsache, daß der Angeklagte, wenn er verurteilt wird, die Kosten der Pflichtverteidigung zu tragen hat[137], nicht im Widerspruch zum Sinn des Art. 6 MRK[138].

Auf der anderen Seite reicht dagegen nach ebenfalls unbestrittener Auffassung die oben dargestellte Regelung der StPO in einem ganz entscheidenden Punkt weiter als die der MRK. Art. 6 MRK gewährt die dort genannten Rechte nämlich nur dem *Angeklagten* und nicht schon dem Beschuldigten[139], erstreckt den Anspruch auf Beistand eines Verteidigers im Gegensatz zur StPO also nicht auf das Ermittlungsverfahren[140], obwohl gerade in diesem frühen Verfahrensstadium die Mitwirkung eines Verteidigers für eine sachgerechte und wirksame Verteidigung besonders wichtig ist.

c) Obwohl nach den vorangegangenen Ausführungen Art. 6 III c MRK gegenüber den §§ 137 ff. StPO keine Erweiterung des Anspruchs auf Beistand eines Verteidigers im Strafverfahren bringt, ist abschließend noch das Rangverhältnis der Normen der MRK und der StPO zu erörtern. Denn innerhalb des durch Art. 6 III c MRK erfaßten Bereichs könnte diese Bestimmung eine Be-

134 Vgl. die FN 132 Genannten.

135 Vgl. die FN 132 Genannten, insbesondere *Guradze*, MRK, Art. 6, Anm. 34 u. *Schorn*, MRK, Art. 6 Abs. 3 c, Anm. 5; ferner *Wiebringhaus*, a. a. O. FN 133 (E. d. MRKomm. v. 30. 5. 56 — B-Nr. 127/55 —).

136 Vgl. die FN 132 Genannten, insb. *Guradze*, a. a. O., Anm. 34: „Das Wort „avocat" ist nicht im technischen Sinne zu verstehen: im englischen Text steht nur „legal assistance". Daher kann auch ein Referendar bestellt werden".

137 §§ 464, 465, 464 a StPO, 92 Nr. 7 GKG; siehe oben Abschnitt B I 2 d.

138 *Kleinknecht*, 10 c zu Art. 6 MRK.

139 Zum Begriffsunterschied siehe § 157 StPO. Gemeint ist in Art. 6 MRK tatsächlich wohl nicht der Angeklagte, sondern der Angeschuldigte i. S. des Sprachgebrauchs der deutschen StPO, also der, gegen den die öffentliche Klage erhoben worden ist (siehe MRKomm., E. v. 30. 5. 56 — B-Nr. 128/55 — bei *Wiebringhaus*, a. a. O., FN 133).

140 *Peters*, Strafprozeß, S. 184.

standsgarantie für die entsprechenden Bestimmungen der StPO darstellen.

aa) Die Frage nach dem Verhältnis der MRK zu den einfachen Gesetzen und zum GG der Bundesrepublik Deutschland ist umstritten. Insgesamt werden — wenn man auf das Ergebnis abstellt — drei Auffassungen vertreten:

A. Nach wohl noch herrschender Lehre[141] hat die MRK[142] nur den Rang eines einfachen Bundesgesetzes. Diese Meinung wird damit begründet, daß die MRK keinen höheren Rang haben könne als das Gesetz, durch das sie in innerstaatliches Recht transformiert worden sei. Das Zustimmungsgesetz von 1952[143] sei aber nur ein einfaches Gesetz gewesen. Also könne die MRK ihrerseits auch nur den Rang eines einfachen Bundesgesetzes haben.

B. Eine andere, heute im Vordringen befindliche[144] Meinung stellt dagegen im Rang die MRK dem GG gleich. Die Begründungen, die hierfür gegeben werden, sind unterschiedlicher Art. In erster Linie leitet man die Gleichrangigkeit beider Normensysteme daraus her, daß es sich bei den Normen der MRK — von in diesem Zusammenhang unbeachtlichen Ausnahmen abgesehen[145] — um allgemeine Regeln des Völkerrechts handele[146], die gem. Art. 25

141 OVG Münster, NJW 1956, 1374 f.; OLG Bremen, NJW 1960, 1265 f.; *Drews-Wacke*, Allgemeines Polizeirecht, 7. Aufl. 1961, S. 131; *Geck*, DVBl. 1956, 525; *Herzog*, Archiv des Öffentlichen Rechts, Bd. 86 (1961), S. 237; *Hodler*, NJW 1953, 532; *Morvay*, Zeitschrift für ausl. öff. Recht und Völkerrecht, Bd. 21 (1961), S. 100; *Münch*, JZ 1961, 154; *Tiedemann*, JuS 1965, 14 (21, FN 54); *von Weber*, MDR 1955, S. 388; Werner *Weber* in: *Neumann-Nipperdey-Scheuner*, Die Grundrechte, Bd. II (1954), S. 337; *Wendt*, MDR 1955, 658. Auch *Kleinknecht*, 2 vor Art. 1 MRK, und *Maunz-Dürig-Herzog*, Art. 1, Rdnr. 59, bezeichnen die MRK ausdrücklich als einfaches Gesetz. Sie halten sie aber andererseits doch wieder für gesetzesfest, können also tatsächlich nicht als Vertreter dieser Lehre genannt werden. Siehe unten B.

142 Das gilt ebenso für das Zusatzprotokoll vom 20. 3. 56 (BGBl. II S. 1880). Im folgenden ist das Zusatzprotokoll stets stillschweigend mitgemeint. Es spielt in dem hier interessierenden Zusammenhang aber keine Rolle.

143 Vom 7. 8. 1952 (BGBl. II S. 685, 953); Zusatzprotokoll: Zustimmungsgesetz vom 20. 12. 1956 (BGBl. II 1879).

144 Insbesondere aufgrund der neuen Kommentierungen der MRK von *Guradze* (Einl. § 5) und *Schorn*, S. 41 ff. (Anm. 33 ff.).

145 Gemeint sind die nicht normativen, rein obligatorischen Teile des Vertrages. Siehe *Guradze*, MRK, Einl. § 5 V.

146 *Guradze*, MRK, Einl. § 5 III—V; *Schorn*, MRK, Präambel, Anm. 41—43, jeweils mit umfangreichen weiteren Nachweisen; *von Stackelberg*, NJW 60, 1265; *Meyer-Lindenberg*, Die Menschenrechte im Völkerrecht,

GG Bestandteil des Bundesrechts sind und „den Gesetzen vorgehen", d. h., wie das Bundesverfassungsgericht klargestellt hat[147], ebenso wie das GG den einfachen, nicht aber den Verfassungsgesetzgeber binden. Daneben ist der Versuch unternommen worden, den Verfassungsrang des GG aus dem Bekenntnis des GG zu „unverletzlichen und unveräußerlichen Menschenrechten" (Art. 1 II) herzuleiten[148]. Außerdem wird in diesem Zusammenhang darauf verwiesen, daß der Zweck der MRK nur verwirklicht werden könne, wenn der MRK Verfassungsrang zugesprochen werde, weil der nationale Gesetzgeber nur so an sie gebunden sei[149].

Zu den Vertretern der Lehre vom Verfassungsrang der MRK sind, auch wenn sie es bestreiten, im Ergebnis auch diejenigen zu rechnen, die sagen, die MRK habe zwar keinen Verfassungsrang, sondern nur den Rang eines einfachen Bundesgesetzes, sie sei aber „gesetzesfest", könne also nicht durch einfache Bundesgesetze abgeändert werden[150]. Eine solche Auffassung läuft rechtslogisch auf die Ranggleichheit von MRK und GG hinaus[151]. Zwischen den einfachen Gesetzen und der Verfassung gibt es keine Rangzwischenstufen.

C. Schließlich wird auch die These vertreten, daß die MRK im Rang selbst über dem GG stehe, also auch den Verfassungsgesetzgeber binde. „Während dem GG nur der Rang nationalen Rechts zukomme, habe die MRK den Rang einer supranationalen Nor-

in: Heft 4 der Berichte der Deutschen Gesellschaft für Völkerrecht, 1961, S. 105 und 122; vgl. auch: *Weiss*, Die Europäische Konvention zum Schutze der Menschenrechte und Grundfreiheiten, in: Dokumente, herausgegeben von der Forschungsstelle für Völkerrecht und ausl. öff. Recht der Universität Hamburg, Heft XV, 1954, S. 32 und *Zinn-Stein*, Die Verfassung des Landes Hessen, 1. Bd. 1954, Vorb. II 4 vor Art. 1 (S. 90), die beide Art. 25 GG auf die MRK anwenden. Ausdrücklich offengelassen („. . . mindestens mit der Kraft eines einfachen Bundesgesetzes . . .") wird die Frage in: BVerfGE 6, 389 (440); BGHZ 45, 30 (35); 45, 46 (49—52); 45, 58 (65, 70) und von *Brückler*, DRiZ 1965, 253 (254).

147 BVerfGE 6, 363.

148 *Echterhölter*, JZ 1955, 689, 691 f. Dieser Versuch muß, so interessant er ist, als gescheitert gelten (vgl. *Guradze*, MRK, Einl. § 5 I, mit weiteren Zitaten).

149 *Guradze*, NJW 1960, 1243; *Schorn*, MRK, Präambel, Anm. 47.

150 *Kleinknecht*, 2 vor Art. 1 MRK; *Maunz-Dürig-Herzog*, Art. 1 Rdnr. 59.

151 *Klug*, Gedächtnisschrift Hans Peters, S. 434 (436); *Guradze*, NJW 1960, 1243; *Schorn*, MRK, Präambel, Anm. 41.

menordnung“[152]. Begründet wird dies vor allem damit, daß die MRK in wesentlichen Teilen überpositives, vorstaatliches Recht enthalte[153], sowie mit dem Satz, daß das Völkerrecht grundsätzlich dem innerstaatlichen Recht übergeordnet sein[154]. Einen ganz neuen Weg beschreitet hier *Klug*[155], der aus den drei von ihm als Prämissen absolut gesetzten Funktionen der MRK, nämlich der Garantiefunktion, der Bindungsfunktion und der Rechtsintegrationsfunktion[156], in normenlogischer Analyse der verschiedenen Möglichkeiten nachweist, daß die MRK dem GG im Range vorgehen müsse.

Jede nur denkbare Lösung hat also, und zwar zum Teil mit sehr unterschiedlichen Begründungen, Befürworter und Gegner gefunden.

bb) Im Rahmen dieser Untersuchung kann die mit der vorstehenden Übersicht aufgezeigte Problematik natürlich nicht in ihrer ganzen Breite und Tiefe durchleuchtet werden. Mit der gebotenen Kürze sei dazu nur folgendes gesagt:

A. Das Argument, die MRK könne nur Gesetzesrang haben, weil ihr Rang nicht höher sein könne als der Rang derjenigen Normen, durch welche sie in innerstaatliches Recht transformiert worden sei, diese Normen hätten aber nun einmal lediglich den Rang eines einfachen Gesetzes, ist schon in sich nicht überzeugend[157]. Vor allen Dingen geht es aber an den Argumenten der Vertreter der übrigen Meinungen, insbesondere an der These, daß die MRK in ihrem 1. Abschnitt allgemeine Regeln des Völkerrechts i. S. von Art. 25 GG enthalte, völlig vorbei. Denn damit wird ja nicht behauptet, das einfache Transformationsgesetz habe der MRK Verfassungsrang verliehen, sondern nur gesagt, daß

152 Vgl. *Klug*, a. a. O., S. 435.

153 *Baumann*, Die Bedeutung des Art. 2 GG für die Freiheitsbeschränkungen im Strafprozeß, in: Festschrift für Eb. Schmidt, 1961, S. 529 f.

154 *Weiss*, *Zinn-Stein*, a. a. O. FN 146; *Krüger*, Völkerrechts- und Verfassungswidrigkeit der Zölibatsklausel für Polizeivollzugsbeamte, in: Zeitschrift für Beamtenrecht 1955, S. 290. Weitere Literaturhinweise bei *Guradze*, MRK, Einl. § 5 II.

155 Gedächtnisschrift Hans Peters, S. 434 ff. insb. 437—442.

156 A. a. O., S. 437.

157 Siehe *Klug*, a. a. O., S. 440: Normensysteme können durchaus einzelne Normen höheren Rangs enthalten. Wenn man z. B. den Rechtfertigungsgrund der Notwehr (§ 53 StGB) striche, was durch einfache Gesetzesänderung möglich wäre, würde er kraft höheren Rechts dennoch weitergelten.

dieses Gesetz hinsichtlich des 1. Abschnitts der MRK lediglich deklatorische Bedeutung habe, da die Bestimmungen dieses Abschnittes schon gemäß Art. 25 GG Bestandteil des Bundesrechts, und zwar im Range von Verfassungsrecht, geworden seien. Es kann also nur darum gehen, ob es sich insoweit tatsächlich um allgemeine Regeln des Völkerrechts handelt. Daß das der Fall ist, hat insbesondere *Guradze*[158] eingehend und einleuchtend dargelegt. Durch die Tatsache, daß 16 Staaten des Europarats, eines geschlossenen Rechtskreises, sich durch Ratifizierung der MRK zu den im 1. Abschnitt gewährleisteten Rechten und Freiheiten bekannt und sich verpflichtet haben, diese Bestimmungen unmittelbar anzuwenden, sind jedenfalls die normativen Bestimmungen des 1. Abschnitts der MRK allgemeine Regeln des Völkerrechts geworden und stehen damit als innerstaatliches Recht der Bundesrepublik Deutschland mindestens im Rang dem GG gleich. Nur dieses Ergebnis wird in der Tat auch dem Sinn und Zweck der MRK, den nationalen Gesetzgeber zu binden, gerecht[159].

B. Ob die MRK darüber hinaus auch dem GG im Range vorgeordnet ist, kann hier nicht endgültig entschieden werden. Es ist richtig, daß eine Reihe von Normen der MRK überpositives, vorstaatliches Recht enthalten, also nur dieses dem Staat vorgegebene Recht durch eine nähere Umschreibung der Menschenrechte präzisieren. Diese Bestimmungen stehen in der Rangordnung der Normensysteme unserer Rechtsordnung über dem GG. Daraus läßt sich aber nicht ableiten, daß das für die normativen Bestimmungen der MRK generell gilt[160].

Nicht zu überzeugen vermag in diesem Zusammenhang auch die These von der grundsätzlichen Überordnung des Völkerrechts über das innerstaatliche Recht unter Berufung auf den allgemeinen Rechtssatz „pacta sunt servanda“, denn dieser Satz bindet nur die vertragsschließenden Staaten völkerrechtlich, sagt aber nichts über die innerstaatliche Geltung der getroffenen Vereinbarung aus[161].

Die Ansicht von *Klug*[162] schließlich steht und fällt mit der Richtigkeit ihrer Prämissen. Insoweit müßte noch im einzelnen

[158] MRK, Einl. § 5 III-V im Anschluß an seine früheren Ausführungen zu diesem Thema.
[159] S. o. aa B, insb. FN 149.
[160] So auch *Schorn*, MRK, Präambel, Anm. 40.
[161] *Guradze*, MRK, Einl. § 5 II.
[162] a. a. O., FN 155.

untersucht werden, wie weit die Bindungsfunktion der MRK nach dem Willen der Staaten, die die Konvention unterzeichnet haben, tatsächlich gehen sollte. Daß der einfache Gesetzgeber gebunden sein sollte, dürfte klar sein. Ob das auch für den Verfassungsgesetzgeber gilt, erscheint zumindest nicht ganz selbstverständlich.

cc) Als Ergebnis ist jedenfalls hier festzuhalten, daß die normativen Bestimmungen der MRK (Abschnitt 1) im Rang allgemein mindestens dem GG gleichstehen, weil es sich um allgemeine Regeln des Völkerrechts handelt (Art. 25 GG). Darüber hinaus ergibt sich der Verfassungsrang des Art. 6 (Anspruch auf rechtsstaatliches Verfahren) im allgemeinen und des Art. 6 III c (Anspruch auf Beistand eines Verteidigers im Strafverfahren) im besonderen auch daraus, daß es sich hier um Normen handelt, die das Rechtsstaatsprinzip, einen zwar ungeschriebenen aber unmittelbar geltenden Verfassungsgrundsatz, konkretisieren[163].

d) aa) Aus der soeben getroffenen Feststellung folgt zunächst, daß die Regelung der StPO, soweit sie sich mit Art. 6 III c MRK deckt, durch diese Bestimmung jedem Eingriff durch den einfachen Gesetzgeber entzogen ist. Soweit sie über Art. 6 III c MRK hinausgeht (Ermittlungsverfahren), bleibt sie davon unberührt (Günstigkeitsprinzip: Art. 60 MRK).

bb) Folgerichtig muß sich aus dem Verfassungsrang des normativen Teils der MRK weiter ergeben, daß auch die dort gewährleisteten Freiheiten und Rechte Grundrechte i. S. des § 90 BVerfGG sind und demgemäß bei einer Beeinträchtigung eines dieser Rechte nach Erschöpfung des Rechtswegs (§ 90 II BVerfGG) die Verfassungsbeschwerde zum Bundesverfassungsgericht zulässig ist.

Das wird allerdings vom Bundesverfassungsgericht selber, wenn auch ohne jede Begründung, pauschal verneint[164]. Gegen diese Entscheidung ist jedoch manches einzuwenden[165]. Gemäß § 90 BVerfGG kann „jedermann mit der Behauptung, durch die

163 In diesem Sinne besonders deutlich: *Klug*, a. a. O., S. 142.

164 BVerfG, NJW 1960, 1243 (1244).

165 Vgl. die kritische Anm. von *Guradze*, NJW 1960, 1243, der insbesondere darauf hinweist, daß es sich um einen Verwerfungsbeschluß nach § 91 a BVerfGG (heute aufgehoben, siehe jetzt § 93 a BVerfGG) handelt, der nicht hätte ergehen dürfen, weil von der Entscheidung die Klärung einer verfassungsrechtlichen Frage (Rangverhältnis MRK-GG) zu erwarten war.

öffentliche Gewalt in einem seiner Grundrechte oder in einem seiner in Art. 33, 38, 101, 103 und 104 des Grundgesetzes enthaltenen Rechte verletzt zu sein, die Verfassungsbeschwerde zum Bundesverfassungsgericht erheben". Jedenfalls muß eine Verfassungsbeschwerde also dort zulässig sein, wo eine Norm der MRK verletzt ist, die in einer der in § 90 BVerfGG genannten Normen des GG enthalten ist. Dabei sind zu den Grundrechten im Sinne des § 90 BVerfGG anerkanntermaßen auch ungeschriebene Verfassungsgrundsätze wie das Übermaßverbot[166] und das Rechtsstaatsprinzip[167] zu rechnen. Einen wichtigen Teil der Rechtsstaatsgrundsätze regelt und präzisiert die MRK. Hierzu gehört, wie bereits mehrfach hervorgehoben, insbesondere auch das „fair-trial-Prinzip" (Art. 6 MRK) mit seinen einzelnen Ausgestaltungen. Eine Verletzung dieser Normen ist eine Verletzung ungeschriebener GG-Normen. Schon aus diesem Grunde muß bei einer Beeinträchtigung des Anspruchs auf Beistand eines Verteidigers im Strafprozeß, soweit er in Art. 6 III c MRK gewährleistet ist, nach Erschöpfung des Rechtsweges die Verfassungsbeschwerde zulässig sein[168]. Die eine Verfassungsbeschwerde grundsätzlich ablehnende Entscheidung des BVerfG, deren Existenz man natürlich in diesem Zusammenhang nie vergessen darf, bedarf mindestens insoweit dringend der Überprüfung.

Da die Verfassungsbeschwerde in den hier interessierenden Fällen schon aus den genannten Gründen zulässig ist, braucht die weitere, angesichts des Verfassungsrangs des normativen Teils der MRK folgerichtig zu bejahende Frage, ob die Verfassungsbeschwerde auch mit der Verletzung solcher Normen der MRK begründet werden kann, die Menschenrechte und Grundfreiheiten regeln, ohne daß diese Rechte in den Grundrechten des GG enthalten sind[169], hier nicht vertieft zu werden.

III. Zusammenfassung

Als Ergebnis der Untersuchung der Voraussetzungen und des Umfangs des Anspruchs auf Beistand eines Verteidigers im Straf-

[166] BVerfGE 7, 377 ff. (409); 15, 226 ff. (234); 19, 342 ff. (348); 20, 162 ff. (198).

[167] *Klug*, a. a. O., S. 442.

[168] *Klug*, a. a. O., S. 442; *Guradze*, NJW 1960, 1243.

[169] So mit Recht *Klug, Guradze*, a. a. O. FN 168; a. A. z. B. (in Anlehnung an die zitierte Entscheidung des BVerfG, oben FN 164): *Kleinknecht*, Einl. 12 C a, 2 zu Art. 13 MRK u. 1 zu Art. 26 MRK.

verfahren nach dem Recht der Bundesrepublik Deutschland (Abschnitt B) läßt sich nach alledem hier folgendes feststellen:

1. a) Jeder Beschuldigte (der das Verteidigerhonorar bezahlen kann) kann sich in jeder Lage des Verfahrens des Beistandes eines Verteidigers seiner Wahl bedienen. Er kann stets einen Rechtsanwalt als Verteidiger wählen (§§ 137-139 StPO).

b) Derjenige Beschuldigte, der keinen Wahlverteidiger bestellt, sei es, weil er nicht über die hierfür erforderlichen Mittel verfügt, sei es, weil er es aus anderen Gründen nicht will, bekommt in den oben im einzelnen genannten Fällen einen vom Gericht ausgewählten Pflichtverteidiger. Sein Recht auf Beistand eines Verteidigers ist demnach in zweifacher Weise eingeschränkt:

aa) Er hat nicht stets Anspruch auf Beiordnung eines Verteidigers, sondern nur in den in § 140 StPO genannten Fällen der notwendigen Verteidigung. Er kann ferner nicht in jeder Lage des Verfahrens, sondern erst von dem in § 141 StPO bestimmten Zeitpunkt an die Beiordnung verlangen. Diese Einschränkung ist sachgemäß. Bei einer dem Sinn des Gesetzes und der Verfassung (Rechtsstaatsprinzip) entsprechenden Handhabung, insbesondere des § 140 II, umfaßt der von der StPO gezogene Rahmen alle Fälle, in denen „der Beistand eines Pflichtverteidigers im Interesse der Rechtspflege erforderlich ist" (Art. 6 III c MRK). Die Tendenz sollte jedoch dahin gehen, den Ermessensspielraum des Gerichts zu Gunsten einer Beiordnungspflicht (etwa immer dann, wenn Freiheitsstrafe zu erwarten ist) einzuengen.

bb) Bei der Bestellung des Pflichtverteidigers ist zwar möglichst den Wünschen des Beschuldigten Rechnung zu tragen. Er hat jedoch keinen durchsetzbaren Anspruch auf Beiordnung eines bestimmten Rechtsanwalts. Auch diese Einschränkung ist sachgemäß, soweit ein Rechtsanwalt als Verteidiger bestellt wird (§ 142 I StPO). Das ist in der Praxis in aller Regel der Fall. Bedenklich ist jedoch die praktisch allerdings fast bedeutungslose Möglichkeit, unter Umständen auch einen Referendar zum Pflichtverteidiger zu bestellen (§ 142 II StPO). Sie sollte beseitigt werden.

2. Für den Zeitraum ab Anklageerhebung ist das Recht auf Beistand eines Verteidigers im Strafverfahren in dem dargestellten Umfang verfassungsrechtlich gewährleistet:

a) Das Recht auf Beistand eines Verteidigers ist eine spezielle Ausprägung des Rechtsstaatsprinzips, eines ungeschriebenen Verfassungssatzes des GG. Schon daraus folgt, daß die §§ 137 ff. StPO als „Ausführungsbestimmungen zum GG" anzusehen sind.

b) Seine spezielle Grundlage findet das Recht auf unbeschränkte Verteidigung und auf Beistand eines Verteidigers im sogen. „fair-trial-Prinzip" des Art. 6 MRK.

aa) Auch die normativen Bestimmungen der MRK haben nach zwar bestrittener aber im Vordringen befindlicher und zutreffender Ansicht als allgemeine Regeln des Völkerrechts in der Bundesrepublik Deutschland Verfassungsrang (Art. 25 GG).

bb) Daraus folgt, daß

A. der Umfang der dem Beschuldigten durch die StPO eingeräumten Rechte (§§ 137 ff. StPO), soweit sie sich mit Art. 6 III c MRK decken, verfassungsrechtlich gewährleistet ist und

B. gegen eine Verletzung der §§ 137 ff. StPO, die gleichzeitig Art. 6 III c MRK verletzt, nach Erschöpfung des Rechtswegs die Verfassungsbeschwerde zum Bundesverfassungsgericht zulässig sein muß (a. A. allerdings, wenn auch ohne Begründung: BVerfG, NJW 1960, 1243).

C. Stellung und Aufgaben (Rechte und Pflichten) des Verteidigers im Strafverfahren

Mit der Feststellung, daß die StPO der Bundesrepublik Deutschland dem Beschuldigten in noch weiterem Umfang — nämlich auch für das Ermittlungsverfahren — einen Anspruch auf Beistand eines Verteidigers gewährt als dieser in Art. 6 I und III c MRK verfassungsrechtlich gewährleistet wird, ist allerdings über den praktischen Wert dieses Anspruchs und damit über die zweite hier entscheidende Frage noch wenig gesagt.

Auch der beste Verteidiger ist davon abhängig, welche Rechte, Befugnisse und Möglichkeiten ihm zur Verteidigung seines Mandanten zu Gebote stehen. Wenn der Anspruch auf Beistand eines Verteidigers mehr sein soll als eine rein formale Berechtigung, muß dem Verteidiger die Möglichkeit gegeben werden, sich sehr früh und möglichst wirkungsvoll in das Verfahren einzuschalten.

Hier liegen die eigentlichen Probleme der Verteidigung im Strafverfahren. Sie sind derartig umfangreich und teilweise derartig kompliziert, daß sie im Rahmen dieser Darstellung nicht im einzelnen behandelt werden können. Hinsichtlich der Einzelheiten ist insbesondere auf die im Jahre 1969 erschienene umfassende

Darstellung von *Dahs*, Handbuch des Strafverteidigers, zu verweisen[170]. Aufgabe dieses Berichts kann es nur sein, einen kurzen Überblick über die wesentlichen Rechte des Verteidigers in den einzelnen Abschnitten des Verfahrens zu geben.

I. Die Pflicht, den Mandanten während des gesamten Verfahrens zu beraten

Zu den wichtigsten Aufgaben des Verteidigers *während des gesamten Verfahrens* gehört zunächst die, seinen Mandanten zu beraten. Das wird dann problematisch, wenn sich der Beschuldigte nicht in Freiheit befindet. Vor Erlaß des Strafprozeßänderungsgesetzes war insoweit der Verkehr des Verteidigers mit seinem Mandanten gewissen Einschränkungen unterworfen[171]. Nach § 148 in der Fassung des StPÄG vom 19. 12. 1964 ist jedoch jetzt der unbeschränkte schriftliche und mündliche Verkehr zwischen Verteidiger und inhaftiertem Mandanten gewährleistet. Das gilt auch, wenn der Mandant bereits rechtskräftig verurteilt ist, aber ein Wiederaufnahmegesuch vorbereitet werden soll[172].

II. Rechte und Pflichten des Verteidigers im Ermittlungsverfahren

Das ordentliche Strafverfahren im ersten Rechtszug beginnt mit dem sogen. Ermittlungsverfahren (Vorbereitung der öffentlichen Klage: §§ 158 ff.). Das Ermittlungsverfahren wird eingeleitet, sobald die Staatsanwaltschaft oder die Polizei (§ 161) „durch eine Anzeige oder auf anderem Wege von dem Verdacht einer strafbaren Handlung Kenntnis erhält“ (§ 160 I). Ist das der Fall, so haben die Ermittlungsbehörden „zur Entschließung darüber, ob die öffentliche Klage zu erheben ist, den Sachverhalt zu erforschen“ (§ 160 I). Dabei haben sie „nicht nur die zur Belastung, sondern auch die zur Entlastung dienenden Umstände zu ermit-

170 Erschienen im Verlag Dr. Otto Schmidt KG, Köln-Marienburg, 1969. Vgl. ferner: *Dahs*, Der Anwalt im Strafprozeß, AnwBl. 1959, 171 ff. (183 ff.).

171 Gemäß § 148 Abs. 2 a. F. konnte der Richter z. B. vor Eröffnung des Hauptverfahrens schriftliche Mitteilungen zurückweisen, falls deren Einsicht ihm nicht gestattet wurde. Nach § 148 Abs. 3 a. F. konnte der Richter bis zu diesem Zeitpunkt unter bestimmten Voraussetzungen anordnen, daß Unterredungen mit dem Verteidiger in seiner Gegenwart oder in Gegenwart eines beauftragten oder ersuchten Richters stattzufinden hätten.

172 *Dünnebier* bei *Löwe-Rosenberg*, 2 zu § 148 unter Berufung auf OLG Bremen in NJW 1963, 1465.

teln[172a] und für die Erhebung der Beweise Sorge zu tragen, deren Verlust zu besorgen ist" (§ 160 II).

Für den gesamten Abschnitt gilt „der Grundsatz der freien Gestaltung des Ermittlungsverfahrens, soweit nicht bestimmtes Vorgehen oder bestimmte Formen des Vorgehens vorgeschrieben sind oder sich zwingend aus der Sachlage oder mittelbar aus Rechtsgründen ergeben"[173].

Die Rechte des Verteidigers im Ermittlungsverfahren sind nicht generell festgelegt, sondern intensivieren sich mit dem Fortgang des Verfahrens. Auf der einen Seite scheint das staatliche Ermittlungsinteresse dafür zu sprechen, den Verteidiger möglichst spät am Ermittlungsverfahren zu beteiligen, um die Ermittlungen nicht zu erschweren. Auf der anderen Seite setzt eine wirkungsvolle und sachgerechte Verteidigung voraus, daß sich der Verteidiger so früh wie möglich in das Ermittlungsverfahren einschaltet. Dieser Konflikt war bis zum Erlaß des nicht zuletzt auf Initiative der Anwaltschaft zustande gekommenen Strafprozeßänderungsgesetzes weitgehend zuungunsten der Verteidigung gelöst. Das StPÄG hat die Verteidigungsmöglichkeiten im Ermittlungsverfahren erheblich verbessert:

1. An erster Stelle ist hier das Recht des Verteidigers zu nennen, bei Vernehmungen des Beschuldigten, die im Ermittlungsverfahren erfolgen, anwesend zu sein. Dies ergibt sich aus §§ 169 Abs. 1 und 2 in Verbindung mit § 192. Dieses Anwesenheitsrecht

[172a] Die Verpflichtung der StA zu unbedingter Objektivität ist eine selbstverständliche Konsequenz des rechtsstaatlichen Charakters der Bundesrepublik Deutschland. Aus dieser Pflicht zur Objektivität versucht man vielfach abzuleiten, daß der Strafprozeß nicht als Parteiprozeß gedeutet werden könne, da die StA im Gegensatz zum Beschuldigten keine Parteiinteressen vertrete, sondern stets auch dessen Belange mit im Auge habe. Dabei verwechselt man jedoch Parteistellung und Parteilichkeit. Tatsächlich vertritt die StA auch dann, wenn sie entlastenden Umständen nachgeht, in erster Linie immer die Interessen des Staates und kann deswegen durchaus auch als „Prozeßpartei" bezeichnet werden. Denn das Interesse eines Rechtsstaates an der Durchsetzung seines Strafanspruchs ist nicht auf Verurteilung des Angeklagten um jeden Preis, sondern auf ein gerechtes Urteil, unter Umständen also auch auf Freisprechung eines Angeklagten gerichtet, dem man seine Schuld nicht in einem justizförmigen Verfahren zur vollen Überzeugung des Gerichts nachweisen kann.

[173] *Kleinknecht*, Einl. 2 B.

ist mit einem Frage- und Hinweisrecht des Verteidigers verbunden[174].

Streitig ist allerdings, ob der Verteidiger auch dann ein Recht auf Anwesenheit hat, wenn es um die Vernehmung von Beschuldigtem und Zeugen *durch die Polizei oder die Staatsanwaltschaft* geht.

Kleinknecht[175] verneint ein solches Recht unter Berufung auf die ausdrückliche Regelung der §§ 169 I, 192 II, die dem Verteidiger nur für den Fall ein Recht auf Anwesenheit einräume, daß der Beschuldigte durch einen Richter vernommen werde. Er räumt jedoch ein, daß das Fehlen eines solchen Anspruchs kein Verbot bedeute, den Verteidiger zur Vernehmung zuzulassen, „wenn dies zur Aufklärung des Sachverhalts zwingend geboten erscheinen sollte"[176].

Überwiegend wird heute im Schrifttum aber die Auffassung vertreten, daß der Verteidiger auch bei polizeilichen und staatsanwaltschaftlichen Vernehmungen ein Recht auf Anwesenheit habe. Begründet wird diese Auffassung einmal mit dem Hinweis auf den Grundsatz der Waffengleichheit, der es gebiete, nicht nur dem Staatsanwalt, sondern auch dem Verteidiger die Anwesenheit zu gestatten. Es könne unmöglich als der Sinn der §§ 169, 192 angesehen werden, eine streitige Erörterung dadurch zu verhindern, daß die eine Seite — nämlich der Verteidiger — ausgeschlossen werde. Zum anderen wird auf den Wortlaut des § 137 I hingewiesen, wo es mit nicht zu übersehender Deutlichkeit heißt, daß sich der Beschuldigte „in jeder Lage des Verfahrens" des Beistandes eines Verteidigers bedienen kann[177].

2. a) Abgesehen von dem vorstehend geschilderten Anwesenheitsrecht hat der Verteidiger im Ermittlungsverfahren ferner die Befugnis, an sonstigen richterlichen Untersuchungshandlungen teilzunehmen (§ 169 II Satz 1). Dies gilt jedoch nur dann, wenn der Beschuldigte selbst vom Richter bereits vernommen worden ist oder sich in Untersuchungshaft befindet (§ 169 II Satz 2). Als solche Untersuchungshandlungen sind hier die Ein-

[174] *Kohlhaas* bei *Löwe-Rosenberg*, Ergänzungsband, 2 zu § 169; *Eb. Schmidt*, Nachtragsband, 2 zu § 169; *Schorn*, NJW 1965, 714.

[175] Kriminalistik 1965, 448 (454).

[176] Verneinend auch *Kion*, NJW 1966, 1800.

[177] *Sarstedt* bei *Löwe-Rosenberg*, 11 zu § 136; vgl. auch *Eb. Schmidt*, Lehrkommentar II, 4 zu § 136.

nahme des richterlichen Augenscheins (§ 193 I) und die Vernehmung eines Zeugen oder Sachverständigen zu nennen, der voraussichtlich in der Hauptverhandlung nicht erscheinen kann (§ 193 II). Auch bei richterlichen Untersuchungshandlungen ist das Abwesenheitsrecht mit einem Hinweis- und Fragerecht verbunden[178].

b) Bei Durchsuchungen (§§ 102 ff.) hat der Verteidiger dagegen — anders als der Staatsanwalt — grundsätzlich kein Recht auf Anwesenheit[179]. Dies folgt aus dem insoweit eindeutigen Wortlaut des § 106 I 1, der nur dem Inhaber der zu durchsuchenden Räume oder Gegenstände eine Befugnis zur Anwesenheit einräumt.

Etwas anderes gilt nur dann, wenn mit der Durchsuchung die vorweggenommene Beweisaufnahme durch richterlichen Augenschein (§ 193) verbunden ist. Hier hat der Verteidiger — wie oben bereits ausgeführt — ein Anwesenheitsrecht[180]. Unbenommen bleibt dem Verteidiger, ein Verzeichnis der bei der Durchsuchung in Verwahrung genommenen Gegenstände zu verlangen (§ 107).

3. Von besonderer Bedeutung ist das Recht des Verteidigers, in jedem Verfahrensabschnitt die Akten einsehen zu können. Die gesetzliche Regelung enthält § 147. Danach besteht dieses Recht für *gerichtliche* Untersuchungsakten uneingeschränkt. Soweit es sich um *staatsanwaltschaftliche* Ermittlungsakten handelt, kann dem Verteidiger bis zum Vermerk des Ermittlungsabschlusses (§ 169 a I) die Akteneinsicht versagt werden, „wenn sie den Untersuchungszweck gefährden kann" (§ 147 II).

Eine solche Gefährdung wird etwa dann anzunehmen sein, „wenn der Verteidiger den Akteninhalt dem Beschuldigten mitteilt, von diesem ein Eingriff in das Verfahren zu erwarten ist, und von einem solchen Eingriff (Besprechung mit Zeugen und Mitbeschuldigten, Beseitigung von Beweismitteln) nachteilige Einwirkung auf das Untersuchungsverfahren zu befürchten ist"[181] oder wenn „erkennbar bestimmte Untersuchungshandlungen vorbereitet werden, die nur durch Überraschung von Erfolg sein können,

[178] *Dahs*, Handbuch, Rdz. 210.

[179] *Kleinknecht*, 2 zu § 106; *Dünnebier* bei *Löwe-Rosenberg*, 2 zu § 107; *Müller-Sax* (KMR), 4 a zu § 106.

[180] *Dünnebier* bei *Löwe-Rosenberg*, 2 d zu § 107; Kleinknecht, 2 zu § 106.

[181] *Dünnebier* bei *Löwe-Rosenberg*, Ergänzungsband, 5 zu § 147.

oder wenn sonst die Kenntnis des Ermittlungsplanes den Verteidiger in einen Pflichtenwiderstreit bringen kann"[182].

Wie sich aus § 147 Abs. 3 ergibt, kann dem Verteidiger in keiner Lage des Verfahrens, also auch nicht im Ermittlungsverfahren, versagt werden, bestimmte Protokolle (Protokolle über Vernehmungen des Beschuldigten und über gerichtliche Handlungen, denen der Verteidiger beizuwohnen befugt ist, und Sachverständigengutachten) einzusehen.

Das Recht auf Akteneinsicht erstreckt sich auf die Besichtigung der amtlich verwahrten Überführungsstücke (Urkunden, Fotografien, Spurenabdrücke und alle sonstigen Gegenstände, die der Sachverhaltsaufklärung zugrunde gelegt werden können)[183]. § 147 gewährleistet aber *kein* Recht des Verteidigers, bereits die polizeilichen Ermittlungsakten einzusehen[184].

4. Nach den §§ 160 und 163 ist es grundsätzlich Sache von Staatsanwaltschaft und Polizei und nicht des Verteidigers, den Sachverhalt zu erforschen. Da es aber Aufgabe des Verteidigers im Ermittlungsverfahren ist, nach Möglichkeit auf die Einstellung des Verfahrens hinzuwirken[185], hat er Umstände, die seinen Mandanten entlasten, in das Verfahren einzuführen. Daraus ergibt sich — worauf *Peters*[186] hinweist — „das Recht und die Pflicht, nach entlastenden Beweismitteln zu forschen". Darüber hinaus darf er selbst Beweiserhebungen durchführen, z. B. Zeugen befragen oder prüfen, ob eine von ihm als Zeuge in Aussicht genommene Person wirklich günstig für den Beschuldigten aussagen wird[187].

III. Rechte und Pflichten des Verteidigers während der Voruntersuchung

In den Fällen, die in § 178 genannt sind, muß bzw. kann eine richterliche Voruntersuchung stattfinden. Es handelt sich dabei um den zweiten Verfahrensabschnitt innerhalb des Vorverfahrens[188]. Die Aufgabe, die der Untersuchungsrichter zu erfüllen

182 *Kleinknecht*, 5 A zu § 147.
183 *Peters*, Strafprozeß, S. 196.
184 *Kleinknecht*, 1 zu § 147.
185 *Dahs*, Handbuch, Rdz. 166.
186 Strafprozeß, S. 196.
187 *Kleinknecht*, 1 vor § 137; Werner *Kalsbach*, BRAO, S. 393 ff.; *Henkel*, Strafverfahrensrecht, S. 162.
188 *Peters*, Strafprozeß, S. 465.

hat, gleicht derjenigen, die im Ermittlungsverfahren der Staatsanwalt wahrzunehmen hat. Da die Ermittlungen jedoch bereits fortgeschritten sind, obliegt dem Untersuchungsrichter die Erweiterung und Vertiefung der vorhandenen Ermittlungsergebnisse. Weiterhin hat er die Durchführung des Verfahrens zu sichern und das Beweismaterial zu sammeln[189].

Auch in diesem Verfahrensabschnitt muß es Aufgabe des Verteidigers sein, die Eröffnung des Hauptverfahrens zu vermeiden. Unter diesem Blickwinkel wird er — wo das Gesetz dies zuläßt und nicht ohnehin zwingend vorschreibt — für seinen Mandanten die Durchführung einer Voruntersuchung beantragen. Da aber eine gerichtliche Voruntersuchung in der Regel zu einer erheblichen Verzögerung des Verfahrens und damit zu Belastungen des Beschuldigten führt, wird der Verteidiger Vor- und Nachteile sorgfältig gegeneinander abzuwägen haben. *Dahs*[190] weist darauf hin, daß ein solcher Antrag im allgemeinen nur aussichtsreich sei, wenn umfangreiche Beweise zu erheben seien oder der Verlust von Beweismitteln zu erwarten stehe. Wird der Antrag des Verteidigers auf Durchführung einer Voruntersuchung abgelehnt, steht ihm das Recht der sofortigen Beschwerde zu (§ 183).

Findet eine Voruntersuchung statt, hat der Verteidiger das Recht, bei der gesetzlich zwingend vorgeschriebenen Vernehmung des Beschuldigten anwesend zu sein (§ 192 II). Auch hier steht ihm ein selbständiges Fragerecht zu[191].

Anwesenheits- und Fragerecht bestehen auch, wenn der Untersuchungsrichter eine Augenscheinseinnahme durchführt oder solche Zeugen und Sachverständige vernimmt, die in der Hauptverhandlung mit Sicherheit oder erheblicher Wahrscheinlichkeit nicht anwesend sein werden (§ 193 I u. II).

IV. Rechte und Pflichten des Verteidigers während des Zwischenverfahrens

Zwischen Vorverfahren und Hauptverfahren ist als selbständiger Verfahrensabschnitt das sogen. Zwischenverfahren eingeschaltet, das den Zweck hat, eine Entscheidung über die Eröffnung des Hauptverfahrens herbeizuführen (§§ 198 ff.). Das Gericht muß entscheiden, ob der Angeschuldigte nach den Ergebnissen des Vor-

[189] *Henkel*, Strafverfahrensrecht, S. 305.
[190] Handbuch, Rdz. 320.
[191] *Kohlhaas* bei *Löwe-Rosenberg*, 3 zu § 193.

verfahrens „einer strafbaren Handlung hinreichend verdächtig" erscheint (§ 203).

Da das beschließende Gericht die Möglichkeit hat, einzelne Beweiserhebungen anzuordnen (§ 202 I), das Verfahren vorläufig oder endgültig einzustellen oder den Eröffnungsbeschluß abzulehnen (§ 204), muß der Verteidiger auch diesem Verfahrensabschnitt besondere Aufmerksamkeit widmen.

Er hat alle Einwendungen zu erheben, die geeignet sind, das Hauptverfahren zu verhindern. So wird er beispielsweise zu prüfen haben, ob ein Verbrauch der Strafklage eingetreten ist, ob der Angeschuldigte verhandlungsfähig ist, ob in Privatklagesachen die Formalien erfüllt worden sind (§ 61 ff.) usw. Abgesehen von der Geltendmachung von Einwendungen hat der Verteidiger gemäß §§ 201 und 202 die Möglichkeit, Beweiserhebungen zu beantragen.

V. Rechte und Pflichten des Verteidigers bei der Vorbereitung der Hauptverhandlung

Es versteht sich, daß die Hauptverhandlung als Kernstück des gesamten Verfahrens sorgfältiger Vorbereitung bedarf. Die StPO trägt diesem Umstand durch eine Reihe von Vorschriften Rechnung, wobei das Schwergewicht auf der Umschreibung der Aufgaben liegt, die der Gerichtsvorsitzende wahrzunehmen hat. So obliegt ihm z. B. die Anberaumung des Termins (§ 213) und die Anordnung der Ladung der Verfahrensbeteiligten sowie der Zeugen und Sachverständigen.

Dem Verteidiger räumt die StPO in diesem Stadium des Verfahrens — ebenso wie der StA — das Recht ein, unter rechtzeitiger Namhaftmachung Zeugen und Sachverständige unmittelbar zu laden bzw. zur Verhandlung zu stellen (§§ 222, 220).

Gemäß § 219 kann der Verteidiger für seinen Mandanten Beweisanträge stellen. Diese Beweisanträge „richten sich gleichermaßen ohne sachliche Begrenzung auf die Beweisaufnahme über Tat und Schuld"[192]. Ob die Stellung solcher Anträge in diesem Verfahrensabschnitt zweckmäßig ist, läßt sich selbstverständlich nur von Fall zu Fall entscheiden.

Weiterhin ist dem Verteidiger auch jetzt gestattet, zur Vorbereitung der Hauptverhandlung eigene Beweiserhebungen vorzunehmen[193]. *Dahs*[194] sieht es mit Recht als Pflicht des Verteidigers

[192] *Geier* bei *Löwe-Rosenberg*, 1 zu § 219.
[193] *Dahs*, Handbuch, Rdz. 337.
[194] Handbuch, Rdz. 337.

an, „Zeugen und Sachverständige vor der Hauptverhandlung zu befragen, wenn er noch keine Gelegenheit dazu hatte und anders die Verteidigung nicht ordnungsgemäß geführt werden kann".

Schließlich ist es Pflicht des Verteidigers, schon bei der Vorbereitung der Hauptverhandlung genau zu prüfen, ob ein Richter kraft Gesetzes von der Ausübung des Richteramtes ausgeschlossen und deshalb abzulehnen ist oder ob eine Ablehnung wegen Besorgnis der Befangenheit in Frage kommt (§ 24 I). Das Ablehnungsrecht gewährleistet § 24 III. Während die Ausschließungsgründe im Gesetz aufgezählt sind (§§ 22, 23), begnügt sich die StPO hinsichtlich der Ablehnungsgründe wegen Besorgnis der Befangenheit mit einem allgemeinen Hinweis. Gemäß § 24 II findet im letztgenannten Fall eine Ablehnung statt, wenn Tatsachen vorliegen, die geeignet sind, „Mißtrauen gegen die Unparteilichkeit eines Richters zu rechtfertigen".

VI. Rechte und Pflichten des Verteidigers in der Hauptverhandlung

Gegenüber den vorangehenden Verfahrensabschnitten stellt die Hauptverhandlung eine neue, selbständige Überprüfung des gesamten Tatsachen- und Beweismaterials dar, auf das sich die Anklage stützt. Dem Urteil darf nur das zugrunde gelegt werden, was sich in der Hauptverhandlung ergeben hat (§ 264). In ihr „erreicht das Strafverfahren seinen Höhepunkt"[195].

Es versteht sich, daß die Funktion des Verteidigers hier von besonderer Bedeutung ist und die StPO ihm eine Fülle von Rechten gewährt bzw. Pflichten auferlegt. Generell ist festzustellen, daß der Verteidiger in der Hauptverhandlung die gleiche Stellung einnimmt wie der Vertreter der Staatsanwaltschaft. Dies folgt bereits aus dem Grundsatz der Waffengleichheit im Strafprozeß. Anders als im kontradiktorischen Verfahren geht nunmehr die Initiative in erster Linie auf das Gericht über. „Die Leitung der Verhandlung, die Vernehmung des Angeklagten und die Aufnahme des Beweises erfolgt durch den Vorsitzenden (§ 238 I)[195a]. Verteidi-

[195] *Henkel*, Strafverfahrensrecht, S. 321.

[195a] Stattdessen ist gemäß § 239 die Vernehmung der von der StA und dem Angeklagten benannten Zeugen und Sachverständigen der StA und dem Verteidiger auf deren übereinstimmenden Antrag vom Vorsitzenden zu überlassen. Diese Möglichkeit des Kreuzverhörs anstelle der Vernehmung durch den Vorsitzenden spielt jedoch in der Praxis so gut wie keine Rolle.

ger und Staatsanwalt üben demgegenüber nach geltendem Recht nur eine mehr ergänzende Funktion aus[195b]. Dennoch ist auch ihre Tätigkeit in der Hauptverhandlung, insbesondere die von ihnen ausgeübte Kontrollfunktion, für die Wahrheitsfindung des Gerichts von großer Bedeutung.

Von den Rechten und Pflichten des Verteidigers in diesem Verfahrensabschnitt sind folgende besonders hervorzuheben:

1. Aus dem Grundsatz der Unmittelbarkeit der Hauptverhandlung folgt, daß die Richter während der Hauptverhandlung ununterbrochen anwesend sein müssen (§ 226). Das gleiche gilt für den Vertreter der Staatsanwaltschaft. Dagegen bedarf es, wie sich aus § 228 II schließen läßt, in der Hauptverhandlung keiner Mitwirkung eines Verteidigers. Etwas anderes gilt nur für die Fälle der notwendigen Verteidigung[196]. Hier muß der Verteidiger bei allen wesentlichen Vorgängen anwesend sein[197]. Dazu gehören etwa die Vernehmung des Angeklagten zur Sache und zu seinen persönlichen Verhältnissen sowie die Beweisaufnahme und die Urteilsverkündung. Fehlt der Verteidiger, ist ein unbedingter Revisionsgrund gemäß § 338 Nr. 5 gegeben.

2. Durch das StPÄG vom 19. 12. 1964 wurde § 257 a in die StPO eingefügt. In Angleichung an das Erklärungsrecht des Angeklagten[198] wurde dem Verteidiger das prozessuale Recht einge-

[195b] Die Hauptverhandlung ähnelt damit zumindest in ihrem äußeren Erscheinungsbild noch stark dem alten Inquisitionsprozeß. Der Vorsitzende, der selber die Vernehmungen durchführt, deren Ergebnis er dann anschließend würdigen soll, gerät dem Angeklagten oder auch Zeugen gegenüber leicht in eine inquisitorische Frontstellung. Diese durch die Verfahrensstruktur bedingte Tatsache wird im Rahmen der Reformüberlegungen mit Recht als einer der Hauptfehler des geltenden Strafprozeßrechts angesehen. Die bisher vom Strafrechtsausschuß der Bundesrechtsanwaltskammer erarbeiteten Vorschläge zur Reform der Hauptverhandlung zielen deswegen folgerichtig dahin, den Vorsitzenden aus dieser inquisitorischen Frontstellung zurückzunehmen und die Vernehmung des Angeklagten, der Zeugen und der Sachverständigen Staatsanwalt und Verteidiger im sogen. Wechselverhör zu überlassen (Vgl. dazu: *Dahs*, Reform des Strafprozesses, in: Die politische Meinung, 5. Jahrgang 1960, S. 38 ff.; *ders.*, Reform der Hauptverhandlung, in: Festschrift für Hubert Schorn, S. 14 ff., jeweils mit weiteren Literaturhinweisen).

[196] Vgl. §§ 140, 117 IV, 126 a II, 350 III.

[197] Vgl. RGSt. 57, 264; 63, 248; BGHSt. 9, 243.

[198] § 257 lautet: „Nach der Vernehmung eines jeden Zeugen, Sachverständigen oder Mitangeklagten sowie nach der Verlesung eines jeden

räumt, noch während der Beweisaufnahme Erklärungen abzugeben. Damit ist sichergestellt, daß die dem Angeklagten in § 257 eingeräumte Möglichkeit, „sich zu allen Tat- und Rechtsfragen in dem Augenblick zu äußern, in dem sie bedeutsam werden, nicht praktisch ungenutzt bleibt, weil ein rechtsunkundiger Angeklagter sie gar nicht zureichend wahrnehmen kann“[199]. Es handelt sich bei diesem Erklärungsrecht des Verteidigers letztlich um eine Konkretisierung des verfassungsrechtlichen Anspruchs auf rechtliches Gehör.

3. Allen an der Verhandlung Beteiligten — also auch dem Verteidiger — ist in § 240 ein selbständiges Recht eingeräumt, Fragen an den Angeklagten, die Zeugen und die Sachverständigen zu stellen. Das Fragerecht „dient der vollständigen Ausnutzung der zur Verfügung stehenden persönlichen Beweismittel“[200]. Es kann allerdings erst ausgeübt werden, wenn der Vorsitzende die Vernehmung beendet hat. Die große Bedeutung des Fragerechts für den Verteidiger zeigt sich, wenn man bedenkt, daß „die unmittelbare Befragung der vom Vorsitzenden vernommenen Beweispersonen dazu dient, ihre Angaben zu vervollständigen und auf ihre sachliche Richtigkeit und Glaubwürdigkeit zu prüfen“[201]. Hier kann der Verteidiger durch geschickte Ausübung des Fragerechts Fehlvorstellungen des Gerichts zu korrigieren versuchen.

4. Wie bereits oben erwähnt wurde, geht die StPO davon aus, daß die Verhandlungsleitung, einschließlich der Vernehmung des Angeklagten und der Beweisaufnahme, grundsätzlich Aufgabe des Vorsitzenden ist (§ 238 I). Dieser Grundsatz erfordert jedoch Einschränkungen u. a. dadurch, daß seine Verhandlungsführung der Kontrolle des Richterkollegiums unterliegt.

Soweit es um die Sachleitung des Vorsitzenden geht, steht den Verfahrensbeteiligten — also auch dem Verteidiger — das Recht zu, seine Maßnahmen als unzulässig zu beanstanden mit der Konsequenz, daß sie der Nachprüfung durch das Richterkollegium unterworfen werden (§ 238 II).

Zu den Maßnahmen, die beanstandet werden können, gehören etwa die Vernehmung des Angeklagten, der Zeugen und

Schriftstücks soll der Angeklagte befragt werden, ob er etwas zu erklären habe“.

199 *Müller-Sax* (KMR), 1 zu § 257 a.

200 *Müller-Sax (KMR)*, 1 zu § 240.

201 *Dahs*, Handbuch, Rdz. 380.

Sachverständigen, die Verlesung von Urkunden sowie die Zurückweisung unzulässiger, von den Verfahrensbeteiligten gestellter Fragen. Nicht beanstandet werden können hingegen solche Maßnahmen der Verhandlungsleitung, die ausschließlich den äußeren Gang der Verhandlung bestimmen, wie etwa die Eröffnung der Verhandlung, der Aufruf der Sache u. ä. Daß die Abgrenzung zwischen formeller und materieller Verhandlungsleitung im Einzelfall schwierig sein kann, versteht sich von selbst[202].

5. Aus der das Verfahren beherrschenden Instruktionsmaxime folgt die Pflicht des Gerichts, von Amts wegen Beweis zu erheben über alle für die Entscheidung erheblichen Tatsachen (§ 244 II). Es obliegt also nicht den Verfahrensbeteiligten, die für sie günstigen Beweise herbeizuschaffen.

Dabei darf jedoch nicht übersehen werden, daß es sehr oft die an dem Verfahren Beteiligten sind, die das Gericht anregen, über bestimmte Tatsachen Beweis zu erheben. Dies geschieht in aller Regel in der Form eines Beweisantrages. Es handelt sich um „ein in der Hauptverhandlung vor der Urteilsverkündung mündlich vorgetragenes, ernstgemeintes Verlangen eines Verfahrensbeteiligten an das Gericht, es möge über eine bestimmte, die Schuld- oder Straffrage betreffende Behauptung mit einem bestimmt bezeichneten Beweismittel Beweis erhoben werden“[203]. Falls dies nicht bereits vorher geschehen ist, hat der Verteidiger das Recht und die Pflicht, in der Hauptverhandlung mündlich Beweisanträge zu stellen, um so den Tatvorwurf gegen seinen Mandanten nach Möglichkeit auszuräumen. Er ist bei der Antragstellung von dessen Willen unabhängig[204].

VII. Rechte und Pflichten des Verteidigers im Rechtsmittel- und Wiederaufnahmeverfahren

Sieht man von einigen Besonderheiten ab, die sich aus der spezifischen Natur des Rechtsmittel- und Wiederaufnahmeverfahrens ergeben, so ist festzustellen, daß hinsichtlich der Rechte und Pflichten zunächst einmal gilt, was für das erstinstanzliche Verfahren bereits in groben Zügen skizziert wurde. Der Verteidiger hat seinen Mandanten über die Aussichten des Rechtsmittels bzw.

[202] Vgl. dazu im einzelnen *Geier* bei *Löwe-Rosenberg,* 8 zu § 238; *Müller-Sax* (KMR), 1—3 zu § 238.

[203] *Kleinknecht,* 5 zu § 244 unter Hinweis auf BGHSt. 6, 128 f.

[204] *Kleinknecht,* 5 C zu § 244. — Vgl. dazu allgemein: *Alsberg-Nüse,* Der Beweisantrag im Strafprozeß, 3. Auflage, 1967.

des Wiederaufnahmeverfahrens zu beraten. Er hat das Recht der Akteneinsicht und dergl. mehr.

Gemäß § 297 hat der Verteidiger das Recht, für seinen Mandanten Rechtsmittel einzulegen, allerdings nicht gegen dessen erklärten Willen. Für die Zurücknahme eines Rechtsmittels bedarf er hingegen einer ausdrücklichen Ermächtigung (§ 302 Abs. 2 StPO).

Im Revisionsverfahren ist als Besonderheit festzustellen, daß die Revisionsanträge durch den Verteidiger oder einen Rechtsanwalt gestellt werden müssen. Auch ihre Begründung kann nur durch die genannten Personen rechtswirksam erfolgen (§ 345 Abs. 2).

Ein Antrag auf Wiederaufnahme kann von dem Angeklagten sowie den in § 361 II genannten Personen nur mittels einer von dem Verteidiger oder einem Rechtsanwalt unterzeichneten Schrift oder zu Protokoll der Geschäftsstelle angebracht werden (§ 366 II). Kommt es zu einer Beweisaufnahme über das Begründetsein des Antrags, steht dem Verteidiger ausdrücklich ein Anwesenheitsrecht zu (§ 369 III).

D. Ergebnis (Thesen)

I. In der Bundesrepublik Deutschland ist das Recht auf Beistand eines Verteidigers (Rechtsanwalts) im Strafverfahren durch die geltende Strafprozeßordnung (StPO) weitestgehend gewährleistet und in seinem Kernbereich, nämlich für das gerichtliche Verfahren, auch verfassungsrechtlich abgesichert.

1. a) Nach den §§ 137-139 StPO kann sich jeder Beschuldigte *in jeder Lage des Verfahrens* des Beistands eines Rechtsanwalts als Verteidiger bedienen.

b) Durch das Rechtsinstitut der „notwendigen Verteidigung" (§§ 140-145 StPO) ist darüber hinaus sichergestellt, daß einem Beschuldigten, der — sei es aus Geldmangel, sei es aus anderen Gründen — nicht von sich aus einen Verteidiger beauftragt, durch das Gericht ein Pflichtverteidiger bestellt wird (§§ 141, 142 StPO), wenn dies wegen der Unfähigkeit des Beschuldigten, sich selber sachgemäß zu verteidigen, wegen der Schwierigkeit der Sach- und Rechtslage oder wegen der Bedeutung und des Umfangs der Sache bzw. der Höhe der möglichen Strafe erforderlich erscheint (§ 140 StPO).

Der Pflichtverteidiger ist — und zwar auch schon im Ermittlungsverfahren — zu bestellen, sobald feststeht, daß die Voraussetzungen eines Falles der notwendigen Verteidigung vorliegen (§ 141 StPO).

2. a) Der Anspruch auf Beistand eines Verteidigers im Strafverfahren ist Ausfluß des Rechtsstaatsprinzips, eines zwar ungeschriebenen aber unmittelbar geltenden Verfassungssatzes, und damit dem Grunde nach durch das Grundgesetz für die Bundesrepublik Deutschland (GG) verfassungsrechtlich anerkannt, wenn auch im GG selber nicht konkretisiert.

b) Die Konkretisierung des im GG wurzelnden Anspruchs auf Beistand eines Verteidigers im Strafverfahren ist erfolgt durch Art. 6 Abs. 3 c der Europäischen Konvention zum Schutze der Menschenrechte und Grundfreiheiten (MRK). Diese Bestimmung ist Bestandteil des Bundesrechts und hat nach richtiger, allerdings nicht unbestrittener Auffassung als allgemeine Regel des Völkerrechts ebenfalls Verfassungsrang (Art. 25 GG). Ihrem Inhalt nach geht sie nicht über die Regelung der StPO hinaus, sondern erfaßt im Gegenteil nicht das Recht auf Beistand eines Verteidigers vor Anklageerhebung (im Ermittlung- oder Vorverfahren). Soweit die Bestimmung reicht, enthält sie jedoch als Norm höheren Ranges eine Bestandsgarantie für die entsprechenden Normen der StPO.

II. Die Rechte des Verteidigers sind im Ermittlungsverfahren, dem Zweck dieses ersten Verfahrensabschnitts entsprechend, teilweise eingeschränkt. Der Verteidiger hat hier nicht das Recht, bei allen Untersuchungshandlungen der Staatsanwaltschaft und ihres Hilfsorgans, der Kriminalpolizei, anwesend zu sein. Die Einsicht in die staatsanwaltschaftlichen Ermittlungsakten mit Ausnahme bestimmter Protokolle und von Sachverständigengutachten darf ihm in diesem Verfahrensabschnitt versagt werden, wenn sie den Untersuchungszweck gefährden kann (§ 147 StPO).

Für den Verteidiger ist jedoch schon hier das Recht auf unbeschränkten und unkontrollierten schriftlichen und mündlichen Verkehr mit dem in Haft befindlichen Beschuldigten gewährleistet (§ 148 StPO). Er hat ferner ein Anwesenheitsrecht bei allen Vernehmungen des Beschuldigten (§§ 169, 192 StPO) und bei sonstigen richterlichen Untersuchungshandlungen, insbesondere soweit sie einen Teil der Beweisaufnahme für die Hauptverhandlung vorwegnehmen (§ 193 StPO).

In dem Moment, in dem die Staatsanwaltschaft den Abschluß der Ermittlungen formell in den Akten vermerkt (§ 169 a I StPO), entfallen alle Beschränkungen, denen die Rechte des Verteidigers bis dahin unterliegen. Insbesondere steht ihm nunmehr das volle und unbeschränkbare Akteneinsichtsrecht zu (§ 147 StPO). Von diesem Zeitpunkt an gilt für den Strafprozeß in der Bundesrepublik Deutschland uneingeschränkt der Grundsatz der Waffengleichheit von Staatsanwaltschaft und Verteidigung.

Résultat

I. Dans la République Fédérale d'Allemagne le droit d'assistance par un défenseur (avocat) pendant la procédure criminelle est garanti profondément par le code de procédure criminelle (StPO) et affermi en sa substance, c'est-à-dire la procédure judiciaire, par la constitution.

1. a) Selon les §§ 137-139 StPO chaque inculpé peut se servir à chaque situation de la procédure de l'assistance d'un avocat comme défenseur.

b) L'institut de la „défense nécessaire" (§§ 140-145 StPO) garantit en plus que le tribunal désigne un défenseur d'office pour un inculpé qui ne mandate pas d'avocat soit par faute d'argent soit pour d'autres raisons (§§ 141, 142 StPO), si cela paraît nécessaire quand l'inculpé est incapable de se défendre pratiquement dans une situation juridique compliquée ou quand la cause est très importante ou très étendue, ou si le maximum de la peine possible est très élevé (§ 140 StPO). Le défenseur d'office doit être désigné — même pendant la procédure d'enquête — au moment où il est certain que les conditions d'un cas de „défense nécessaire" sont données (§ 141 StPO).

2. a) Le droit d'assistance par un défenseur pendant la procédure criminelle est une émanation du principe d'Etat de droit, qui est une règle constituitionnelle non écrite mais de validité directe, et alors en principe reconnu par la constitution (loi fondamentale) de la République Fédérale d'Allemagne, même s'il n'est pas mentionné expressément dans la constitution.

b) Ce droit d'assistance par un défenseur pendant la procédure criminelle est formulé par l'article 6 paragraphe 3 c de la Convention de sauvegarde des droits de l'homme et des libertés fondamentales. Cette disposition fait partie du droit fédéral. Etant une règle du droit international public elle est de rang constitutionnel selon l'interprétation correcte mais non incontestée (Art. 25 GG).

Quant à sa teneur elle ne va pas au-delà du règlement du code de procédure criminelle, mais, au contraire, ne contient pas le droit d'assistance par un défenseur avant la mise en accusation (pendant la procédure d'enquête ou préliminaire). En ce qu'elle contient, la disposition garantit les normes correspondantes de la StPO comme règle de rang supérieur.

II. Les droits du défenseur sont limités partiellement par la procédure d'enquête conforme au but de cette première partie de procédure. Le défenseur n'y a pas le droit d'être présent à tous les actes d'instruction du parquet et de son organe auxiliaire, la sûreté. L'examen des dossiers du parquet avec l'exception de certains procès-verbaux et de rapports d'expertise peut lui être refusé à cette partie de procédure, si le but d'instruction pouvait être mis en danger (§ 147 StPO).

Mais le droit du défenseur d'avoir des relations verbales et par écrit illimitées et sans contrôles avec l'inculpé mis en détention préventive est déjà garanti en cette partie (§ 148 StPO). En plus le défenseur a le droit d'être présent pendant tous les interrogatoires de l'inculpé (§§ 169, 192 StPO) et d'autres actes d'instruction de juge, en particulier s'ils anticipent une partie de l'enquête pour les débats (§ 193 StPO).

Au moment ou le parquet marque formellement la conclusion des recherches dans ses dossiers (§ 169 a StPO), toutes les restrictions des droits du défenseur cessent. En particulier il a maintenant le droit illimité d'examiner les dossiers (§ 147 StPO). A partir de ce moment le principe d'égalité des moyens du parquet et de la défense est garanti pour la procédure pénale en République Fédérale d'Allemagne.

Literatur

Alsberg-Nüse: Der Beweisantrag im Strafprozeß, 3. Auflage, Köln, Berlin 1967.

Arndt, Adolf: Das rechtliche Gehör, NJW 1959, 6 ff.

Baumbach-Lauterbach: Zivilprozeßordnung mit Gerichtsverfassungsgesetz und anderen Nebengesetzen, 30. Auflage, München 1970.

Baumann, Jürgen: Die Bedeutung des Art. 2 GG für die Freiheitsbeschränkungen im Strafprozeß, in: Festschrift für Eb. Schmidt, Göttingen 1961, S. 529 f.

Bode, Hans-Jürgen: Auswirkungen des Einführungsgesetzes zum OWiG auf StGB und StPO, NJW 1969, 211 ff.

Bonner Kommentar: Kommentar zum Bonner Grundgesetz, herausgegeben von Bodo Dennewitz u. a., Hamburg 1950 ff.

Brückler, Karl Otto: Haftentschädigung nach der Menschenrechtskonvention, DRiZ 1965, 253 ff.

Crones, Alexander: Auslagenerstattung im Ermittlungsverfahren, in: ZRP 1970, 102.

Dahs, Hans: Der Anwalt im Strafprozeß, AnwBl. 1959, 171 ff.

ders.: Stellung und Grundaufgaben des Strafverteidigers, NJW 1959, 1158 ff.

ders.: Reform des Strafprozesses, Das Sofortprogramm und das Endziel, in: Die politische Meinung, 5. Jahrgang 1960, 38 ff.

ders.: Reform der Hauptverhandlung, in: Aktuelle Rechtsprobleme, Hubert Schorn zum 75. Geburtstag, Frankfurt, S. 14 ff.

ders.: Handbuch des Strafverteidigers, Köln 1969.

Drews-Wacke: Allgemeines Polizeirecht, 7. Auflage, Berlin u. a. 1961.

Echterhölter, Rudolf: Die Europäische Menschenrechts-Konvention im Rahmen der verfassungsmäßigen Ordnung, JZ 1955, 689 ff.

Ganske, Nikolaus: Erstattung der notwendigen Auslagen bei Einstellung des Ermittlungsverfahrens?, NJW 1969, 1098 f.

Geck, W. K.: Anmerkung zu dem Bescheid des OVG Münster vom 24. 6. 1955 (VI A 444/54), in: DVBl. 1956, 525 ff.

Guradze, Heinz: Anmerkung zu dem Beschluß des BVerfG vom 14. 1. 1960 (2 BvR 243/60), NJW 1960, 1243 f.

ders.: Die europäische Menschenrechtskonvention, Konvention zum Schutze der Menschenrechte und Grundfreiheiten nebst Zusatzprotokollen, Kommentar, Berlin und Frankfurt a. M. 1968.

Henkel, Heinrich: Strafverfahrensrecht, Ein Lehrbuch, 2. Auflage, Stuttgart u. a. 1968.

Herzog, Roman: Das Grundrecht auf Freiheit in der Europäischen Menschenrechtskonvention, in: Archiv des Öffentlichen Rechts, Band 86 (1961), S. 194 ff.

Hodler, Christian: Die Freiheit der Person nach der neuen Europäischen Menschenrechtskonvention, NJW 1953, 531 f.

Kalsbach, Till: Die gerichtliche Nachprüfung von Maßnahmen der Staatsanwaltschaft im Strafverfahren, Berlin 1967.

Kalsbach, Werner: Standesrecht des Rechtsanwalts, Köln 1956.

ders.: Bundesrechtsanwaltsordnung und Richtlinien für die Ausübung des Rechtsanwaltsberufs. Kommentar, Köln 1960.

Kion: Anwesenheitsrecht des Verteidigers im Ermittlungsverfahren, NJW 1966, 1800.

Kleinknecht, Theodor: Ermittlungen der Polizei nach der „kleinen Strafprozeßreform", Kriminalistik 1965, 449.

ders.: Strafprozeßordnung, Gerichtsverfassungsgesetz, Nebengesetze und ergänzende Bestimmungen, 29. Auflage des von Otto *Schwarz* begründeten Werkes, München 1970.

Klug, Ulrich: Das Verhältnis zwischen der Europäischen Menschenrechts-Konvention und dem Grundgesetz, in: Gedächtnisschrift für Hans Peters, Berlin u. a. 1967, S. 434 ff.

ders.: Abschied von Kant und Hegel, in: Programm für ein neues Strafgesetzbuch, Der Alternativ-Entwurf der Strafrechtslehrer (herausgegeben von Jürgen *Baumann),* Frankfurt a. M. 1968, S. 36 ff.

Krey, Volker: Verfassungskonforme Gesetzeskorrektur im Rahmen der notwendigen Verteidigung (§ 140 Abs. 1 Nr. 5 StPO)?, NJW 1970, 1908 f.

Krüger, H.: Völkerrechts- und Verfassungswidrigkeit der Zölibatsklausel für Polizeivollzugsbeamte, in: Zeitschrift für Beamtenrecht 1955, S. 289 ff.

KMR: Kommentar zur Strafprozeßordnung und zum Gerichtsverfassungsgesetz von *Kleinknecht* und *Müller,* mitbegründet von *Reitberger,* 4. Auflage, Darmstadt 1958.

Löwe-Rosenberg: Die Strafprozeßordnung und das Gerichtsverfassungsrecht mit Nebengesetzen, Großkommentar, 21. Auflage, 1. Band, Berlin 1963; 2. Band, Berlin 1965; Ergänzungsband und Gesamtregister, Berlin 1967.

Maunz-Dürig-Herzog: Grundgesetz, Kommentar. Band I und II, München 1969.

Meyer-Lindenberg: Die Menschenrechte im Völkerrecht, in: Heft 4 der Berichte der Deutschen Gesellschaft für Völkerrecht, 1961, S. 105.

Morvay, Werner: Rechtsprechung nationaler Gerichte zur Europäischen Konvention zum Schutze der Menschenrechte und Grundfreiheiten vom 4. 11. 1950 (MRK) nebst Zusatzprotokoll vom 20. 3. 1952 (ZP) (I), in: Zeitschrift für ausländisches öffentliches Recht und Völkerrecht, Bd. 21 (1961), S. 89 ff.

Müller-Sax (KMR): Kommentar zur Strafprozeßordnung und zum Gerichtsverfassungs- und Ordnungswidrigkeitengesetz, begründet von *Kleinknecht, Müller, Reitberger,* 6. Auflage, Darmstadt 1966.

Münch, Fritz: Zur Anwendung der Menschenrechtskonvention in der Bundesrepublik Deutschland, JZ 1961, 153 ff.

Neumann-Nipperdey-Scheuner: Die Grundrechte. Ein Handbuch der Theorie und Praxis der Grundrechte, Band II, Berlin 1954.

Peters, Karl: Strafprozeß, Ein Lehrbuch. 2. Auflage, Karlsruhe 1966.

Radbruch, Gustav: Rechtsphilosophie, 4. Auflage, Stuttgart 1950.

Roxin, Claus: Sinn und Grenzen staatlicher Strafe, JuS 1966, 377 ff.

ders.: Strafzweck und Strafrechtsreform, in: Programm für ein neues Strafgesetzbuch, Der Alternativ-Entwurf der Strafrechtslehrer (herausgegeben von Jürgen *Baumann),* Frankfurt a. M. 1968, S. 75 ff.

Sax, Walter: Kriminalpolitik und Strafrechtsreform, JZ 1957, 1 ff.

Schmidt, Eberhard: Lehrkommentar zur Strafprozeßordnung und zum Gerichtsverfassungsgesetz, Teil II: Erläuterungen zur Strafprozeßordnung und zum Einführungsgesetz zur Strafprozeßordnung, Göttingen 1957, Nachträge und Ergänzungen zu Teil II, Nachtragsband I (StPO), Göttingen 1967, Nachtragsband II (StPO), Göttingen 1970.

ders.: Rechte und Pflichten, Funktionen und Konflikte des Strafverteidigers, JZ 1969, 316 ff.

Schorn, Hubert: Die Europäische Konvention zum Schutze der Menschenrechte und Grundfreiheiten und ihr Zusatzprotokoll in Einwirkung auf das deutsche Recht, Text und Kommentar, Frankfurt a. M. 1965.

Schwarz-Kleinknecht: Strafprozeßordnung, Gerichtsverfassungsrecht, Nebengesetze und ergänzende Bestimmungen, 25. Auflage, München und Berlin 1965; 27. Auflage, München und Berlin 1967.

Seibert, Claus: „Andere Personen" als Verteidiger, JZ 1951, 440 f.

Stackelberg, Freiherr Curt F. von: Der Anwalt im Strafprozeß, in: AnwBl. 1959, 190 ff.

ders.: Anmerkung zu dem Beschluß des OLG Bremen vom 17. 2. 1960 (Ws 15/60), NJW 1960, 1265.

Tiedemann, Klaus: Zeugen vom Hörensagen im Strafverfahren — BGHSt. 17, 382, JuS 1965, 14 ff.

Ule, Carl Hermann: Verfassungsrecht und Verwaltungsprozeßrecht, in: DVBl. 1959, 537 ff.

von Weber, Helmuth: Die Durchsetzung der europäischen Menschenrechtskonvention in der innerdeutschen Strafrechtspflege, MDR 1955, 386 ff.

Weiß, Claus: Die Europäische Konvention zum Schutze der Menschenrechte und Grundfreiheiten, in: Dokumente, herausgegeben von der Forschungsstelle für Völkerrecht und ausländisches öffentliches Recht der Universität Hamburg, Heft XV, Frankfurt a. M., Berlin, 1954.

Wendt, Peter: Zur Frage der innerstaatlichen Geltung und Wirkung der Europäischen Konvention zum Schutze der Menschenrechte, MDR 1955, 658.

Wiebringhaus, Hans: Die Römische Konvention für Menschenrechte in der Praxis der Straßburger Menschenrechtskonvention, Saarbrücken 1959.

Wuttke, Horst: Anmerkung zu dem Beschluß des LG Lübeck vom 4. 12. 1968, III Qs 448/68, NJW 1969, 521 f.

Zinn-Stein: Die Verfassung des Landes Hessen, 1. Band, Bad Homburg und Berlin, 1954.

FSC
www.fsc.org
MIX
Papier | Fördert gute Waldnutzung
FSC® C083411

Kolibri 360 GmbH
Ferdinand-Jühlke-Straße 7
99095 Erfurt, Deutschland
produktsicherheit@kolibri360.de